“十三五”职业教育国家规划教材
“十二五”职业教育国家规划教材
经全国职业教育教材审定委员会审定
新编21世纪高等职业教育精品教材 ● 工商管理类

人力资源管理

（第五版）

RENLI ZIYUAN GUANLI

邵冲　陈剑　编著

中国人民大学出版社
·北京·

图书在版编目（CIP）数据

人力资源管理 / 邵冲，陈剑编著. -- 5 版. -- 北京：
中国人民大学出版社，2023.7
新编 21 世纪高等职业教育精品教材. 工商管理类
ISBN 978-7-300-31712-0

Ⅰ.①人… Ⅱ.①邵… ②陈… Ⅲ.①人力资源管理
－高等职业教育－教材 Ⅳ.①F243

中国国家版本馆 CIP 数据核字（2023）第 091260 号

“十三五”职业教育国家规划教材
“十二五”职业教育国家规划教材
经全国职业教育教材审定委员会审定
新编 21 世纪高等职业教育精品教材·工商管理类
人力资源管理（第五版）
邵冲　陈剑　编著
Renli Ziyuan Guanli

出版发行	中国人民大学出版社		
社　　址	北京中关村大街 31 号	**邮政编码**	100080
电　　话	010－62511242（总编室）		010－62511770（质管部）
	010－82501766（邮购部）		010－62514148（门市部）
	010－62515195（发行公司）		010－62515275（盗版举报）
网　　址	http://www.crup.com.cn		
经　　销	新华书店		
印　　刷	北京密兴印刷有限公司	**版　　次**	2004 年 7 月第 1 版
开　　本	787 mm×1092 mm　1/16		2023 年 7 月第 5 版
印　　张	13.75	**印　　次**	2025 年 1 月第 4 次印刷
字　　数	308 000	**定　　价**	39.00 元

第五版前言

高职高专院校培养的是应用型人才，注重学生实践能力的培养，基础理论以必需和够用为度，基本技能训练贯穿整个教学过程，教材文字叙述力求简明扼要、通俗易懂。为了使本教材更好地反映新时期新时代企业人力资源管理的发展变化，也为了使其更符合学生的特点，满足授课教师的需求，第五版主要进行了以下修订：

1. 为贯彻落实习近平总书记在全国高校思想政治工作会议上的讲话精神，坚持“立德树人”，实现“全程育人、全方位育人”的目标，把“课程思政”和高职高专人力资源管理课程的特点融为一体，在每一章章首增加了“素养目标”，在每章正文中增加了与价值引领相关的“中国力量”“法治护航”“职业伦理”等方面的案例，在正文中也加入一些融入思政的新案例，如因河南郑州水灾捐款“大火”的民族企业鸿星尔克，被美国制裁仍不屈不挠的民族企业华为。

2. 为了贯彻落实党的二十大精神，及时准确体现党中央的最新要求，结合教材内容在绪论、薪资管理、奖励与福利计划等章节增加针对党的二十大精神的拓展思考。

3. 为了反映产业升级和行业发展，在绪论、职务研究、招聘、选拔等章选用了新案例，并参考实际情况对薪酬等举例的数据进行了改写，删减、简化了部分难度较高的练习。

4. 增加了人力资源管理发展中越来越广泛运用的一些新概念、新方法与新技术，如人力资源三支柱模型、网络招聘渠道、PDP人格测试、霍兰德人格与职业兴趣测试等。

本书由中山大学管理学院邵冲、广州新华学院陈剑编著，邵冲负责全书的整体框架制定和内容编写，陈剑负责全书的修订、统稿和审校工作。

由于编者水平和精力有限，书中尚有不足之处，敬请各位专家、同行和读者予以批评指正，联系方式：cici919@126.com。

编　者

目　录

第一章
绪　论

知识与能力目标

通过本章的学习，你应该：

- 了解什么是管理，什么是人力资源管理
- 理解导致人事管理向人力资源管理转变的主要环境因素
- 理解人事管理向人力资源管理转变的主要内容
- 掌握人力资源管理的主要职能
- 理解直线经理和人力资源部门的职责
- 了解人力资源部门的角色
- 理解人力资源管理部门的组织结构
- 了解人力资源管理外包的作用
- 了解人力资源管理外包决策的主要内容

素养目标

1. 理解人事管理向人力资源管理的转变过程，理解并遵守“以人为本”的基本管理观念，真正地尊重并信任员工。

2. 能够对自己的职业生涯规划有初步认知，对从事人力资源管理的主要工作及角色分工有整体认识，有较强的集体意识和团队合作精神。

引导案例

施耐德电气：智能工厂的“以人为本”

施耐德电气制造（武汉）有限公司（以下简称施耐德电气）成立于2012年，主要生产和销售低压电气类产品，目前已成为施耐德电气大中华区发展较为领先的智能化工厂。随着“工业4.0”的提出，施耐德电气从总部到大中华区的各个分部，都在积极进行着生产升级和转型。生产升级和业务需求对员工提出了新的要求，蓝领员工需要拥有运用新技术和操作新设备的能力，并且也要相应地转变和升级他们的技术能力和行为习惯。

一、校企合作为技术型人才的引进开拓了通道

施耐德电气在生产升级期间，对于人才的引进有了新的要求，但是人才的升级需要时间，所以转型前期在招聘上遇到的问题还是依靠传统的招聘方式和要求来招人，比如按照业务的生产流程、岗位所需的基本技能等要求。随着生产升级对蓝领员工技能要求变高，对候选人的学历和相关工作经验的要求也逐渐变高了。

随着生产升级，技术型蓝领成为工厂内的支柱人才，施耐德电气想要从劳动力市场直接招合适的人才进入企业，但是这样的人才太少了，所以企业开始重新规划技术型蓝领的招聘。施耐德电气近两年在校企合作上硬件和软件两手抓。

硬件：捐赠生产设备，让学生在学校就能熟悉设备并学会操作；捐赠资金，资助院校建立培训室，院校培训室则帮助企业定向培养人才。

软件：企业内部的讲师和培训资源进入院校进行教学，从而使这些学生在学校学习中就能了解企业所需知识技能的要求、设备和系统的情况，以及操作要点。

等到学生毕业的时候，他们更有意愿选择施耐德电气，也能更快上岗工作，减少了企业的培训周期。

二、“五星人才”

基于生产升级，招聘只能解决企业的燃眉之急，长期的发展还是要靠企业内部培养。施耐德电气针对蓝领员工有三条不同的发展路线：专业技术发展路线、生产管理发展路线，以及跨职能部门发展路线。

施耐德电气从 2018 年开始针对蓝领员工建立线上培训平台，并给每个蓝领员工配备学习账号，用来在平台上学习相关技能的课程，根据他们日常所负责的生产工作设计出定制化的培训表。在培养过程中，也会有技术能力等级评定，施耐德通过“五星人才”评定体系，可以对不同技能等级的蓝领员工进行培养。

一星员工就是刚入职且接受培训合格之后的员工，掌握的技能比较基础。五星员工主要是操作关键岗位，同时也是掌握关键技术的负责人，也就是说出现一些比较复杂的问题时，他能够独立地去解决。

对于技术工人的培养结果，施耐德电气有自己的评定委员会，包括生产、质量、安全、工艺、维修等相关部门的工程师都会参与，对蓝领员工进行全方位的考评，判断其是否符合岗位需求。

针对基础操作工人的考量标准则是看他们是否有意愿学习更专业的技术技能，以及他们是否有相关的技能基础。学习能力强的基础操作工人有机会选择往技术工人方向转型，对一些学习能力和基础比较弱的基础操作工人，企业还是主要培养他们的岗位技能。

三、企业文化成为员工的“精神支柱”

施耐德电气倡导的企业文化是每一个员工都是持续改进的大使。企业设立了诸如“合理化建议”“质量之星”等激励和认可的奖项。如“合理化建议”：每一个员工不只是在做自己岗位上的一些操作，还必须善于发现问题和提出问题，提出至少一个可改善的合理化建议成为每一个蓝领员工的日常工作指标之一。

施耐德电气在数字化升级之后，核心价值观也进行了一次修订，首先推动了“日学日新”的学习文化；另外就是敢于颠覆，鼓励创新，对于蓝领员工的管理方式有了新的转变，从过去的由上到下的命令式，转变为启发式，鼓励蓝领工人向管理者提出解决方案。基于启发式的改革，施耐德电气对于一线管理人员也做了相关的管理培训，比如班组长少说多听，多去鼓励员工自行提出问题并解决问题。

针对企业转型带来的工厂人员精简，需要让蓝领员工对于企业有归属感和责任感。施耐德电气主要生产的产品都和电相关，车间的蓝领员工每天都在生产线上做一些装配工作，把零部件装配起来。在以前，蓝领员工只负责生产，对于产品的功能以及现场的应用均不了解，比如，产品的用处、产品质量出现问题会造成什么样的后果等。这些电气产品不只是会影响施耐德电气的客户们，也会对员工的生活有所影响。现阶段，施耐德电气成立由员工自导自演的视频制作小组，拍摄关于产品应用以及质量疏忽引起的后果等视频，然后组织蓝领员工进行观看并讨论。通过这种做法，员工不仅仅对自己生产的产品有了新的认识，也增强了对企业的价值感和仪式感。

四、把员工的需求放在企业发展的第一位

近几年劳动力市场的动荡，以及新冠疫情的影响，对员工的稳定性有一些负面作用。施耐德电气武汉工厂属于创新工厂，在保留员工上做了很多尝试，但是最根本的还是从员工的兴趣出发，了解员工的想法，把员工的需求和企业的需求结合起来。正是因为企业很在乎员工的工作体验，所以现在工厂的离职率很低。但同时，员工的稳定性过高也会带来一系列的问题。企业需要在两者之间找到平衡，比如，企业首先要培养出一部分稳定的核心蓝领员工，因为要保证产品的安全和质量；其次通过企业的“高绩效”文化来打破千篇一律的绩效表现，绩效水平过低的员工在这种体制下也会自然流失。

人力资源已经成为影响企业经营成败的关键因素。这是因为，日益激烈的竞争使获得和留住高素质的人才愈加困难；企业的盈利能力和成长受企业有效管理人力资源的能力的影响越来越大；通过提供高质量的服务建立企业竞争优势的策略需要有效的人力资源战略才能实现。

在本章，我们首先从管理活动的性质和职能入手，回答什么是管理，什么是人力资源管理；其次讨论人事管理向人力资源管理的转变，重点分析导致这种转变的主要环境因素和转变的内容；再次讨论人力资源管理的职能，并分析如何在直线经理和人力资源部门之间划分人力资源管理职责；最后讨论人力资源管理外包问题。

第一节　管理与人力资源管理

人力资源管理是一项管理活动。因此，要认识人力资源管理活动的本质，首先要搞清楚什么是管理。

一、什么是管理

什么是管理？简单讲，管理是有效地协调企业的各种资源以实现预定目标的过程。管理过程在理论上可以划分为计划、组织、任用、领导和控制五项职能。

首先，管理企业要明确目标，要明确努力的方向，要考虑采取何种方法与措施去实现预定的目标（计划）。其次，为了实现目标和落实计划，要考虑需要完成哪些任务，为了完成这些任务需要设置哪些岗位，确定每个岗位的职权和责任，以及岗位之间的关系（组织）。再次，为每个岗位配备人员，也就是在合适的时间，把合适的人才安置在合适的岗位上（任用），并提供足够的激励，推动他们履行职责（领导）。最后，在实现目标和计划的过程中，总会出现偏差，这可能是因为在制定目标和计划时

考虑不周到，也可能是因为环境发生了变化，或者是执行不当。无论是哪种情况，企业都要采取措施保持实际活动与目标一致（控制）。

人力资源管理是管理的任用职能的深化和发展。因此，人力资源管理是一项管理活动，是每个经理的职责。

二、什么是人力资源管理

根据管理的定义，企业要实现预定目标，不仅需要各种资源，还需要有效地运用这些资源。企业的资源包括人力资源、财力资源、物力资源（建筑物、机器、存货等）、技术资源（与产品和生产方法有关的专利与工艺）和信息资源。人力资源管理就是有效地运用人力资源以实现企业预定目标的过程。

人力资源是指具备从事具体工作所需要的相关知识和技能的人才的总和。人力资源的本质是人所具有的劳动能力，是人在劳动过程中运用生产资料进行物质生产的能力，人体只是其存在的载体。人的劳动能力包括体能和智能两个方面，体能是指对劳动负荷的承载能力和消除疲劳的能力，智能是指运用知识解决问题和将知识转化为行动的能力。

从经营管理的角度来看，劳动能力包括做事能力、影响能力和管理能力。

首先，人具有做事能力。打字、驾驶汽车、设计计算机运行程序以及烹饪菜肴等属于做事能力。工厂靠生产优质产品获得订单，饭店靠烹饪精美的菜肴招徕顾客，每个企业都需要熟练掌握业务技能、胜任工作的人才。

其次，人具有影响能力。人与人之间是相互影响的，一个人的行为会影响其他人，同时也受其他人的影响。不过，有些人对别人的影响远远大于别人对他的影响，人们把这样的人称为领导人或领袖。一个企业需要具有影响力的领袖人物来引领企业的发展方向，鼓舞全体职工的士气。

最后，人具有管理能力。确定目标、制定政策、设置机构、评价绩效、培养下属等都是管理能力的体现。毫无疑问，每个企业都需要能把企业治理得井然有序的管理人才，一个企业的管理水平就是通过这个企业的管理人员的有效工作来体现的。缺乏合格的、胜任的管理人才是企业管理水平低下的重要原因之一。

企业之间的竞争使人力资源具有重要的战略作用。企业拥有的资源越稀缺，越难以模仿，越难以替代，企业的竞争优势就越强大和持久。如果企业拥有具备专门技术、知识和能力的人才，而竞争对手不拥有这样的人才，并且难以培养或用其他方式替代，这些人才就会成为企业获得竞争优势的源泉。

拓展思考

党的二十大报告指出：深入实施人才强国战略。坚持党管人才原则，坚持尊重劳动、尊重知识、尊重人才、尊重创造，实施更加积极、更加开放、更加有效的人才政策，建设规模宏大、结构合理、素质优良的人才队伍。加快建设世界重要人才中心和创新高地，促进人才区域合理布局和协调发展。加快建设国家战略人才力量，努力培养造就更多大师、战略科学家、一流科技领军人才和创新团队、青年科技人才、卓越工程师、大国工匠、高技能人才。加强人才国际交流，用好用活各类人才。深化人才发展体制机制改革，真心爱才、悉心育才、倾心引才、精心用才，求贤若渴，不拘一格，把各方面优秀人才集聚到党和人民事业中来。

思考：如何看待国家“人才强国”战略与企业“人力资源管理”二者之间的关系？

第二节　人事管理与人力资源管理

人力资源管理的发展源于传统的人事管理。随着经济和社会的发展，人事管理的作用日渐弱化，人力资源管理的作用日渐强化。传统的人事管理向人力资源管理转变反映了企业管理理念和实践的变化。

一、人事管理的演变

人事管理是伴随工业革命和工厂制度的兴起而出现的。它的演变经历了四个阶段。起初，企业没有专门的人员处理人事事务，人事职能由老板或经理承担。20 世纪初，企业开始设置人事经理，组建薪资部门并管理福利计划，其职能后来逐步扩大到雇员选择、培训和晋升等领域。这是人事管理的第一个发展阶段。

20 世纪 30 年代工会运动的出现，导致了人事管理的作用扩大，人事管理进入了第二个发展阶段。该阶段企业迫切需要人事部门与工会抗衡或有效地对付工会。

人事管理的第三个发展阶段与 20 世纪 60 年代美国的反歧视立法有直接关系。企业采取歧视政策将受到法律的严厉惩罚，使得人事管理活动变得越来越重要。在这一阶段，虽然人事管理的作用更大了，但仍然限于就招聘、选择和培训等问题提供专家意见。在这一时期，人事管理不仅在应对工会和保证公平雇用方面发挥了作用，而且在避免企业受不良问题的困扰和提高企业效率方面也发挥了积极作用。

20 世纪 90 年代，人事管理进入了第四个发展阶段，其作用也发生了重大变化。环境的变化要求人事管理从保护者和选择者的角色向战略参与者和变革促进者的角色转变，要求人事管理向人力资源管理转变。哪些环境因素的变化导致了这种转变呢？

二、影响转变的主要环境因素

人事管理向人力资源管理转变是由许多因素促成的，既包括企业外部因素，也包括内部因素。促使这种转变的环境因素是多方面的。

（一）技术进步

技术进步对人力资源管理的影响主要表现在两个方面：一方面，技术进步造成部分职工失业，增加了对职工进行培训的需要；另一方面，技术进步使得企业对知识职工的依赖加强了。技术进步不仅使生产效率逐步提高，还使许多“蓝领”工作消失，产生了一些技术水平要求更高的新工作。新技术的运用要求职工必须具备相应的新技能，这就需要对现有职工进行再培训。技术变革使劳动密集型工作的作用逐渐减弱，使专业技术和管理工作的作用逐渐增强，这使企业更加依赖专业技术人员和经理。没有掌握新知识和新技能的知识职工，企业很难采用新技术，企业的发展将受到限制。

（二）经济全球化

经济发展的日益全球化，商品、服务、技术、管理知识和资本的跨国流动，对人力资源及其管理提出了新的要求，要求企业培养能够适应全球化经营的管理人才，在全世界范围内选拔和培养人才。

例如，为了适应全球化经营，德国大众公司提出培养世界性经理。什么是世界性经理？他们是这样一种人才：在世界任何一个地方都像在自己的家乡一样，能够适应当地的文化传统，能够从全球化的角度去思考问题，并且采取行动符合当地的具体情况。为了使这些世界性经理具有国际工作经验，具有符合未来需要的技能，了解别国的文化、民族特征、市场及消费习惯，学会全局思考和局部行动，大众公司采取了一系列措施，包括建立德国本部与海外交流干部制度，本部的经理必须有数年在海外公司工作的经历，同样海外的经理也要求到集团本部工作一段时间；开展国际青年交流活动，与国外公司或大学签订交换学员培训、教师培训或专业培训的协议等。

（三）市场竞争

市场竞争说到底是人才竞争。这是因为，市场竞争靠产品，产品竞争靠技术，技术竞争靠人才。谁拥有人才，谁就拥有技术，谁就拥有好的产品，谁就能赢得市场。因此，企业要在激烈的竞争中获得成功与发展，必须能够获得富有竞争力的人才。当然，其他企业也会追求同样的目标。确保获得和留住足够的不同专业领域的人才，使企业能更有效地参与市场竞争，是企业的主要任务之一。

此外，激烈的市场竞争要求企业必须更具有灵活性和适应性，这要求企业必须更加重视分权和参与，更加依赖团队开发新产品和满足顾客的需求。人力资源管理在这一过程中将发挥重要作用。

（四）经济转型

在西方发达国家，经济越来越向服务型经济转变，并且这种变化趋势还会继续下去。在美国，超过80%的工作岗位是由服务行业提供的。服务业的就业岗位通常涉及金融服务、医疗保健、运输、零售、快餐和饭店、法律和社会服务、教育、计算机等领域。人力资源管理在服务型企业中处于关键地位，这是因为，服务型企业出售的是服务，对这类企业来说，更加依赖职工的才能和热情。由于服务业的工作性质，服务业职工的招聘、培训和绩效考核等活动更加复杂，对保持工作质量的要求也更高。

（五）企业重组

跨国公司在向海外扩张和兼并的过程中，产生了企业庞大、对成本失去控制的结果。为了在国际竞争中更具有竞争力，许多跨国公司通过取消部分管理层次、关闭部分工厂、与其他企业合并、辞退部分职工等途径实现机构精简、人员压缩，以使组织结构扁平化。

20世纪90年代以来，通用电气、宝洁、美国运通等许多大公司纷纷进行重组。经过精简压缩，这些大公司裁减了那些岗位设置重叠、官僚主义严重的机构，保留真正对公司有贡献的人。由于管理职位减少，如何激励职工、如何培养职工对企业的忠诚，成为这些企业中最有挑战性的课题。

（六）管理观念的变化

西方企业过去在处理股东、顾客和职工三者关系时，往往把股东的利益放在优先位置，把顾客和职工的利益放在最后考虑。由于企业的生存和发展越来越离不开顾客的支持，也由于人的行为对企业实现预期目标的作用越来越关键，西方企业在处理三者关系上的观念发生了很大改变，“顾客第一，职工第二，股东第三”或“职工第一，顾客第二，股东第三”的观念正在被越来越多的企业所接受，明确地把顾客和职工的利益放在股东的利益之上，优先考虑顾客和职工的利益。这说明以人为本的管理观念正在被越来越多的企业接受和奉行。

上述六个方面的变化（还有其他变化）要求人事工作在企业中发挥更加重要的作用，这使传统的人事管理的作用发生了改变，最终使人事管理向人力资源管理转变。那么，发生了哪些转变呢？

三、转变的主要内容

如上所述，对企业中人的管理的重视要求人事管理向人力资源管理转变，即从单纯人事观点转向人事-经营观点，从事务导向转向战略导向，从强调控制转向重视开发，从封闭式管理转向开放式管理。

（一）从单纯人事观点转向人事-经营观点

人事管理建立的人事控制体系把人的因素与经营活动分割开来。人力资源管理则强调经营需要的重要性，建立综合考虑人的问题与经营问题的机制。简单讲，人事管理是用单纯的人事观点解决人事问题，把人事问题仅仅看作是人的问题，不会把它和企业的经营活动联系起来。事实上，许多人事问题的背后隐藏着经营问题，是经营问题造成的，经营问题不解决，人事问题不可能解决；反之亦然，许多问题从表面上看是生产问题，或销售问题，或财务问题，实际上是人的问题，人的问题不解决，其他问题不可能解决，或不可能从根本上解决。人事工作与其他经营活动是相互影响的。人力资源管理要求把人的因素与企业经营的因素结合起来解决人事问题，在更大程度上与企业决策相联系。

（二）从事务导向转向战略导向

传统的人事管理大多属于行政事务性工作。例如，与求职者面谈，向新职工介绍企业情况，组织职工参加培训，办理人员入职、离职手续，编制工资表并按时发放工资，保管人事档案资料等。人力资源管理并不排除日常的人事行政工作，与人的管理有关的各项日常工作必须有效地和恰当地予以完成，但又不能限于这些日常工作。随着经营环境的变化，人力资源管理还要承担起战略职能，如制定人力资源规划，分析劳动力变化趋势，协助企业进行改组和裁员，跟踪国家政策与法律法规的变化等。在这两种职能中，人力资源管理更多地强调战略职能，强调如何使人力资源为实现企业目标做出更大贡献。

（三）从强调控制转向重视开发

传统的人事管理观念强调控制，将职工看作被管理、被控制的对象，将人事制度看作进行控制的工具，制定许多规章制度要求职工遵守，如实行考勤制度、考核制度，对违纪违规的职工给予扣发奖金、罚款等严厉惩罚。传统的人事管理事实上是把人单纯地看作成本，支出越少越好，减少支出就要加强控制，很少考虑对人进行投资从而获得更大的回报。此外，传统的人事管理缺乏激励机制。人力资源管理则将人视为一种在生产过程中起能动作用的特殊的经济资源，认为在经济发展主要依靠知识的新经济时代，作为知识载体的人在经济发展中具有特殊地位和作用。因此，人力资源管理要求将职工视为企业非常珍贵的资源与财富，与资金、技术和其他投入要素具有同等的重要性，只要对人力资源加以开发和有效的管理，就能使之成为提高企业竞争力的重要推动力。

（四）从封闭式管理转向开放式管理

传统的人事管理将企业看作是不受外部环境影响的封闭的系统，这种观念显然不能适应市场经济的要求，也不符合今天的实际情况。人力资源管理将企业看作开放的系统，人力资源管理工作不仅受企业生产、销售、财务、经营战略等内部环境的影响，还受经济、技术、社会文化、政治法律、市场竞争等外部环境的影响。因此，人力资源管理对环境变化的反应能力和适应性变得非常重要。

人事管理向人力资源管理转变是管理观念的根本性变革。如前所述，人力资源管理信奉并遵守以人为本的管理观念，强调人的价值，尊重人，信任人，认为人人都有自我发展、自我实现的追求。

第三节　人力资源管理的职能、职责与角色

人力资源管理是由人事管理发展而来的，两者的职能并没有多大区别。但是，人力资源管理更加重视发挥人才的作用，更加关注人，更加重视寻求人才获得、使用、培养和激励的有效方式。人力资源管理可归结为一系列涉及人与企业之间关系的活动。

一、人力资源管理的主要职能

人力资源管理的目的是有效地运用人力资源以实现企业的预定目标。由这个目的衍生出人力资源管理的一项基础工作和六项职能。一项基础工作即职务研究；六项职能分别是人力资源计划、招聘与选拔、培训与开发、绩效考核、薪酬管理和劳动关系管理。

（一）职务研究

职务研究是人力资源管理的基础。为了实现预定的目标，企业首先需要考虑设置哪些职务，需要对每项职务进行分析和作出评价。只有进行了职务研究，人员配备才有可能建立在科学的基础之上。

（二）人力资源计划

为了实现预定的目标，企业需要为每项职务配备有胜任能力的人员。人力资源配备需要有计划地进行。人力资源计划是系统地研究人力资源需求与人力资源供给相配

合的过程，以确保在需要时能聘用到符合技能和数量要求的人员。

（三）招聘与选拔

在人力资源的供给无法满足需求时，企业需要通过招聘和选拔寻找合适的人员。招聘的目的是吸引足够数量的人来企业应聘，选拔的目的是从众多应聘者中间选择合适的人员。这两项任务对企业完成其预定目标具有极为重要的意义。

（四）培训与开发

培训与开发是人力资源开发的主要途径。培训与开发的目的是教会职工如何有效地完成指派的任务，提高他们的职务胜任能力，进而改进企业的绩效。培训的焦点是职工目前承担的职务，开发的焦点则是职工将来可能承担的职务。

（五）绩效考核

绩效考核也是人力资源开发的主要途径。绩效考核有两个主要目的：一是激励职工保持适当的行为、改正失当的行为；二是作为晋升、降职、加薪和解聘等人事决策的依据。与人事管理相比，人力资源管理强调绩效考核的开发作用，淡化其人事决策依据的作用。

（六）薪酬管理

薪酬与奖励对职工的态度和行为有深刻影响。建立薪酬与奖励制度的目的是以企业可负担的成本建立和维持一支能胜任工作且忠诚的劳动力队伍。薪酬与奖励制度应能根据职工为企业做出的贡献给予其公平合理的补偿，并激励职工为企业做出更大的贡献。

（七）劳动关系管理

建立与维护健康的劳动关系，建立企业管理层与职工之间互相信任、互相尊重的良好工作环境，让职工在安全、健康的环境中有效地工作，给企业带来长期的利益，也是人力资源管理的一项重要职能。

人力资源管理的这一项基础工作与六项职能之间存在着密切的联系，企业对某项职能的决策会影响到其他职能。因此，应该从整体上把握它们之间的相互关系。

中国力量

民族企业鸿星尔克，灾情捐款 5 000 万元一夜爆火

2021 年 7 月，一场突如其来的大雨降在了河南，由于没有足够的防备措施，往年的排水系统根本应对不了这么强烈的降雨，河南的省会郑州发生了内涝。

地铁塌方，地铁线路被淹，铁路被阻断，在天灾面前，人们只能无力地挣扎。

数支救援队紧急赶往郑州进行救援，数百家企业进行捐款。其中鸿星尔克捐了 5 000 万元，瞬间引起了群众的热议。

鸿星尔克的价值仅有 3 亿元，这一捐款，便是把公司的 1/6 捐了出来，网友纷纷关心鸿星尔克是否面临破产的问题。

鸿星尔克的直播间从平日的几千人一下就涨到了 4 000 万人，上架的鞋更是被网友一抢而空，一晚上的销售额比 2021 年上半年整个直播的销售额都要高。

这直接让鸿星尔克的董事长空降直播间，同时他表示希望网友们理性消费，不要哄抬价格，鸿星尔克不会破产，并且会一直做好产品。

解读：企业大爱情怀感动网友，引发了广大网友爱国爱民、扶危济困的行为认同和情感共鸣。

阿里巴巴的绩效评估：业绩与价值观的双轨制考核

阿里巴巴采取双轨制考核，既考核业绩，也考核价值观，结果要好，过程也要好。价值观考核的方法在不断变化，在公司发展的前十年，价值观需要不断去强化，让大家不断地认知，那个时候业绩考核和价值观考核是并轨制，两个都要打分，最终总的结果产生绩效结果。发展到后面，阿里巴巴的价值观考核变成了通关制，起码要达到B，符合价值观的要求；做到A是杰出青年，是非常好的；但是如果只做到了C，那是不能容忍的。这种变化实际上是随着企业发展和员工对文化价值观的认知所做的调整。

解读：在新时代，优秀企业勇于承担社会责任，强调员工价值观。

二、人力资源管理职责划分

为了统一政策，或者为了提高效率，或者为了利用专家的知识和技能等，大多数企业设有人力资源部门。那么，人力资源管理的责任是不是就完全交给人力资源部门了呢？不是的，那种认为人力资源管理是人力资源部门的职责、与己无关的观念是错误的。事实上，人力资源部门的设置并没有也不会消除直线经理管理人力资源的责任，这个责任是由直线经理和人力资源部门共同来承担的，只是职责有所侧重而已。

（一）人力资源部门的职责

人力资源部门通常承担这样四项职责：

（1）制定人力资源管理的相关政策、程序和规章，如规定选拔程序。

（2）开发与选择人力资源管理的方法，如设计申请表或选择测试方式。

（3）监控与评价人力资源管理活动，如评价招聘或培训的效果。

（4）就人力资源管理事务向直线经理提供咨询、建议等。

（二）直线经理的职责

直线经理承担这样两项职责：

（1）参与人力资源管理实践，如面试求职者、提供新职工培训或在职培训、评价下级的绩效、建议提职提薪、执行惩戒程序、调查事故原因、解决投诉问题等。

（2）为人力资源部门制定政策、程序、规章或开发管理方法等提供建议。

三、人力资源部门的角色

人事管理向人力资源管理的转变使人力资源部门的角色发生了重要变化。人力资源部门需要胜任多重而不是单一的角色。具体来说，人力资源部门需要承担战略伙伴、人事管理专家、职工代言人和变革促进者四种角色。

（一）战略伙伴

战略伙伴角色主要体现在把人力资源的战略与行动和企业战略结合起来，把企业战略转变为人力资源行动。人力资源经理的战略伙伴角色提高了企业实施战略的能力，可以从以下三方面为企业经营做出贡献：

（1）缩短了从酝酿到实施战略的时间，使企业更能适应变化。

（2）将战略转化为具体的政策和行为，使企业能更好地满足顾客的需求。

（3）通过有效地实施战略，使企业保持良好的财务状况。

（二）人事管理专家

人事管理专家是人力资源经理的传统角色。它要求人力资源经理设计和提供有效的流程来管理人事、培训、奖励、表扬、晋升，以及其他涉及企业内部人员流动的事项。人力资源经理需要保证有效地设计和实施这些流程，虽然这项角色的作用在弱化，但成功地扮演这一角色仍会为企业经营提供附加价值。

（三）职工代言人

职工代言人角色意味着人力资源经理要把精力投入到职工关注的日常问题和需求上。如果智力资本是企业价值的主要来源，人力资源经理应该积极主动地开发这些资本。通过把职工的贡献和企业的成功联系起来，人力资源经理就成为他们的代言人。作为职工的代言人，人力资源经理既要理解职工的需求，又要设法满足这些需求，这样职工的整体贡献就会提高。

（四）变革促进者

变革是指公司文化的变化，人力资源经理既是文化的捍卫者，又是文化的传播者。文化是一个企业增强设计和实施创意的能力，是缩短企业活动周期的能力。人力资源经理参与确定和实施变革的流程。

上述四种角色对提高人力资源管理的整体效果都是至关重要的，因为人力资源管理的整体效果取决于这四种角色的配合与协调。任何轻视、忽视某一种角色的行为，都可能会削弱人力资源管理的整体效果。

四、人力资源管理部门的组织结构

这里所讲的组织结构，是指人力资源管理部门在整个企业组织结构中的位置以及自身的组织形态。与整个企业的组织结构分类相似，人力资源管理部门传统的组织结构往往是按照直线职能制来设置的，也就是按照人力资源管理的职能来设置相应的部门和岗位。

（一）直线职能制人力资源组织结构

直线职能制人力资源组织结构的出发点是将人力资源管理各类职能进一步细分，各部门分管人力资源管理的一部分功能，这样可以使人力资源管理工作的分工比较明确，有利于培养更多的人力资源专才。但同时它也存在一些问题，例如容易使各个职能脱节，造成整个人力资源管理工作不成系统，不利于人力资源管理的整体效应的发挥。而且这种设计没有真正以客户为导向，不利于人力资源管理对企业经营的支持作用。直线职能制人力资源组织结构如图 1－1 所示。

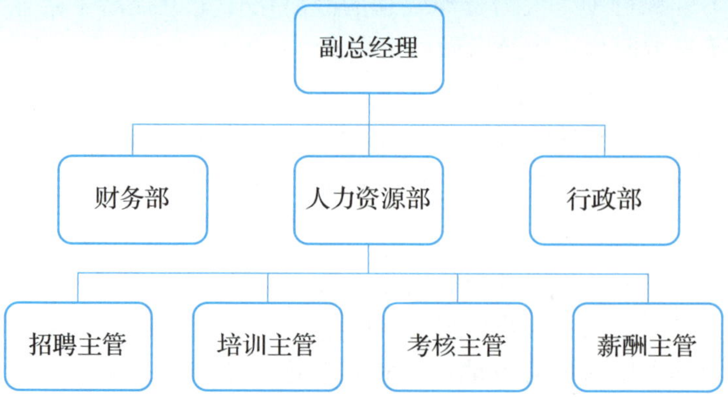

图 1-1　直线职能制人力资源组织结构

（二）人力资源组织结构的升级：人力资源三支柱结构

近年来，随着流程再造思想的推广以及计算机和网络技术的应用发展，人力资源部门的结构也发生了新的变化，产生了一种以客户为导向、以流程为主线的新的组织结构形式，称为人力资源三支柱结构。这种结构兼有矩阵制、事业部制、网状组织结构的特征，如图 1-2 所示。

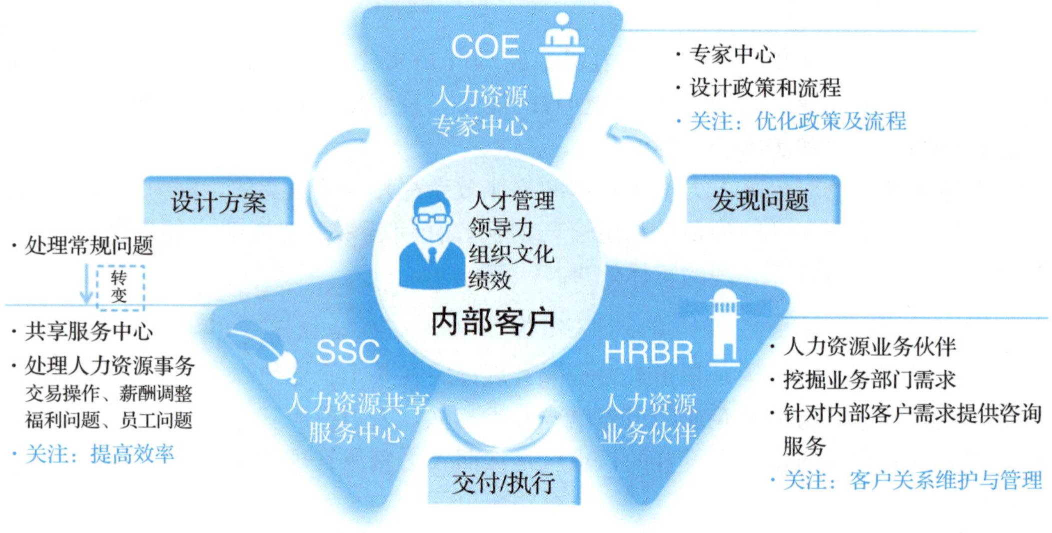

图 1-2　人力资源三支柱结构

1. 支柱一：专家中心（Center of Expertise，COE）

COE 相当于人力资源管理部门的战略和研发中心，主要参与企业战略制定，出台相关的政策制度，为决策层、人力资源业务伙伴提供专业咨询等。COE 的角色是领域专家。

2. 支柱二：人力资源业务伙伴（Human Resource Business Partner，HRBP）

HRBP 要协助业务部门负责人进行组织、团队和人员的管理，提供精准支持，解决业务部门出现的人力资源问题。HRBP 的角色是人力资源通才，既要掌握人力资源各职能的专业技能，还要了解熟悉所在部门的业务。

3. 支柱三：共享服务中心（Shared Service Center，SSC）

SSC 对分散在各部门的独立运作业务进行整体运作，为组织中的员工、管理者提供一体化、信息化、自助化的人力资源系统，从而实现平台化服务和规模经济。SSC 的角色是平台服务的提供者，他们负责解答管理者和员工的问询，帮助 HRBP 和 COE 从事务性、重复性工作中解脱出来，并对内部客户的满意度和卓越运营负责。

人力资源组织结构从传统的直线职能制转变到三支柱结构，部门的工作层次更加清晰，有助于更好地发挥人力资源管理的协同整合作用，提升人力资源管理的价值。

第四节　人力资源管理外包

企业把某项业务交给专门从事这项业务的专业机构代理称为外包。通过外包自身缺少能力的业务，企业可以专注于能够创造价值、具有核心竞争力的主营业务。例如，耐克将生产外包，专注于设计和营销。企业为了聚焦核心能力和降低成本，可以委托人力资源管理外包服务供应商代理企业部分人力资源管理职能。

一、人力资源管理外包的作用

人力资源管理外包可以使企业集中精力开展核心业务，可以有效控制和降低企业经营成本，同时也有利于企业获取与维护先进的专业技术。

（一）聚焦主营业务

企业经营的核心在于主营业务。将人力资源管理的非主要职能外包，人力资源部门就可以从日常行政管理职责中解脱出来，参与企业高层的战略计划制订。

（二）控制经营成本

人力资源管理外包可以提高人力资源程序的效能，并且企业不必持续投资维护人力资源体系和服务平台，经营成本会全面下降。加快应答时间和更便捷地查阅福利及其他人力资源数据，有助于提高职工满意度，进而可以影响生产效率和人员流动成本。另外，外包管理也能最大限度地降低连带责任成本。

（三）获取和维护先进的专业技术

人力资源职能的运行需要技术投入。例如，人力资源职能需要通过技术资源实施或更新 ERP 系统；提供电子化人力资源管理程序；开发为职工和经理提供自助服务的相关应用软件和平台；建立数据库和知识管理系统。人力资源管理外包为企业提供了一种获取和维护最新技术的途径，即运用外包管理机构的最新系统和技术。

此外，通过人力资源管理外包，企业可以掌握先进的人力资源管理程序和服务，可以降低和转移法规、政策、金融、技术、公司治理等风险。

二、如何外包

企业在考虑外包时需要分析哪些业务适合外包、如何选择外包服务供应商、如何执行外包方案、外包是否合算等问题。

（一）哪些业务适合外包

许多企业的实践表明，有关企业文化建设、机构设置、核心决策等企业核心业务的事项不能外包，其他日常事务性工作都可以外包。

在企业人力资源管理中，职务分析、招聘、培训、职工意见调查、薪资福利、人事档案管理、社会保障代理等多数业务都可以外包。公司基层人员招聘人数最多，也最繁杂，这类业务可以外包。国家法定的福利，如养老保险、失业保险、医疗保险、住房公积金等事务性工作也可外包。

（二）如何选择外包服务供应商

外包是长期决策与投入，因此企业对外包服务供应商的资质应有较高要求。企业在选择外包服务供应商时，不能仅仅着眼于成本，还应综合考虑外包服务供应商的长期业务承诺、软硬件建设投资、行业经验、遵守国家法律法规以及保密等多种因素。对于企业，外包服务供应商提供的服务应该具有竞争力，能够满足企业的需要，是高质量标准的服务。

具体来说，企业在选择外包服务供应商时需考虑：

（1）外包服务供应商要有客户第一的观念。

（2）外包服务供应商要有良好的专业技能，应比企业人力资源部门更加专业。

（3）外包服务供应商要有良好的项目管理技能，可以保证每个项目都正常运作。

（4）外包服务供应商要有丰富的行业经验积累，非常熟悉企业所在行业。

（5）外包服务供应商要提供有竞争力的价格。

（三）如何执行外包方案

每项变革都需要得到企业全体职工的理解和支持，但这种推动力不是简单的动员大会和对外包结果的简单评价，而是需要他们的信任和具体参与。通过沟通形成强大的变革推动力是人力资源管理外包成功的基础。通过沟通，要让职工了解企业外包的信息和企业改变策略的原因，要让职工清楚地认识到外包不仅是为企业利益着想，而且是为职工的利益考虑，是一种多方共赢的管理方式。

（四）外包是否合算

外包是否合算，可通过对比外包前后的成本作出判断。外包前的成本包括职工工资、奖金、福利、保险，人力资源部的招聘、培训、考勤奖惩等方面的费用；外包后的成本包括支付给外包公司的费用，签订外包合同的费用，监督外包合同执行的费用，再减去外包后生产率的提高、人力资源部对企业战略的参与而得到的收益等。后者优于前者，则外包合算。关键是全面审核与外包管理活动相关的所有成本。加强成本控制，加上程序与服务改进带来的增值，外包管理应该优于自己管理。

三、人力资源外包的发展趋势

（一）人力资源外包内容不断丰富深入

在产业跨界/整合驱动、政策驱动、劳动力主体驱动等多种因素累加影响下，人力资源服务出现了很多新的业务模式或细分市场，如管理服务提供商模式（按照客户需求进行个性化定制提供整体服务）、招聘服务与建设雇主品牌、人才大数据分析、人力资本金融市场、自由职业者市场、老龄雇佣市场、“新蓝领”劳动力市场等，凡是有人力资源服务需求的地方就会快速形成相应的人力资源外包服务。随着外包服务范围的扩大和内容的深入发展，企业的人力资源外包成本将不断降低。

（二）平台化与线上服务

互联网生态的发展使人力资源服务业发生了深刻的变化。互联网服务、移动终端、大数据（Big Data）分析、云服务、O2O（Online to Offline，在线离线/线上到线下）等信息化技术催生了新的商业模式。人力资源外包服务结合互联网的特性，利用云服务、大数据技术等信息化手段，整合行业资源，提高协同效应，降低了企业的沟通成本及运营成本，企业的外包管理水平也将不断提高。

四、人力资源管理外包与人力资源部门的角色转变

随着角色转变，人力资源部门的许多事务性工作逐渐外包给外包服务供应商。通过外包，人力资源部门可以达到如下目标：节省人力资源部门的成本，省去不必要的开支；逐步从日常事务性工作中解脱出来，更多专注于人力资源管理的战略性工作；可从管理顾问那里得到更加专业的建议，改进工作；强化战略伙伴角色，增加对企业的贡献。

人力资源管理在企业价值链中的重要作用，在于能为顾客（包括企业外部和内部的顾客）提供附加价值。人力资源部门必须考虑顾客需要什么样的人力资源服务，怎样提供这些服务。作为企业获取竞争力的助手，人力资源管理应更注意工作的产出，而不仅仅是把工作做好。

本章提要

1. 管理是有效地协调企业的各种资源以实现预定目标的过程。管理过程包括计划、组织、任用、领导和控制五项职能。人力资源管理是管理过程的任用职能的进一步深化和发展。因此，人力资源管理是一项管理活动，是每个经理都必须承担的职责。

2. 人力资源管理是有效地运用人力资源以实现企业预定目标的过程。人力资源是指具备从事具体工作所需要的相关知识和技能的人才的总和。人力资源的本质是人所具有的劳动能力，是人在劳动过程中运用生产资料进行物质生产的能力。从经营管理的角度看，劳动能力包括做事能力、影响能力和管理能力。

3. 人力资源管理的发展源于传统的人事管理。导致人事管理向人力资源管理转变的主要环境因素有：技术进步；经济全球化；市场竞争；经济转型；企业重组；管理观念的变化。人力资源管理的观念也发生了变化：从单纯人事观点转向人事-经营观点；从事务导向转向战略导向；从强调控制转向重视开发；从封闭式管理转向开放式管理。

4. 人力资源管理的目的是有效地运用人力资源以实现企业的预定目标。由这个目的衍生出人力资源管理的一项基础工作和六项职能。一项基础工作即职务研究；六项职能分别是人力资源计划、招聘与选拔、培训与开发、绩效考核、薪酬管理和劳动关系管理。直线经理和人力资源部门在履行人力资源管理职责上各有侧重。

5. 人力资源管理部门的组织结构是指人力资源管理部门在整个企业组织结构中的位置以及自身的组织形态。比较典型的是直线职能制，三支柱结构是一个新的升级，它将人力资源管理部门分成专家中心、人力资源业务伙伴和共享服务中心。

6. 人力资源管理外包是指企业将部分人力资源管理职能委托给人力资源管理外包服务供应商代理。人力资源管理外包可以使企业集中精力开展核心业务，可以有效控制和降低企业经营成本，可以获取和维护先进的专业技术。外包决策包括确定哪些业务适合外包、如何选择外包服务供应商、如何执行外包方案和外包是否合算等。

复习题

1. 为什么说人力资源管理是一项管理活动？
2. 什么是人力资源？什么是人力资源管理？
3. 促使人事管理向人力资源管理转变的主要环境因素有哪些？
4. 人事管理向人力资源管理的转变包括哪些方面？
5. 人力资源管理包括哪些职能？
6. 在人力资源管理上，人力资源部门的职责是什么？直线经理的职责是什么？
7. 人力资源部门要为企业创造价值，应该承担哪些角色？
8. 什么是人力资源三支柱结构？
9. 什么是人力资源管理外包？人力资源管理外包有什么作用？
10. 人力资源管理外包决策需要考虑哪些问题？

练　习

练习 1-1：人力资源管理职能识别练习

下面是一家公司的部分人力资源管理政策：

（1）唯才是举，公平竞争，亲属回避，身份合法。
（2）不提倡内部职工推荐朋友来公司应聘。
（3）体检是必经程序，传染性疾病患者将被拒绝。
（4）签订劳动合同。
（5）试用期间员工被证明不符合录用条件的，公司可以随时解除劳动合同。
（6）保持公司在劳动力市场上的人才竞争力。
（7）不追求同工同酬。
（8）工资相互保密，攀比工资容易带来失望。
（9）试用期不调整工资。
（10）正常情况下，每年 1 月调整一次工资。
（11）（工资）通过银行活期存折支付人民币。
（12）逐年增加培训费用。
（13）每年参加培训的职工比例不低于 20%。
（14）所有的培训课程都由公司内部提供。
（15）职工在公司工作满三年，可获得房屋补贴金。
（16）违约离职的职工不享受当年的福利储金。

(17) 在公司工作满一年的职工，可享受每年 15 个工作日的年假。
(18) 不提倡职工加班。
(19) 加班须办理加班审批手续。
(20) 公司给予加班者相应时间的补休或支付加班费，由职工自己选择。
(21) 职工对公司正常的岗位调动应予以理解和服从。
(22) 职工有权拒绝自认为不适当的岗位调动——解除劳动合同并要求赔偿。
(23) 跨区调动必须经调入、调出和人力资源部三方共同批准。
(24) 没有拿到内部调动通知书不能调动。
(25) 杜绝安置性和因个人原因的调动。
(26) 基层职工原则上不跨区调动。
(27) 日常工作必须按流程进行。
(28) 每个人都应该成为自己业务领域的专家。
(29) 每项职务都必须有明确的任职资格与条件。

要求：

将上述政策按人力资源管理的职能进行分类，并将分类结果填入表 1－1。

表 1－1　某公司人力资源管理政策分类统计表

人力资源管理职能及政策	
职务研究	
人力资源计划	
招聘与选拔	
培训与开发	
绩效考核	
薪酬管理	
劳动关系管理	

练习 1－2：人力资源管理职能间关系练习

下面是某公司的人力资源管理制度：

(1) 招聘制度。新职工招聘选拔的流程是：由公司高层办公会议决定招聘名额，人力资源部提出招聘渠道建议，并为通过初步筛选的应聘者组织面试和测试，面试包括人力资源部面试、用人部门经理面试和总经理面试。新职工招聘渠道以校园招聘为主。2022 年首次尝试实行社会招聘，即将内部空缺岗位向社会公开，招聘有工作经验的求职者。

(2) 晋升制度。2017 年前开始尝试组织经理人员竞聘。2020 年，公司正式颁布了经理人员竞聘实施方案，规定所有经理人员必须通过竞聘产生。竞聘以学历、工龄、任职资格为准入条件，并规定了逐级竞聘原则。其中，普通职工参与基层主管岗位竞聘的条件为：进入公司满 1 年；研究生毕业满 2 年或本科毕业满 4 年。两个条件要同时具备。该方案同时设置了经理人员能上能下的通道。

（3）流动制度。2021年，公司发布了非管理空缺岗位竞聘实施方案，明确了1～9级非管理空缺岗位的流动办法，首次为公司内部职工的职业发展提供了一条非管理岗位职级晋升和不同类别岗位之间转换的路径。竞聘以任职年限、任职资格等为参与条件，6～9级岗位须逐级竞聘，并在低一级岗位任职满2年或3年。

（4）淘汰制度。公司采用续签合同考核制，考核时以职工的套入职级进行分类，同时按照绩效考核与部门测评成绩排序，以不低于3%的比例进行淘汰。淘汰方式包括待岗、降级或终止合同。

（5）考核制度。2019年，公司全面实行绩效考核制度。绩效考核分为部门考核与个人考核两种。普通职工考核分为季度考核与年度考核。考核评分中任务绩效占70%，工作态度占30%，绩效考核成绩分为优秀、良好、合格与待改进四类，并以部门为单位调整等级配比的比例，其中强制分配比例为评为优秀的职工，不能超过部门参与考核人数的20%。个人绩效考核成绩在职工参加各类竞聘、合同续签考核中都占有一定比率，也是各类奖励评优的依据之一。

（6）培训制度。通过岗位分析，公司初步建立了岗位培训体系，对每个岗位应具备的基础知识、专业技能、工作态度做出了明确规定，建立了相应的培训计划，包括入岗课程、阶段培训计划、晋升培训计划等。公司对职工提出了年度最低培训时间的考核要求，1～5级不少于5天/年，6～9级不少于15天/年，10级以上不少于10天/年。培训记录将作为职工岗位变动、升迁的依据之一。公司鼓励职工利用业余时间参加学历教育，对于符合职业发展并得到所在部门推荐的职工，毕业后给予一次性学费奖励。

（7）职级体系。2020年，公司推行1～19级岗位职级体系（1级为最低级，19级为最高级），作为人力资源管理制度的基础，个人职级决定个人薪酬福利水平。2017年，公司根据业务发展，对岗位职级设置进行调整，开展定岗、定员、定编工作。

（8）薪酬福利制度。公司的薪酬福利制度实行与职位匹配、与业绩挂钩、与市场调节相结合的原则。提供在当地具有竞争力（而不是领先）的薪酬。拉大职位间的薪酬差距。公司提供的福利包括社会保险、住房公积金、补助、旅游、带薪假期等。

（9）长期激励制度。2018年，公司推出两项政策，对各级经理人员和专业技术骨干实施股票期权配发。

要求：

根据上述介绍，分析该公司各项人力资源管理制度之间的相互联系。

课外实践

1. 以组为单位，访问若干名企业的人力资源经理，了解人力资源部在人力资源管理方面的职责，以及人力资源经理对人力资源部角色的看法，撰写调查报告并与其他组交流。

2. 以组为单位，访问若干名企业的直线经理，了解他们在人力资源管理方面承担的职责，以及对人力资源管理的看法，撰写调查报告并与其他组交流。

3. 以组为单位，访问若干名企业的普通职工，了解他们对企业人力资源管理制度和政策的看法，撰写调查报告并与其他组交流。

第二章

职务研究

知识与能力目标

通过本章的学习，你应该：

- 了解什么是职务，什么是职务分析
- 了解职务信息类型和职务信息来源
- 理解职务分析的六种基本方法
- 掌握职务说明书的内容构成
- 掌握编写职务说明书的基本技巧
- 了解职务设计的主要方法
- 了解什么是职务评价
- 掌握职务评价方法

素养目标

1. 理解职务分析的基本过程，深化在社会主义市场经济条件下对劳动和价值创造的认识。

2. 理解职务评价过程，理解“劳动”“管理”“技术”等不同市场要素投入的贡献，进一步理解“按劳分配”等分配原则。

引导案例

王强到底想要什么样的工人？

“王强，我真不知道你到底需要什么样的机械操作工？”江山机械制造有限公司人力资源部经理老陈说道，“我已经给你提供了 4 个面试人选，这 4 个人基本上都符合职位说明书中规定的要求，可是，你却将他们全部拒之门外。”

“符合职位说明书的要求？”王强颇为惊讶地说，“我要找的是那种一经录用就能够直接上手做事的人；而你提供的人选都不能胜任实际操作工作，并不是我所要找的人。再者，我根本就没看见你所说的什么职位说明书。”

闻听此言，老陈立即为王强拿来职位说明书。当他们将职位说明书与现实所需岗位逐条加以对照时，才发现问题所在：原来职位说明书已经脱离实际，也就是说，职位说明书没有将实际工作中的变动写进去。例如，职位说明书要求从业人员具备旧式钻探机的工作经验，而实际工作却已经采用了应用最新技术的数控机床。因此，工人们为了更有效地使用新机器，必须具备更多的数学和计算机知识。

在听完王强描述机械操作职位所需的技能以及从业人员需要履行的职责后，老陈喜形于色地说道："我想我们现在能够写出一份准确描述该项工作的职位说明书，并且用这份职位说明书作为指导，一定能够找到你需要的合适人选。我坚信，只要我们的工作更加紧密地配合，以前那种不愉快的事情，就不会再发生了。"

职务研究是人力资源管理的基础性工作。对职务缺乏研究和认识，只凭主观愿望办事，是造成人事矛盾的重要原因之一。实践表明，职务研究能使我们深刻理解职务的行为要求，帮助我们觉察环境的变化，并为人力资源决策提供坚实的基础。

职务研究包括职务分析、职务设计和职务评价。本章首先讨论职务分析的过程与方法，职务分析的主要用途是编写职务说明书，我们单列一节讨论；然后讨论职务设计，重点是设计方法；最后讨论职务评价，重点是职务评价的意义和方法。

第一节　职务分析

职务分析（也称工作分析）是一项科学的管理方法，它的应用可以改变企业人力资源管理基础工作薄弱的状况。当出现新职务时，或由于新技术、新方法、新工艺或新系统的出现，职务发生重要变化时，企业需要进行职务分析。

一、职务与职务分析的意义

职务与职位并无本质上的区别。职位指一个人在一个岗位上进行的工作活动，如营销经理和财务总监。在企业中，职位的数量与其成员的数量相等，即一个人对应一个职位。如果从工作行为、工作方法、加工材料、产出和人员特征来看，几个职位的工作活动和目标都相似，而且活动的排列与其他职位明显不同，这一组相似的职位称为职务。例如，某个生产组有六个铣工，他们使用的铣床相同，按同样的图纸加工同样的零件，那么这个生产组共有六个职位、一项职务。当然，也有一个职位就是一项职务的情况，如总经理。

职务分析是指收集、分析和记录工作相关信息的过程，目的是了解工作的性质、内容和方法，以及确定从事该项工作需要具备的条件和任职资格。

人力资源管理的各项职能都需要职务分析提供的信息。例如，职务分析提供的关于职务内容和职务条件方面的信息，是企业确定培训需求、制订培训计划的依据。如果某个职工达不到职位要求的条件，说明需要对他进行培训，使他的能力和技能达到职务要求。

进行职务分析时需要考虑以下问题：收集什么信息；从哪里获得信息；谁收集信息；如何收集信息。

二、职务分析程序

职务分析程序有职务分析机构的组建、职务信息的收集与分析、职务分析文件的编制和职务分析信息的更新四个步骤。

（一）职务分析机构的组建

企业开展职务分析应成立相关机构，该机构的名称可以是职务分析委员会，也可以是职务分析小组，主要职责是计划和组织实施企业的职务分析活动。职务分析机构的成员由企业人事部门和有关部门的代表组成，也可以聘请外部专家参与职务分析机构的工作。需要开展职务分析的部门都应派代表参加职务分析机构。职务分析的具体工作可以由主管和经理来做，也可以由临时聘用的职务分析员来做。无论是前者还是后者，在开展工作之前都应进行培训，使他们掌握职务分析的原理与技术。

（二）职务信息的收集与分析

职务分析的大量工作是收集职务信息。职务信息要求全面、客观和准确，与职务直接或间接相关的信息都应收集到，而且这些信息应能真实地反映实际工作状况，并准确无误。

（三）职务分析文件的编制

这个步骤是以文件的形式将职务分析成果记载下来。职务分析文件有文字叙述和表格两种形式。无论采用哪种形式，职务分析文件应由职务分析机构统一编制。

（四）职务分析信息的更新

职务分析是一项周期性日常工作。随着企业的发展，企业的职务会出现变化，如新技术的采用、组织结构的调整、工作方式的改变等，都会引起职务的变化。因此，职务分析文件的信息需要定期补充和更新，通常是一年修订一次。

在上述四个步骤当中，中间两个步骤较为重要，我们会在下面详细讨论这两个步骤。

三、职务信息类型

职务分析需要收集以下六种类型的信息：

（1）工作活动。这类信息可以使我们了解任职者应执行哪些活动（如清扫地板、维修机器或推销商品）、如何执行、为什么要执行、何时执行。

（2）人的行为。这类信息反映了工作对任职者的行为要求（决策、沟通或身体动作），如需要消耗多少能量、要走多远的路等。

（3）生产工具。这类信息可以使我们了解任职者在工作中使用什么样的机器、工具、设备及其他辅助用具，在工作过程中生产何种产品、加工何种材料、需要运用何种知识（如生物知识或会计知识），以及需要提供何种服务（如咨询或修理）。

（4）绩效标准。这类信息可以帮助我们搞清楚应当用什么样的数量、质量或时间标准评价工作者。

（5）职务环境。这类信息可以使我们了解工作的物理和社会环境，如生产条件、日程安排、组织形式和社会环境（如平常与谁打交道）、经济和非经济刺激等。

（6）人员要求。这是对任职者的知识、技能和个人特质等方面的要求，包括受教育程度、培训经历、工作经验、智力和体力、个性特点和兴趣等。

职务信息有定性信息和定量信息两种形式。定性信息通常是描述性的，如对工作条件、人员要求的一般陈述。定量信息是用数字形式表示的工作信息“单位”，说明工作的特点，如工作特征的等级、需要的时间。

四、职务信息来源

职务信息多数来源于任职者。此外也有其他来源，如直接主管、经理或专家，以及工作记录、培训手册等文件。

（一）任职者

任职者对其承担的职务拥有详尽的知识，是职务信息的主要来源。由于每个人对职务的看法不同，从这类来源获得的信息可能会有偏差。从任职者那里获得信息需要任职者的合作，而这又取决于任职者如何看待职务分析的目的。职务分析有时需要结合动作/时间研究一起进行，这会使任职者认为在将来的工作中要付出更多努力，从而降低合作性。

（二）直接主管

在确定某项职务的信息是否为达到部门目标所需要时，主管最有发言权。这一来源存在的问题是主管会有意无意地提供导致错误结论的信息，有时对下属承担的职务只有很肤浅的认识。

（三）同事、下属和专家

同事和下属可以从不同角度提供职务信息，但不能提供职务分析需要的全部信息，需要与其他来源的信息合并使用。对企业和生产过程拥有专门知识的技术专家也是很有价值的信息来源。

（四）现有文件记录

现有文件记录不单独使用，只作为信息的辅助来源。这类记录包括：职务设计的原始记录；设备蓝图与工作规划；现有职务说明和职务规范；绩效/产出、质量控制、材料消耗等相关统计。文件记录提供的信息有时也很有价值。

中小企业的职务分析通常由主管或经理承担，大企业主要利用职务分析专家（包括外部顾问）。职务信息的收集最好由职工及其主管和职务分析专家共同进行。

五、职务分析方法

职务分析的方法很多，常用方法有参与法、观察法、面谈法、问卷调查法、关键事件法和工作日志法。

（一）参与法

参与法指分析人员实际担任所要研究的职务，通过亲身实践掌握职务要求的第一手资料。通过这种方法可以了解某项职务的实际任务以及在体力、环境等方面的要求，特别适用于短期内可以掌握的职务，对需要大量训练才能掌握或有危险的职务，就不适用了。

（二）观察法

观察法指分析人员在一旁观察职工的工作活动，记录下工作各部分的内容、原因和方法。分析人员通常以事先准备好的标准格式来记录观察到的资料。这种方法主要用来收集强调技能的工作信息（如车工的操作），不适合分析脑力工作（如精算师的工作）。另外，紧急而又偶然的工作信息（如处理突发事件）难以通过观察得到。

（三）面谈法

在分析人员不可能实际去做（如宇航员的工作）或不可能观察（如精算师的工

作）的情况下，需要请职工讲述其工作内容。面谈时使用标准格式收集信息，可以使提问和回答限制在与工作有关的范围内，也便于比较调查过程中不同人反映的情况。这种方法的优点是可以获得平常不易观察到的情况。其缺点是职工对分析人员及面谈动机持怀疑态度或分析人员的提问含糊不清时，可能会导致信息失真。为了避免这种情况，分析人员可事后与职工的直接主管面谈，检验从职工那里获得的信息的可靠性。

（四）问卷调查法

问卷调查法指发给职工一份结构化问卷，通过填写问卷来确认他们要完成的任务。该方法的优点是节省时间；调查问卷可以在工作之余填写，不耽误生产；调查范围广，可以同时对大量职工进行调查；调查资料可以量化，可由计算机处理，可进行多方式、多用途分析。其缺点是设计调查问卷花时间、费用高；需要解释和说明，否则调查对象的理解可能发生偏差；限于有书写能力的人；一些人可能会夸大事实，列出的职责要比实际的多。

表 2－1 是职务分析调查问卷的一个样本。

表 2－1　职务分析调查问卷

第一部分　职务识别	
姓名＿＿＿＿＿＿＿＿	日期＿＿＿＿＿＿＿＿
职务＿＿＿＿＿＿＿＿	部门＿＿＿＿＿＿＿＿
上级主管的姓名＿＿＿＿	上级主管的职务＿＿＿＿
第二部分　职责描述	
1. 你工作的基本目的是什么（承担什么责任，为什么设立这个职位）？	
2. 你日常承担哪些职责？大致列出各项职责每天占用的时间。	
3. 在某一阶段内（如一周、一月、一季度等），你承担哪些职责？	
4. 你不定期地、偶然地承担哪些职责？	
5. 你收到过关于如何工作的指令吗？是谁发出的指令？多长时间收到一次？	
6. 根据授权，你本人可以作出哪些决定？	
7. 你作哪些决定时需要向上级请示？	
8. 其他人检查你的哪些工作？	
9. 你本人定期或不定期地操作哪些机器设备？请说明使用这些机器设备所要求的速度或熟练程度。	
10. 你自己认为哪方面的工作最复杂或最困难？为什么？	
11. 说明主管人员对你的监督方式（单选）。	
A. 密切的监督、指导	B. 有限的监督、指导
C. 一般的监督、指导	D. 很少的监督、指导
第三部分　教育与经验	
12. 你的职位对学历的最低要求是初中、高中，还是大学？	
13. 完成你的工作需要学习特别课程吗？若有，请列出。	
14. 你的职位对新职员工作经验的最低要求如何（何种经验、何处积累）？你认为获得这种经验最少需要多长时间？	
15. 除了学历和经验之外，你认为一个新职员要完成你的工作，还需要些什么？需要多长时间？	
16. 新职员要在公司的哪个职位接受培训才能达到你所任职位的要求？	
17. 就目前的职位而言，你有可能晋升到公司内的哪些职位？	
18. 请列出你认为必需的所有其他要求，包括个人资历、性格方面的要求。	

续表

第四部分　责任
19. 你对现金、抵押品、流通票据或其他有价物品负多大责任？
20. 除人事和金钱外，说说你的责任的本质和范围。比如在供应和设备方面。
21. 你对公司内部财务事务的保密信息了解多少？你在工作中如何使用这些信息？
22. 你对客户的保密信息了解多少？你在工作中如何使用这些信息？
23. 你负责哪些报告和记录？
第五部分　同其他人的联系
24. 你同公司内其他人员和部门的联系的性质与频繁程度如何？
25. 大致来讲，你在一个工作日内要同公司内多少人进行联系？
26. 你同公司客户联系的性质和频繁程度如何？如果有些联系是在不利的条件下进行的，请说明（比如追讨过期账款等）。
27. 你同公司外部人员联系的性质和频繁程度如何（比如供应商、银行、政府机构等）？
第六部分　体格要求
28. 你工作时间大致为：坐______%，站立______%，走动______%。
29. 你的工作对体力有没有特别要求？你工作时是否感到特别累？
30. 请说明你工作现场的条件及性质，如噪声、温度、灯光等。你认为哪些是不利条件、不愿见到的或者讨厌的条件？
31. 你一般一天工作几小时？每周工作几天？
32. 如果需要加班工作，请说明你每周平均需要的加班时间。
第七部分　对其他人的领导
33. 你直接领导多少个雇员？
34. 你间接领导多少个雇员？
35. 列出你属下各个职位的名称及雇员人数。说明你对各个职位的领导程度或领导方式。
第八部分　主管人员审核
审核人__________________　　日期__________________
职务____________________

（五）关键事件法

关键事件是对实际工作中特别有效和特别无效的职工行为的简短描述。将大量关键事件收集起来，按照工作领域进行归纳分类，可以清楚地了解实际工作的要求。由于所研究的行为可以观察和衡量，用这种方法获得的资料适用于大多数职务分析，但关键事件的收集、归纳和分类花费大量时间。另外，关键事件不描述平常的工作行为，而平常的工作行为才是职务分析的主要目的。

（六）工作日志法

工作日志法指职工以工作日志的形式将其日常工作从事的每项活动按照时间顺序记录下来。对高度专业化的工作，这种方法可以获得有价值的理解和完整的工作图景。需要注意的是可能会产生信息失真现象（填写人可能会夸大或忽略某些活动）。

在实际工作中，上述分析方法通常是结合使用的，例如，先用问卷调查法，如发现书面资料不够完整或准确，再用面谈法，如仍有用语言无法准确表达的事实，再用观察法来认定事实，这样可以收集到更完整、更准确的资料，分析结果更加可靠。

第二节　职务说明书

职务分析活动的产出是职务说明书，包含职务描述和职务规范两个部分，职务说明书是企业进行招聘、选拔、培训与开发、绩效考核、薪酬管理等活动的依据。

一、职务描述

职务描述是陈述职务的性质、主要职责、工作关系和环境等内容的一种书面文件。职务描述的内容通常包括职务识别、职务概要、职责、权限、绩效标准、相互关系和工作环境七个项目。

（一）职务识别

职务识别包括职务名称、隶属部门、职务编码和编写日期等。职务名称用来反映职务的性质，与其他职务区别开来。隶属部门指明某项职务在企业中的位置。职务编码是为了方便查找。编写日期则是标明职务说明的具体编写时间，作用是避免使用过时的职务说明。其中职务名称非常重要，因为企业在决定薪酬时会与其他企业比较，如果名称相同、职务性质不同，或职务性质相同、名称不同，比较结果会有很大差异。因此，职务名称应尽量采用通用名称，而且用词要简洁。

（二）职务概要

以简短的、摘要式的文字概括职务内容，向职工说明职务的性质、完成工作的方法和理由。例如，“按照药品生产质量管理规范的要求，完成片剂类药品的生产任务”。如果除主要职责外还承担其他次要职责，则只列出主要职责。

（三）职责

职责表述的是某项职务承担的具体工作任务，是“做什么”而不是“怎么做”。每项职责都应有独立的意义，并标明所用的机器、设备和特殊工具。例如，“驾驶载重汽车运输货物”“说服顾客购买商品”等。职责项目可以按照重要性排列，也可以按照每项职责花费的时间多少排列，还可以按照技术或逻辑的顺序排列。

（四）权限

权限指职工的权限范围，包括作决定的权限、对其他人实施监督的权限、对下属的任用权限以及经费预算的权限等。例如，“购买 5 000 元以上物品的审批权”“职工 3 日内病假的批准权”“组长的任免权”等。

（五）绩效标准

绩效标准指企业期望职工在执行每项任务时要达到的标准。例如，“当天收到的发票要在当天过账”“日产量不低于 300 件”“提前 5 天下达各班组月度生产计划”。一般来说，业务职位的任务具体，绩效标准容易确定；管理职位的任务广泛，绩效标准不易确定。

（六）相互关系

相互关系指某职位与上级和下级的联系以及在企业中的地位，包括接受监督和给予监督。例如，对销售部经理来说，要监督属下的推销员，同时接受总经理的监督。

（七）工作环境

工作环境指工作场所的物质条件，包括噪声、温度、粉尘、气味、光亮、危险程度等。例如，是室内工作还是户外工作，是地面工作还是高空工作或地下工作。

职务描述的内容项目取决于使用目的或用途。一般来说，职务识别、职务概要、职责三个项目是所有职务描述都应该有的，其他项目则视需要而定。例如，如果用于招聘和选择，还应包括职务规范和工作环境；如果用于授权，还应包括权限和相互关系；如果用于绩效考核，还应包括绩效标准和职务规范。

职务描述没有统一的格式要求，可以详尽，可以简略。对一些简单的或者技术性不强的职务，可以十分清楚地描述该项职务。但对一些复杂的或者技术性很强的职务，要详细具体地描述该项职务的内容就非常不容易，只能简略地概括该项职务。

除自行编写职务描述之外，企业也可以参考一些标准化的职务描述。《中华人民共和国职业分类大典》（2022 年版）将我国的职业归为 8 个大类、79 个中类、449 个小类、1 636 个细类，并对每一职业类别的工作内容都有界定，企业可以参考使用。

中国力量

顺丰“企业文化专员”工作职责

1. 协助制定并落实企业文化在地区的落地及价值观建设工作，对工作所需的人力、物力等资源进行合理分配，负责并监督计划的完成；

2. 组织实施价值观体系的宣传、培训和导入，以多种形式和渠道推动价值观践行；

3. 组织多渠道、形式和内容丰富的文化宣导活动，并对全区企业文化主题活动执行情况进行检查、落实和反馈；

4. 结合公司价值观，挖掘、采集典型的企业文化案例与故事，并及时策划宣传；

5. 管理、维护企业文化平台（丰声咨询号、公邮、内刊、流媒体等），制作相关内容，定期/及时更新；

6. 完成上级分派的各项文化建设工作任务，并推动实施与执行。

解读：在新时代，知名企业仍然看重遵纪爱国、诚信忠诚等传统价值观并设置专门部门和职位去推动价值观践行。

二、职务规范

职务规范是根据职务内容拟订的最低要求的任职资格，列明适合从事该项工作的人员必须具备的基本条件、个人特质、必须接受的训练等。职务规范的内容通常包括：所需知识、技能、体能条件、个性特点、教育程度、工作经验、专业资格等。对任职资格与任职条件的说明必须清楚、简明、直接和详尽。

职务规范可以是独立的文件，但在实际工作中，职务规范常常并入职务说明书（见表 2－2），作为其中的一个部分。

表 2-2　职务说明书举例

<table>
<tr><th colspan="4">职务标识</th></tr>
<tr><td>职务名称</td><td>人力资源部经理</td><td>隶属部门</td><td>行政中心人力资源部</td></tr>
<tr><td>职务编码</td><td>HR-001</td><td>编写日期</td><td>2023 年 1 月</td></tr>
<tr><th colspan="4">职务概要</th></tr>
<tr><td colspan="4">制定、实施公司的人力资源战略、规划和管理体系，努力提高员工的绩效水平和工作满意度，为实现公司的经营目标和战略意图提供人力资源支持。</td></tr>
<tr><th>职能</th><th colspan="3">具体职责</th></tr>
<tr><td>制度/计划/文件管理</td><td colspan="3">1. 制定及实施人力资源战略、规划和管理体系；
2. 搭建人力资源管理平台，组织、汇总、编制人力资源部各项规章制度，调整及实施运行；
3. 制订人力资源部的工作计划，跟踪、检查、落实完成情况，年底进行工作总结。</td></tr>
<tr><td>业务管理</td><td colspan="3">1. 汇总、核算人力成本；
2. 进行组织结构设计和工作设计，组织、落实机构设置，监督定岗、定员、定薪等情况；
3. 实现企业人才吸纳、激励、开发、流动的合理机制；
4. 与对内、对外的各相关机构协作，关系融洽、顺畅，树立人力资源部的服务形象及管理形象。</td></tr>
<tr><td>部门管理</td><td colspan="3">1. 组织员工培训学习交流；
2. 监督、指导、支持下属员工开展工作，监督各项标准、制度的执行和落实；
3. 检查、考核下属员工的工作绩效；
4. 参与、协助下属员工的职业生涯发展。</td></tr>
<tr><td>其他</td><td colspan="3">完成上级领导交办的其他临时性工作。</td></tr>
<tr><th colspan="4">关键绩效指标</th></tr>
<tr><td colspan="4">薪酬核算准确率、绩效考核组织管理、招聘计划完成率、招聘效果满意度、培训计划完成率、培训效果满意度、有效投诉次数</td></tr>
<tr><th colspan="4">工作联系</th></tr>
<tr><td>直接上级</td><td colspan="3">人事行政总监</td></tr>
<tr><td>直接下级</td><td colspan="3">招聘专员、绩效专员、薪酬专员、培训专员</td></tr>
<tr><th></th><th colspan="2">职位/部门/机构</th><th>内容</th></tr>
<tr><td>本部门内沟通关系</td><td colspan="2">招聘专员、绩效专员、薪酬专员、培训专员</td><td>指导、接受汇报</td></tr>
<tr><td>本公司内沟通关系</td><td colspan="2">公司各部门</td><td>关系协调</td></tr>
<tr><td>本公司外沟通关系</td><td colspan="2">人才市场、高校就业办、劳动局、保险机构</td><td></td></tr>
<tr><th colspan="4">任职资格</th></tr>
<tr><td colspan="4">学历：本科以上　　　　专业：人力资源管理、工商管理
工作经验：5 年以上人力资源管理相关工作经验</td></tr>
<tr><td>核心知识</td><td colspan="3">1. 熟悉人力资源管理知识；
2. 全面理解公司的发展远景，熟悉公司的业务整体运作流程及制度，熟悉公司各部门的职能、职责、职权；</td></tr>
</table>

续表

核心知识	3. 熟悉建材行业及市场基本运营模式； 4. 理解财务、法律等方面的相关知识。
核心能力	1. 很强的计划管理能力，能有效制定相关制度及流程； 2. 很强的组织实施能力，能有效地完成各项工作； 3. 很强的协调能力和沟通能力，能有效地处理日常管理工作出现的问题，培训及引导员工有效完成本职工作； 4. 敏捷观察、系统思维、准确判断、果断处事、精通授权艺术、激励艺术； 5. 亲和力和较强的说服能力。
通用技能	1. 很强的写作技能，能准确有效地完成工作计划、总结以及相关文件的编制、修改工作； 2. 熟练掌握计算机使用技能，能运用网络和办公软件，顺利完成各项文件的编制、管理，进行工作相关信息的搜集整理等。
工作环境	办公室（80%）、出差（20%）
任职者签字：	直接上级签字：　　　人力资源部经理签字：
郑重声明：本职务说明书是员工劳动合同的一部分，旨在说明职务目前的职责及对任职者的要求。公司保留变更工作内容或要求在职人员履行其他职责的权利。	

以受过训练的人和未受过训练的人为对象编写职务规范的要求是不一样的。如果是受过训练的人，职务规范可以集中在任职者的工作经历和相关培训的质量等方面。把受过训练的人安置到工作岗位上，确定人员素质的要求并不困难。如果是未受过训练的人，事情就复杂了，职务规范需要明确哪些个人特征（如生理特征、个性、兴趣或感知技巧）能够说明求职者具备胜任职务要求的潜力，或具备接受职务培训的潜力。例如，假定职务要求任职者在线路板生产线上进行细微操作，那么就要求求职者的手指非常灵活（可以通过测试了解求职者手指灵活的程度）。这就需要在职务规范中列出能有效地预测求职者适合从事该项职务的个人特征或要求。

确定职务要求有主观判断和统计分析两种方法。前者是根据主管或经理等有经验人员的判断来编写职务规范，回答要完成该职务的工作，任职者需要接受何种程度的教育，具备何种程度的智力，接受哪种培训。后者主要是说明显示人员特征的预测指标（如身高、智力、手指灵活度等）与显示职务绩效的表现指标之间的关系。

三、职务说明书的编写准则

编写职务说明书需遵守如下准则：

（1）运用动词描述职责。每项职责的陈述以动词开头，例如，“签发成品放行条”“审核包装材料的设计稿和标准样张”。表 2-3 是编写职务说明常用动词表。

（2）避免使用模棱两可的词语。使用的词语必须清晰，以保证使用该职务说明的人能正确理解说明的内容。模糊不清或有不同理解的词语应避免使用。例如，“开展”“做好”“处理”等动词没有具体指出工作的具体内容。对于“尽可能多的”“典型的”“复杂的”“困难的”一类的形容词，不同的人会有不同的理解。

表 2-3　编写职务说明常用动词表

制定	制订	拟订	批准	准备	提出	建议	开发	评估	编制	实施	审阅	审定	审批
审核	审查	审察	检查	考查	监督	监管	督促	指导	接待	走访	收集	编写	草拟
起草	承担	办理	计算	统计	购买	检测	决定	分析	设计	回答	汇总	报告	安排
研究	建立	参与	核对	抄写	传送	确认	确定	提供	总结	协助	布置	调查	完成
巡查	预计	修改	保持	汇报	发放	验收	整理	保管	登记	签订	通知	挑选	观察
履行	编辑	邮寄	形成	兑付	推销	打印							

（3）注意动词搭配。避免使用“负责＋动词”的表述方法。例如，“负责组织”“负责组织领导”“负责提出”一类的表述都是不规范的，应当直接表述为“负责……”“组织……”“提出……”。但以下动词可以和其他动词搭配使用：协助、配合、参与。例如，“配合制定”“协助制定”“参与制定”。

（4）使用简短的语句。用来明确职责和工作内容的句子必须精练准确。句子结构应简单，例如，“检查主要设备、设施的运转状况”“监督外包单位的生产进度”。避免使用阅读起来困难的复杂句式。

（5）指明职责范围。在界定职位时，要确保指明职责范围和性质，可以使用“按照经理的要求”或“为本部门”这样的句式来说明。例如，“根据生产部日生产计划，编制和下达各生产班组日生产计划”“编制供销部年、季、月工作计划”。要包括所有重要的工作关系。

（6）绩效标准要量化。尽可能用量化信息表示绩效标准，例如，“每月至少引荐3位新顾客”“提前5天下达各班组月度生产计划”“24小时内完成审核”。

（7）区分直接责任和管理责任。注意区分一个人实际执行的任务和需要他监督其他人执行的任务，以区别直接责任和管理责任。

第三节　职务设计

几个世纪以来，职务的内容及如何设计一直是工程师和经济学家感兴趣的课题。英国经济学家亚当·斯密就曾论述过分工的经济性。英国数学家查尔斯·巴贝奇也有过相同的论述。19世纪末20世纪初，由美国工程师泰勒开发的被称为科学管理的职务设计方法得到广泛应用。到20世纪50年代，职务设计还一直是专业化的同义词。此后，人们把注意力从工作任务转移到个人的需求上，探讨职务内容和各种职务设计方法所蕴含的人性课题。除工程学外，生理学、生物学、人类学、社会学和心理学等学科的知识也开始应用于职务设计。

一、什么是职务设计

职务因包含的任务不同而各异。有些职务是例行的，其任务是标准化和重复性的；有些职务是非例行的，其任务新颖，具有挑战性。有些职务需要掌握多种不同的技能才能胜任；有些职务需要掌握的技能则比较简单。有些职务要求职工遵守严格的程序；有些职务则给予职工充分的自由。有些职务以集体的方式进行；有些职务则以个体的方式进行。职务之间的差别在于任务组合的方法，任务的不同组合产生了不同的职务设计。组织的成员都是由各种不同的职务联系起来的。

出现以下情况时企业应考虑职务设计：

（1）职工的工作表现下降或发生其他问题。

（2）企业进行变革或采用新技术。

（3）企业进行重组、流程再造或调整组织结构。

（4）设置新部门。

（5）职务或部门之间出现苦乐不均的情况。

二、传统的职务设计方法

传统的职务设计方法的基础是专业化。这种方法在发达国家曾得到迅速发展和广泛应用，现在正被迅速淘汰。专业化职务设计的基本思想是：通过限制一项职务构成的任务的数目和任务的变化，实现最大限度的专门化、最大限度的重复和最少的训练时间。这种设计方法的优点在于：

（1）职工需要掌握的技能很少，可以缩短学习时间。

（2）简化训练和选择，因为可以使用专业人才。

（3）可以提高职工的熟练程度，进而提高生产效率。

（4）更有效地利用职工的技能。

（5）用人经济，可以将简单的工作分配给低薪的非技术工人去做，将复杂的工作交给高薪的技术工人去做。

（6）同步作业。

（7）使最终产品一致。

专业化设计需要具备如下条件：

（1）大量生产，要有足够的工作量，使每个人的工作都能满负荷。

（2）工作量、工人出勤率、原材料质量、产品/服务设计、生产技术等要稳定。

在现代社会，仅仅以提高效率和降低成本为中心的职务设计会给职工带来严重的心理问题，包括对工作不满、责任心下降、工作的非人性化，以及因缺少个人成长与成功的机会而灰心丧气。这些心理问题可能导致智力衰退、慢性抑郁症、心脏病等身体上的疾病；也可能导致离职率/缺勤率高、抵制变革、工作效率低甚至怠工等经济和企业问题，使得专业化工作的心理代价可能超过其经济价值。

三、职务再设计方法

如前所述，以高度专业化的方式设计职务虽有许多经济方面的好处，但也会带来严重的心理问题。因此，需要对职务进行再设计。此外，创新和提高生产率的需要，改善员工生活质量的需要，也促使企业更加重视职务设计。职务再设计是通过改变职务的内容，增加工作者的工作经验和提高生产力，方法包括职务轮换、职务扩大化和职务丰富化等。

（一）职务轮换

职务轮换指使工作者的活动有所变化，消除工作中的厌烦感。职务轮换有垂直和水平轮换两种形式。对于职务设计，职务轮换通常是水平轮换。水平轮换可以有计划地实施，即让职工担任某项职务一段时间，然后再换另一项职务。也可以依据具体情况实施，即当现任职务不再有挑战性或工作需要时，调派职工去做其他工作。职务轮换的好处是可以扩大职工的视野，使职工学习到各种经验，获得多种技能。缺点是增加培训费用，换岗初期生产效率会降低。如果职工宁愿留任现岗，轮换反而会使其沮丧。如果职工不喜欢，轮换会增加旷工和意外事件。

（二）职务扩大化

职务扩大化指增加某项职务中的任务的数目和工作周期重复的频率。通过增加任务的数目，扩大工作范围或增加工作的多样性。例如，将邮件分拣员的工作扩大到投递邮件或在邮件上盖邮戳。职务扩大化的效果不一定好，不一定能使职工的工作更有意义或更有挑战性。

（三）职务丰富化

职务扩大化是扩大职务的范围，职务丰富化则是扩大职务的深度，即让职工拥有较大的工作控制权，或参与某些通常由其主管承担的工作，如计划和评估。控制权使职工有更多的自由度、独立性和责任感从事完整的活动，并通过自我反馈改进工作。职务丰富化可以增加职工的满足感，降低缺勤率，提高产出质量。

四、职务特征模型

分析职务设计最常见的模型是职务特征模型，该模型如图 2－1 所示。

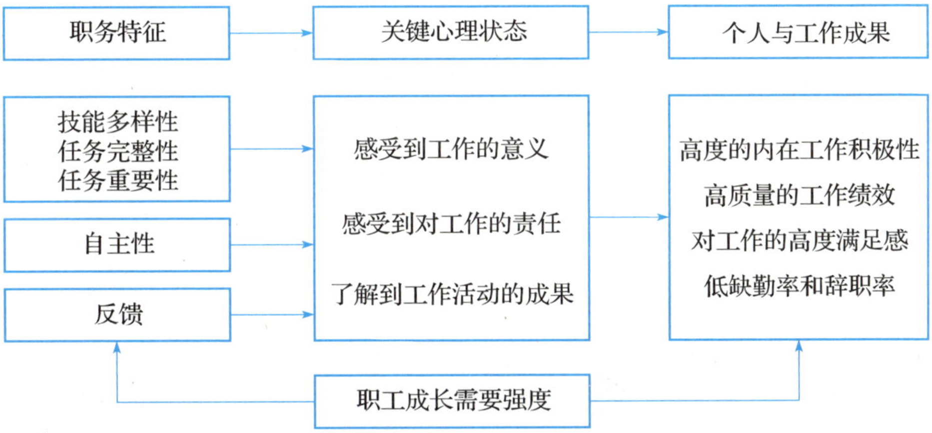

图 2－1　职务特征模型

根据职务特征模型，任何职务都可以用以下五项核心要素来描述：

（1）技能多样性，指具备做不同工作的多种技能。

（2）任务完整性，指从事完整工作的机会。

（3）任务重要性，指工作对其他人的生活或工作的影响程度。

（4）自主性，指决定增加工作方式的机会。

（5）反馈，指获得自己工作绩效信息的程度。

这五项核心要素形成三种心理状态。其中，技能多样性、任务完整性和任务重要性使人感受到工作的意义；自主性使人感受到对工作的责任；反馈使人了解工作活动的成果。这三种心理状态将产生四种结果，即高度的内在工作积极性、高质量的工作绩效、对工作的高度满足感，以及低缺勤率和辞职率。

职务特征模型为职务再设计提供了以下建议：

（1）合并任务。把现有专门化的任务重新合并成新的、广度大的工作模块。这样做可以增加技能多样性和任务的识别程度。

（2）建立自然的工作单元。对任务进行设计，组成可识别的和有意义的完整工作。这样做可以提高职工的自豪感，使职工感觉工作任务重要、有意义，而不是觉得工作任务毫无联系、枯燥乏味。

（3）建立客户联系。让职工知道客户在使用他们生产的产品和提供的服务。只要有可能，应该让职工和客户建立直接的联系。这样做可以提高职工的技能多样性和自主权，以及让职工及时得到反馈。

（4）垂直地扩展工作。将只有经理才有的责任和控制权交给职工。这样做可以消除隔阂，同时还能提高职工的自主权。

（5）开放反馈渠道。通过增强反馈，职工不仅知道他们的工作绩效，还知道工作绩效是提高了、变差了，还是停留在原来的水平。最好能使职工直接获知，而不是通过主管偶尔得知。

第四节　职务评价

一个企业有几十种甚至几百种职务，这些职务在复杂程度、责任轻重等方面不完全一样，有些经过简单培训和短期实践就能掌握，有些则需要经过专业培训和长期实践才能胜任；有些需要做出判断，有些只需照章办事。职务差异可以通过职务评价反映出来。

一、职务评价的意义

职务评价（也称职位评价）是在企业内部确定职务之间的相对价值的系统评价过程。“价值”一词在这里指一项职务对达到企业目的的实际效用。

职务评价的目的在于达到企业内部公平。根据公平理论，一个人的薪酬与贡献相对于完成类似工作的其他人的薪酬与贡献应大体相当。如果一个人完成相同或较低水平的工作却能获得较高的薪酬，说明企业的薪酬体系不公平。通过职务评价可以了解企业的薪酬体系是否公平，进而加以改进。

职务评价是实行岗位工资制的基础。即使采用其他工资制度（如技能工资制）也不能完全排除评价职务相对价值的必要性。

二、职务评价方法

职务评价有两种比较方式，一种方式是通过对职位的直接观察进行相互比较，另一种方式是通过考察职位共有的某些基本因素进行比较。具体地说，职务评价有排列法、分类法、因素比较法和计点法四种基本方法。四种方法的比较见表 2-4。

表 2-4　四种职务评价方法的比较

比较基础	比较范围	
	非量化报酬（将职务视为整体）	量化报酬（将职务分解为若干因素）
职务对职务	排列法	因素比较法
职务对标准	分类法	计点法

（一）排列法

这是最简单的一种评价方法。排列法就是由负责职务评价的人员，依据职务说明，对各个职位在企业中的相对价值进行整体的比较，并加以排列。在对各个职位进行比较排序时，一般要求评价人员综合考虑工作职责、工作权限、职位资格、工作条件、工作环境等因素，权衡各职位在各个因素上的轻重程度并排定次序。这一过程与绩效考核中使用的等级排列法大体相同。区别仅在于，绩效考核的对象是人，职务评价的对象是职位。图 2-2 是排列法的一个例子。

高	总裁
	首席建筑师
	设计师
	高级技师
	技师
低	前台

图 2-2　排列法举例

排列法的优点是简单、省时、经济和容易理解；缺点是不能量化职务的价值，特别是排出的等级差异不能为职务间的重要性差异提供衡量标准。排列法适合小企业采用。

（二）分类法

所谓分类法，就是制定出一套职位级别标准，然后将评价职位与职位级别标准进行比较，将待评价职位归入合适的级别中去的一种方法。

分类法的操作过程类似于先做好一个框架（总体职位分类），然后用一个标签（职位等级定义及描述）清晰界定每一层框架上所摆放的物品，最后把各种物品（职位）按照相应的标签定义放入不同的层架内。

使用这种方法时，首先需要将企业所有职位大体上划分为若干类型，如管理干部类、工程技术类、销售类、文秘类等。

其次，确定每种类型职位等级的数量。等级的数量没有固定的规定，只要根据需要设定、便于操作并能有效地区分即可。一般来说，企业的职位数量越多，职位类型越多，职位等级的划分数量也就越多。

再次，选择报酬要素，根据报酬要素界定各个职位等级的定义。例如，在美国联邦政府的分类体系中，报酬要素包括：工作的复杂度和灵活度；接受和实施的监督；所需的判断能力；所要求的创造力；人际关系的特点和目的；责任和经验；要求的知识水平。

表 2 - 5、表 2 - 6 分别为“文秘类职位”和“销售类职位”职位分级的标准。

表 2 - 5 “文秘类职位”等级分类定义示例

职位等级	职位等级定义
一级	简单工作，无监管下属的职责，不需要接触外部公众。
二级	简单工作，无监管下属的职责，需要接触外部公众。
三级	中等复杂性工作，无监管下属的职责，需要接触外部公众。
四级	中等复杂性工作，有监管下属的职责，需要接触外部公众。
五级	复杂性工作，有监管下属的职责，需要接触外部公众。

表 2 - 6 “销售类职位”等级分类定义示例

职位等级	职位等级描述
实习销售员（1）	不独立开展业务，协助资深销售员处理订单、交货、回款等业务，根据资深销售员的安排与客户进行联系。在资深销售员的指导下洽谈业务、签订销售合同。
销售员（2）	在销售员岗位上实习满 1 年。独立开展销售业务，但业务范围仅限于公司划定的某市或县范围内进行，定期向资深销售员汇报业务开展情况。
资深销售员（3）	担任销售员满 3 年以上。负责某省范围内的业务工作，指导、监督销售员开展业务，负责策划所在省范围内的营销活动并组织实施。
片区经理（4）	担任资深销售员 3 年以上。负责某片区（辖数省）范围内的业务工作，负责在本片区内落实公司的营销策略。
销售中心经理（5）	担任片区经理 3 年以上。主持公司的产品销售和市场开拓工作，在营销副总经理的指导下制定公司的营销策略，确保完成公司的营销计划。

最后，根据各个职位的工作说明书，对照确定好的标准，将待评价职位归入与等级定义相同或最相近的职位等级中去。

分类法的优点是简单、易行和容易理解；缺点是难以编写分类或分级说明，使用时较依赖评价人的主观判断；不适合职位复杂、多样化的组织。

（三）因素比较法

这是一种量化评价方法。该方法依据若干计酬因素多次对工作排序，然后综合各次排序结果，得出每项工作的总排序。计酬因素是所有职务共有的基本因素，也是企业愿意为其支付薪酬的因素。因素比较法经常使用的计酬因素有心理要求、体能要求、技能要求、责任和工作条件五项。由于这些因素不同程度地存在于每项职务中，根据这些因素将各种毫不相干的职务（如会计师和工程师）加以比较，可以确定出每项职务的相对重要性。

因素比较法的应用步骤如下：

（1）挑选若干典型职位。典型职位是要素比较法的基础，因为整个方法都依赖于典型职位的内容及与之相适应的支付额。典型职位一般选择那些组织中普遍存在、工作内容相对稳定、工资水平公开且合理的职位。

（2）选择并定义计酬要素。这些计酬要素应涵盖进行比较的所有职位。

（3）按照每个计酬要素，对典型职位进行多次排序。有几个计酬要素，相应地就要进行几次排序。表 2-7 以一个机械加工企业为例，将技术员、机床操作工和文员作为典型职位进行计酬要素上的排序分析。

表 2-7 按计酬要素排序典型职位

职位	计酬要素				
	技能	智力	体力	责任	工作环境
技术员	1	1	2	1	2
机床操作工	2	3	1	2	1
文员	3	2	3	3	3

说明：数字代表要求程度，1 代表要求最高，3 代表要求最低。

（4）确定典型职位各个计酬要素的工资率，并且依此对典型职位再次进行排列。首先要确定典型职位的薪酬水平，典型职位的薪酬水平一般通过外部薪酬调查取得。其次要确定各个计酬要素在该职位总体价值中的权重，权重可以通过经验或统计的方法得出。再次按照权重将该职位的薪酬分配到各个计酬要素中去。例如机床操作工的职位月薪 4 800 元，技能的权重 37.5%，智力的权重 12.5%，体力的权重 25%，责任和工作环境的权重都是 12.5%，因此，各个计酬要素的工资率就分别为 1 800 元、600 元、1 200 元、600 元和 600 元。最后按照典型职位在各个计酬要素上的工资率对它们再进行一次排列（如表 2-8 所示）。

表 2-8 典型职位的工资率排序

职位	计酬要素					
	技能	智力	体力	责任	工作环境	总月薪/元
技术员	2 300（1）	1 200（1）	900（2）	900（1）	500（2）	5 800
机床操作工	1 800（2）	600（3）	1 200（1）	600（2）	600（1）	4 800
文员	1 500（3）	900（2）	480（3）	480（3）	240（3）	3 600

（5）剔除不合理的典型职位。将第三步和第四步得到的结果进行比较，从理论上讲，对于每个计酬要素来说，两种比较得到的排列顺序应当是一致的。如果不一致，说明这个职位不能作为典型职位使用，应当剔除，再重新选择典型职位进行排序比较。

（6）建立计酬要素薪酬等级表（如表 2-9 所示）。

表 2－9　计酬要素薪酬等级表

月薪/元	计酬要素				
	技能	智力	体力	责任	工作环境
3 300					
3 000					
2 700					
2 300	技术员				
2 100					
2 000					
1 800	机床操作工				
1 500	文员				
1 200		技术员	机床操作工		
900		文员	技术员	技术员	
750					
600		机床操作工		机床操作工	机床操作工
500					技术员
480			文员	文员	
240					文员
0					

（7）进行职位比较，确定其他职位的薪酬金额。将待评价职位与典型职位在计酬要素上逐个比较，分别确定各个计酬要素的工资率，然后加总就可以得出该职位的薪酬金额。例如，对于待评价职位计算机程序员，将其各个计酬因素与典型职位进行比较（如表 2－10 所示），可以确定出各个计酬要素月薪分别为 2 000 元、1 200 元、600 元、600 元和 500 元，所以该职位的月薪就是 4 900 元（2 000＋1 200＋600＋600＋500）。

表 2－10　计算机程序员与典型职位在计酬要素上进行比较

月薪/元	计酬要素				
	技能	智力	体力	责任	工作环境
3 300					
3 000					
2 700					
2 300	技术员				
2 100					

续表

月薪/元	计酬要素				
	技能	智力	体力	责任	工作环境
2 000	计算机程序员				
1 800	机床操作工				
1 500	文员				
1 200		技术员 计算机程序员	机床操作工		
900		文员	技术员	技术员	
750					
600		机床操作工	计算机程序员	机床操作工 计算机程序员	机床操作工
500					技术员 计算机程序员
480			文员	文员	
240					文员
0					

该方法的优点是可以进行量化分析，通过职务比较量表不但可以知道某项职务比其他职务更需要某种能力，而且知道需要高出多少；缺点是复杂，虽然每个评价步骤都有详细说明，但仍难以解释清楚。此外，五项计酬因素是否适合所有企业的所有职务也是个问题。

（四）计点法

计点法又称点数法、评分法，是目前大多数企业最常用的职位评价方法，它是根据各个职位在计酬要素上的得分来确定它们价值的相对大小的。

计点法的操作，一般按照下面的步骤来进行。

（1）选择合适的计酬因素。在实际的操作中，教育程度、经验、责任和工作条件是最常使用的计酬因素。表 2－11 是选择计酬要素的一个例子。

表 2－11　选择计酬要素举例

计酬要素类别	计酬要素名称
工作责任	战略实现责任
	风险控制责任
	指导监督责任
	沟通协调责任
工作条件	工作伤害
	工作环境舒适性

（2）定义各个计酬要素，划分各要素的等级并加以界定。等级的划分取决于企业

内部各个职位在该计酬要素上的差异程度，差异越大，划分的等级就要越多。表 2－12 是指导监督计酬要素的示例。

表 2－12 指导监督责任的等级划分和定义界定

要素名称	指导监督责任
要素定义	指任职者在正常的权力范围内所承担的正式指导、监督、评价等方面的责任。责任的大小根据任职者直接指导和监督的人员数量及其层次进行判断
等级	等级说明
1	不指导监督任何人，只对自己的工作负责
2	指导、监督 1～20 名普通员工
3	指导、监督 21 名以上（含 21 名）普通员工或 1～5 名基层管理人员
4	指导、监督 6 名以上（含 6 名）基层管理人员或 1～3 名中层管理人员
5	指导、监督 4 名以上（含 4 名）中层管理人员

（3）确定各个计酬要素及其内部等级的点数。首先要确定出总的评价点数，一般来说，需要评价的职位越多，总点数就越大，这样才能清楚地反映出各个职位之间的差异。其次确定各个计酬要素的权重，不同的计酬要素所占权重大小对职位的评价结果影响很大，它反映的是一个企业对职位计酬要素重要性的根本看法。再次就要将各个计酬要素的点数再分配到内部的各个等级中去，在分配时可以按照一定的规律来进行，如等比分配或等差分配。表 2－13 是点数分配的一个举例。

表 2－13 计酬要素及内部等级点数分配

要素名称	权重	点数	等级划分	等级点数
战略实现责任	25%	125	1	25
			2	50
			3	75
			4	100
			5	125
风险控制责任	20%	100	1	25
			2	50
			3	75
			4	100
指导监督责任	15%	75	1	15
			2	30
			3	45
			4	60
			5	75

续表

要素名称	权重	点数	等级划分	等级点数
沟通协调责任	20%	100	1	25
			2	50
			3	75
			4	100
工作伤害	10%	50	1	18
			2	34
			3	50
工作环境舒适性	10%	50	1	14
			2	26
			3	38
			4	50
合计	100%	500		

（4）运用评价标准对职位进行评价，计算职位所得的总点数。前面所有的工作其实都是在确定评价的标准或尺度，最后一步就是对照职位说明书，按照已经制定的标准，确定出待评价职位在各个计酬要素上所处的等级，将等级对应的点数加总，就可以得到该职位的最终评价点数。将所有职位的最终评价点数比较，就可以排序出它们相对价值的高低。表 2－14 是对某职位进行评价的例子。

表 2－14　对某职位用点数法进行评价

要素名称	所处的等级	对应的点数
战略实现责任	5	125
风险控制责任	4	100
指导监督责任	4	60
沟通协调责任	3	75
工作伤害	1	18
工作环境舒适性	2	26
点数合计		404

计点法的优点在于能够准确地衡量职务的价值，评价方案编制完成后可以使用很长时间，评价新增加的职务十分方便。它的缺点是评价方案的编制难度大，需要花费较多时间和精力，并且要由专家来制定。

本章提要

1. 职务分析是指收集、分析和记录工作相关信息的过程，目的是了解工作的性质、内容和方法，以及确定从事该项工作需要具备的条件和任职资格。职务分析提供的信息有多种用途。常用的职务分析方法有：参与法、观察法、面谈法、问卷调查法、关键事件法和工作日志法。在实际工作中，上述分析方法通常是结合使用的。

2. 职务说明书主要包括职务描述和职务规范两部分。职务描述是陈述职务的性质、主要职责、工作关系和环境等内容的一种书面文件，包括职务识别、职务概要、职责、权限、绩效标准、相互关系和工作环境七个项目。职务描述的内容取决于使用目的或用途；职务描述没有统一的编写格式，可以详尽，也可以简略。

3. 职务规范是专门记载任职资格的一种书面文件，通常包括所需知识、技能、体能条件、个性特点、教育程度、工作经验、专业资格等项目。职务规范通常和职务描述合在一起，但也可以是独立的文件。职务规范在以受过训练的人和没有受过训练的人为对象编写时有不同的要求。

4. 传统的职务设计方法的基础是专业化。仅仅以提高效率和降低成本为中心的专业化职务设计会给职工带来严重的心理问题。职务设计不仅要满足企业和技术的要求，还要满足工作者的个人要求。通过职务轮换、职务扩大化和职务丰富化等职务再设计方法，可在一定程度上消除专业化的弊端。

5. 职务评价是在企业内部确定职务之间的相对价值的系统评价过程。职务评价的目的在于达到企业内部公平。职务评价有两种比较方式，一是通过对职位的直接观察进行相互比较，二是通过考察职位共有的某些基本因素进行比较。职务评价有排列法、分类法、因素比较法和计点法四种基本方法。

复习题

1. 什么是职务分析？职务分析有什么作用？
2. 进行职务分析需要收集哪些类型的信息？
3. 职务信息的主要来源有哪些？
4. 职务分析有哪些方法？每种方法有什么优缺点？
5. 什么是职务描述？它包括哪些内容？
6. 什么是职务规范？它包括哪些内容？
7. 传统的职务设计方法有什么局限性？有哪些改进方法？
8. 什么是职务评价？职务评价的目的是什么？
9. 职务评价有哪些方法？

练　习

练习 2－1：职务分析程序练习

下面是一家公司的人力资源主管设计的职务分析的工作程序：

第一步，岗位调查。了解分析各岗位的工作内容、工作负荷，确定是否设岗。调查手段包括：(1) 现有各岗位如实记录工作日志，作为职务分析的原始资料；(2) 岗位调查，调查表统一下发；（3）对重点岗位人员进行谈话；（4）对重点岗位或不确定性岗位进行实地观察。

第二步，岗位整合。对原岗位进行整合，组成新岗位，要坚持因事设岗原则，对事不对人。整合手段包括：（1）综合处理岗位调查信息；（2）采用关键事件法对工作进行定性描述与归类；（3）对重点岗位或不确定性岗位进行专家评估；（4）初步确定各部门的职位说明。

第三步，编制职务描述。按照统一格式编制职务描述，并在工作小组指导下修改。

第四步，颁布职务描述。对职位进行归类；由职位规范领导小组审核确定职务描述；对经领导小组审核确定的职务描述进行编撰；签署下发执行。

要求：

评价该人力资源主管设计的工作程序，提出修改建议。

练习 2-2：职务说明编写练习之一

表 2-15 是一家公司的司机职务描述。

表 2-15　某公司的司机职务描述

职务概要：

负责完成公司安排的各项接送任务。

职责项目：

1. 每天早上提前 20 分钟到公司，检查车辆的各项安全要求，按公司的用车时间，准时准点到达。
2. 勤检查、保养车辆，保持良好的精神状态，行车要遵章守法，让乘车人感觉安全平稳。
3. 出车前对车的性能认真检查，确保车辆符合安全行车要求；每天进行清洗，保持良好车容；定期对车辆维修保养；安全准时接送公司领导。
4. 接送公司员工上下班。接送公司员工回公司后，车辆需要检修，同修理工一起将车修好，为确保良好行驶、安全准点，参加各项安全学习。
5. 准时到达接送路线的头站和公司安排的沿途站位接职工回公司生产；做好车辆保养，配合修理工对车辆进行检修；下班后将公司职工送回市内各站位。
6. 负责公司内部各部门日常业务、接待及其他应急的特殊行车任务；随时及按行车任务单行车。
7. 根据公司安排的任务，要事先设想行车的路线，做到心中有数，安全快捷地完成各项接送工作。

直接上级：

本职务直接接受行政部车队队长的指导和监督。

任职资格与条件：

1. 高中以上学历。
2. 要有一个良好的心态，身体健康，无任何影响工作的因素，不怕劳苦，一切从公司利益出发。

要求：

指出该职务描述中的不妥之处，并予以改正。

练习 2－3：职务说明书编写练习之二

以下是根据访谈了解到的某电脑销售公司技术服务人员履行职务的一些情况：

第一项主要职责是建立计算机硬件系统，该职责约占总工作时间的 50%。具体任务包括：根据具体要求组装零部件；测试并修正误差；送货上门、拆开机器包装、现场装配。这些都属于日常工作。

第二项主要职责是现场演示基本系统，该职责约占总工作时间的 10%。具体任务包括：解释硬件系统；现场演示软件如何安装；为客户提供研讨会和培训班的信息。这些也是日常工作。

第三项主要职责是维修系统，该职责约占总工作时间的 35%。具体任务包括：现场诊断问题；在现场或公司维修；安装临时的替代系统。前两项工作为日常工作，后一项工作一周一次或根据需要而定。

第四项主要职责是不断更新技术，该职责约占总工作时间的 5%。具体任务包括：在需要时参加技术培训，一季度一次或根据需要而定；阅读手册和集体实践，一周一次；在需要时向其他服务人员或服务部经理提供咨询，为日常工作。

该职位需要使用的设备或工具有计算机硬件、软件、计算机维修的专门工具。该职位与销售代表密切配合，以满足客户对新系统的需求；与其他技术服务人员密切配合，进行诊断和维修工作，在现场安装和维修时与客户直接交流。

该职位每月轮换一次工作时间，安排如下：其中三个星期为星期一至星期五，另一个星期为星期二至星期六，上班时间均为 8:00—17:00。对于周末和晚上的紧急维修任务，技术服务人员轮流承担随叫随到职责。只在本地工作，不需出差。

该职位要求从业人员手指灵活，能够负重 32 千克，视力好，持有效驾驶执照。至少要有大学专科毕业证书，受过计算机方面的技术培训；没有工作经验也可以，不过若有组装、维修计算机硬件的工作经验，有阅读技术手册并根据手册进行操作的工作经验更好。

该职位要求具备独自和作为团队成员解决问题的能力，有效沟通和清晰表达思想的能力，学习技术技能并将所学知识应用于实际的能力和愿望，一定的计算机技能。

该职位要求从业人员诚实正直；有上进心，愿意学习；愿意为高质量的客户服务做出贡献；开朗，友好，灵活；愿意从事一些晚间或周末的工作；有组织纪律性；对计算机有浓厚兴趣；精力充沛。

要求：

根据上述情况，为技术服务人员编写一份包括职务规范在内的职务说明书。

练习 2－4：职务评价排列法练习

下面是某公司财会部门 8 项职务的说明。

1. 财务经理

职务说明：执行各项会计职能，包括制备工资单、应收账目、应付账目，以及开具账单和其他有关活动；监控预算编制管理中会计账目的保存，并负责编制年度预算；检查财务记录与财务程序，就财务簿记程序提出建议；监督管理与培训下属人员；制备财务报告与财务分析；建立与实施决算控制；执行有关企业资金投资方面的政策。

职务智能要求：需要会计原理与实践的知识，还需要预算制定、行政管理及投资实践方面的知识，应明了国家及地方有关具体会计情景的法律与法规的运用；需具备建立、保持、分析和修正财务记录的能力以及监控领导下属职员的能力。要求大学主修企业管理或相关专业，并有五年以上预算管理与决算操作方面的实际经验。

接受的监控：在公司总经理的行政性指导下工作。

实施的监控：监督会计主管、数据处理主管及其他职能部门职员。

2. 秘书

职务说明：完成多种行政性任务，从事一般文字秘书工作。处理来访接待及电话，传达计划与政策，帮助经理处理日常事务；保管行政档案与机密资料；指导助理秘书的工作；起草及撰写函电，要求透彻了解办公室程序及政策。

职务智能要求：要求掌握包括档案制度、接待及电话处理在内的办公室工作方法、程序与设备的知识，以及函电、报告撰写知识；能正确使用语法修辞知识及一般统计与资料保管方法；能按既定政策与程序作出正确判断，拟订函电；掌握快速记忆与听写技巧；会打字，每分钟不少于 50 个词；有能力监督指导助理秘书。要求高中毕业或同等学力，并至少有两年工作经历。

接受的监控：在经理一般监督下工作。

3. 数据处理主管

职务说明：制订符合给定期限的工作进度计划；指导工作计划与操作程序的正常维持；为要求数据处理服务的各部门收集与分析有关数据以确定其系统的要求；与各部门有关人员会商，以维持现有程序和开发新程序；检查正在处理的报告与数据以保证其完整性与精确性；布置、监督与检查下属的工作；了解有关的操作新技术和设备以改进本部门工作绩效。

职务智能要求：应掌握程序规划与分析的原理与技术，以及编码操作、机器程序、设备运转与维修的原理与技术知识；掌握会计原理、统计方法、符号逻辑及监控技术与方法的知识；能对复杂程序及加工中心进行分析。要求具备电子数据处理、会计、数学、企业管理或相关专业本科学历与三年以上数据处理工作经验。

接受的监控：在财务经理指导下工作。

实施的监控：监督程序分析员、计算机操作员及其他被指派的工作人员。

4. 会计主管

职务说明：计划与协调会计科的活动，负责按期完成要求的报表；布置工作区域及规划办公室布局；解释和采用审计师的指示与政策；指导部门年度预算的制定并陈述其根据；就有关会计程序的事务与其他有关人员会商；培训本部门主要下属并考评其工作绩效。

职务智能要求：需了解复式记账法及其实践的知识；具备办公室管理实践与知识；能制备财务报表；能制备涉及收、支账目的日记分录账；能监督领导其他会计与办事人员。要求具备会计专业本科学历，并至少有四年会计或审计管理工作经验。

接受的监控：在财务经理指导下工作。

实施的监控：监督会计师与记账员的工作。

5. 计算机操作员

职务说明：监控与操作电子计算机；将外围设备接入系统，进行常规性诊断以确定机器或程序故障的原因；将常规办法无法解决的问题呈报主管人员。

职务智能要求：掌握电子计算机系统及有关专用输入和输出装置的知识；能操作多种数据处理设备；能监控复杂的计算机并采取正确行动纠正机器的问题；能遵守书面指令；能进行算术运算并校核报告的计总值及报告格式的正误。要求高中毕业或同等学力，并有两年电子计算机操作工作经验。

接受的监控：在数据处理主管领导下工作。

实施的监控：无。

6. 会计师

职务说明：筛选与检验采购单、请款单及其他与存货有关的文件；协助维持固定资产清单册及日记分录账，制备试算表、决算报告及统计报表；协助制定财务记录、程序及决算控制；答复有关预算账目状况的质询和提供有关信息。

职务智能要求：应具备会计原理、会计实践做法与程序的知识；应能设计与建立适当的会计方法、报表与程序；能与他人沟通交流会计信息。要求有会计或企业管理专业本科学历，所修会计有关课程不少于六门，无须工作经历。

接受的监控：在会计主管督导下工作。

实施的监控：无。

7. 高级记账员

职务说明：制备并处理应付账款；在会计主管的指导下，安排初级记账员日常工作并进行检查；查验、审批及筛选会计文件；查验有关工资的质询，并计算工资扣除额；制备并处理包括拖欠款处置在内的账目与账目簿记，对编制的账单进行分析及分类剖析。

职务智能要求：应掌握财务簿记工作中使用的方法与词汇的知识，包括应付款项的有关知识；能迅速而准确地把财务信息登账，并进行算术运算；能制备和查验财务报表、工资单、发票与报告。要求高中毕业或同等学力，并有两年财务簿记工作经历。

接受的监控：在会计主管一般督导下工作。

实施的监控：在会计主管指导下，对初级记账员的日常工作进行有限监控。

8. 初级记账员

职务说明：查验、平衡或调整账目；对统计或财务数据进行记账、检核、归纳和制表；制备或查验发票和订货单；进行算术运算；操作计算机；从事上级要求的有关工作。

职务智能要求：要掌握财务簿记方法与程序的知识和办公室一般工作方法与实践的知识；能将财务数据登账，并迅速准确地进行算术运算；能操作办公用机器并学会操作簿记机器；能遵守口头和书面指令。要求高中毕业或同等学力，并有一年财务簿记工作经验。

接受的监控：在会计主管及高级记账员监控指导下工作。

实施的监控：无。

要求：

用排列法评估这 8 项职务的相对价值，并按相对价值大小从高到低排序，将评价结果填入表 2－16。

表 2－16　排列法评定的职务等级

等级	职务
1 级	
2 级	
3 级	
4 级	
5 级	
6 级	
7 级	
8 级	

练习 2－5：职务评价计点法练习

下面是 7 种评价因素的定义和评分标准：

(1) 学历：该职务所要求的受教育程度。受教育程度越高，分数越高。

等级	分数	定义
1	10	小学毕业
2	20	初中毕业
3	40	高中毕业
4	70	专科毕业或大学肄业
5	100	大学本科毕业

(2) 工作经历：在本职务要求的工作领域的工作年限。工作年限越长，分数越高。

等级	分数	定义
1	25	不足 1 年
2	40	1～2 年
3	60	2～3 年
4	80	3～5 年
5	100	5 年或以上

(3) 任务复杂性：本职务要求进行的独立分析、判断及解决问题的活动。任务越多、越频繁，涉及因素越多，分数越高。

等级	分数	定义
1	15	任务十分简单且常规化
2	30	工作包括偶然的常规性问题

3	45	常需作常规性决策，通常有明确指导原则可循
4	60	许多情况非标准原则所涵盖，要进行分析和解决问题
5	80	多数情况是非常规要求，高主动性与判断力，包括自行制定新方法与新程序

（4）所接受的指导：职务要求的上级主管给予监控与检查指导的多少。上级主管给予的监控与检查指导越少，分数越高。

等级	分数	定义
1	5	在持续的直接监督指导下
2	15	在直接指导下，每日或每周有上级频繁检查
3	40	中等程度的一般性指导，检查不频繁
4	60	一般性指导，要作重大非常规性决策，几个月检查一次
5	100	极为泛泛的指导，重大非常规决策，由总经理检查，不频繁

（5）判断失误的影响：可能的失误对公司其他职能的影响。影响越大，分数越高。

等级	分数	定义
1	5	只有极小的短期影响，对个人工作以外的影响微不足道
2	10	对直接的工作及个别人有微小的短期影响
3	20	中等影响，给别人工作造成短期问题
4	40	中等或重大影响，给其他部门带来较持久的问题
5	80	代价重大，对许多其他职能部门造成广泛的长期消极影响

（6）与别人的接触：职务要求的与其他部门人员的交往强度。强度越大，分数越高。

等级	分数	定义
1	5	极少或无交往
2	10	较少，沟通量不大
3	20	中等程度交往，只涉及常规性信息
4	40	中等或频繁交往，包括进行说明、解决问题和作出调整等
5	60	频繁交往，要解释、说明、解决问题

（7）对下实施的领导：职务要求进行监督管理性活动的多少与深度、广度。越多、越深、越广，分数越高。

等级	分数	定义
1	10	不要求对别人进行监督指导活动
2	20	督导一人或数人
3	45	对数位任务中等难度与中等复杂的工作人员进行持续监督指导
4	80	对若干从事复杂任务的中高级技术人员进行督导，包括规划
5	120	对若干管理人员或专业人员进行督导，包括大量规划与协调活动

要求：

1. 运用计点法评价练习 2－4 中给出的 8 种职务的相对价值，将评价结果填入表 2－17。

表 2-17　计点法评定的职务等级

职务	等级/分数	因素 1	因素 2	因素 3	因素 4	因素 5	因素 6	因素 7	总计点分
财务经理	等级								
	分数								
秘书	等级								
	分数								
数据处理主管	等级								
	分数								
会计主管	等级								
	分数								
计算机操作员	等级								
	分数								
会计师	等级								
	分数								
高级记账员	等级								
	分数								
初级记账员	等级								
	分数								

2. 将本次练习的评价结果与练习 2-4 的评价结果填入表 2-18。比较两次评价的结果，如果存在差异，请给出合理的解释。

表 2-18　排列法与计点法的比较

职务	计点法的分数（来自表 2-17）	计点法的等级（来自表 2-17）	排列法的等级（来自表 2-16）	（2）与（3）的比较
	（1）	（2）	（3）	（4）
财务经理				
秘书				
数据处理主管				
会计主管				
计算机操作员				
会计师				
高级记账员				
初级记账员				

课外实践

1. 协助一家公司设计职务分析面谈提纲。
2. 协助一家公司撰写职务说明书。
3. 协助一家公司编制职务分析工作计划。

第三章

人力资源计划

知识与能力目标

通过本章的学习，你应该：

- 了解人力资源计划的制订过程
- 理解影响人力资源需求预测的主要因素
- 掌握人力资源需求预测的基本方法
- 理解影响人力资源供给预测的主要因素
- 掌握人力资源供给预测的基本方法
- 掌握应对人力资源过剩与短缺的对策
- 了解什么是人才租赁

素养目标

1. 理解企业人力资源计划的重要性，引导学生尽早对自己的学业、职业进行设计和规划。

2. 理解人力资源过剩与短缺的对策，引导学生加强自身职业素养和职业能力的提升。

引导案例

手忙脚乱的人力资源部经理

某集团在短短十年内由一家手工作坊发展成为国内著名的调料食品制造商，企业最初从来不制订什么计划，缺人了，就去人才市场招聘。企业管理日渐规范后，开始编制计划，每年年初确定全年收入多少、利润多少、产量多少、员工定编人数多少，等等。员工短缺时可以招聘增人，员工超编时就要减人，一般在年初招聘新员工。可是，因为一年中不时有人升职、调动和辞职，年初又有编制限制不能多招，结果人力资源部经理一年到头地往人才市场跑。

近日，生产工厂的三名高级技工跳槽，导致生产线无法正常运转，集团总经理召开紧急会议，要求人力资源部经理三天内招到合适人选顶替空缺，恢复生产。人力资源部经理两天没休息，奔走于各地人才市场，最后勉强招到两名退休的高级技工，使生产线恢复正常运转。

人力资源部经理刚刚喘口气，某分公司经理打来电话，说他们公司已经超编了，无法接收前几天分去的三名大学生。人力资源部经理不由得怒气冲冲地说："是你自己说缺人，我才招来的，现在你又不要了！"分公司经理说："是啊，我两个月前缺人，你现在才给我，现在不缺人手了。”人力资源部经理分辩道：“招人需要时间，我又不是孙悟空，你一说缺人，我就变出一个给你！”

大多数企业等到出现职位空缺后才想办法找人填补，这对小企业或许可行，但对大企业来说，由于需要紧迫，企业未必能够从容选择和考虑适当的人选。因此，事先计划十分必要。

本章首先阐述人力资源计划过程，并简要分析人力资源计划的作用；然后简要介绍人力资源信息系统；之后分别介绍人力资源需求预测和人力资源供给预测，重点是分析影响企业人力资源需求和人力资源供给的因素，以及企业人力资源需求和供给的预测方法；最后讨论在人力资源过剩和短缺的情况下企业可以采取的对策。人才租赁是一种新的用工形式，我们会给予特别关注。

第一节　人力资源计划过程

人力资源计划是使企业的人力资源供给与企业对人力资源的需求保持一致的过程。这一过程受企业内外环境因素的影响和制约。两种环境处在不断变化之中，必须加以管理。

人力资源计划具有以下作用：预测计划期内企业人力资源短缺或过剩的情况，根据问题的严重程度设法避免或纠正；当企业经营活动发生变化时维持人力资源的稳定；有效分配和充分利用人力资源，避免冗员过多；为制订招聘、选拔和培训计划提供依据。

人力资源计划制订的依据是战略计划。人力资源计划由两部分内容组成：人力资源需求预测与人力资源供给预测。人力资源需求预测包括预测所需人力资源的类型和数量，将来需要什么样的人力资源，他们需要具备哪些技术和经验，什么部门在什么时候需要他们。人力资源供给包括内部资源供给和外部资源供给，主要是解决通过什么途径从哪里获得所需人力资源的问题。需求与供给相比较就可以确定企业的人力资源是富余还是短缺。如果人员富余的情况比较突出，就需要采取措施减少用人；如果人员短缺情况比较严重，则需要考虑增加用人。

第二节　人力资源信息系统

人力资源计划离不开人力资源信息系统。人力资源信息系统是为人力资源管理决策提供数据资料的信息库。按照信息处理手段的不同，人力资源信息系统分为人工处理信息系统和计算机处理信息系统。前者是传统的信息处理方法，在一些中小企业中仍在使用；后者是一种现代化信息处理方法。随着计算机技术在企业管理工作中的广泛应用，后者被越来越多的企业所采用。

人力资源计划需要用到三个数据库，即人员统计信息系统、职务信息系统和组织发展信息系统。

（一）人员统计信息系统

人力资源计划以企业现有人员的统计分析为基础。因此，在人力资源计划过程中，首先应建立和利用人员统计信息系统。该系统由企业人员个人登记信息和企业人员整体结构信息两部分组成。

企业人员个人登记信息包括以下内容：

（1）自然状况，如性别、出生日期、健康状况、民族、婚姻状况等。

（2）教育状况，如学历、学位等。

（3）技能状况，如专长、专业资格证书等。

（4）工作经历，包括以往的供职单位、担任过的职务、奖惩情况、得到的评价等。

（5）工作态度，包括工作效率、工作质量、出勤记录、工作建议等。

（6）工作状况，包括岗位调动情况、现任岗位或职务及所属部门、工作实绩、工作适应性、考核成绩等。

（7）培训状况，包括培训次数、培训种类、培训内容、培训成绩等。

（8）工资收入状况，包括工资类别及等级、奖金、津贴、提薪记录等。

除了上述信息，在不侵犯个人隐私的前提下，可以根据需要增添其他信息，如家庭背景、政治面貌、外语水平、籍贯等。

企业人员整体结构信息是对人力资源结构形态的描述，整体结构信息在个人登记信息的基础上形成，通过对汇总后的现有人员信息的综合性统计分析，可以掌握企业现有人员的各种结构状况，如年龄结构、文化程度结构、专业技能结构、职务结构等。每种结构的统计数据可以用分布图或表来表示。各种结构还可以进行综合统计分析。例如，可以对年龄结构与文化程度结构进行综合统计分析，并绘制各年龄段文化程度分布图。

（二）职务信息系统

人力资源计划也需要利用职务信息。人力资源计划可以说是把一定数量与质量的人员配备到具体的职务上的计划活动，或者说是使人员与职务实现优化匹配的计划过程。职务信息系统由职务说明和任职资格两部分信息内容构成。职务信息系统的建立需要职务分析。我们在第二章讨论过职务分析、职务说明与任职资格，这里不再赘述。

（三）组织发展信息系统

人力资源计划受组织因素的影响。因此，人力资源计划还需要考虑组织因素，尤其是组织变动因素。组织发展信息系统主要由未来发展信息和历史数据两部分组成。

未来发展信息包括企业生产与销售规模扩大程度，产品结构调整或升级，先进设备和新工艺、新技术、新材料的引进计划，产品营销策略与市场定位，部门与机构调整等。这些信息往往也是企业整体发展计划的主要内容。如前所述，人力资源计划是企业整体发展计划的组成部分，因此，人力资源计划应以企业整体发展计划的有关信息为依据。

企业以往的历史数据包括企业历年的产量、销量和利润的数据，也包括人员变化数据，如晋升人数、受训人数、辞职人数、岗位调动人数等。这些资料通常作为组织档案储存进信息系统。在人力资源计划过程中，这些数据对于预测人力资源需求与供给有参考价值。

第三节　人力资源需求预测

人力资源需求是指为满足企业未来需要所应配备的人员数量及技能类型。环境变化是导致人力资源需求变动的根本原因，由于内部环境（如改组、扩充、退休、离职等）或外部环境（如经济繁荣或萧条）的变化，企业在不同时期对人力资源有不同的需求。

人力资源需求预测可以从宏观和微观的角度去分析。宏观预测是了解整个产业、整个社会对人员的需求；微观预测是了解企业自身对人员的需求。虽然企业面临相同的外部环境，但这些外部因素对每个企业的影响是不同的。因此，企业必须从自身出发去预测人力资源需求。企业在预测人力资源需求时，首先要分析影响企业人力资源需求的各种因素，然后将其转换成对人力资源的实际需求。

一、人力资源需求预测的影响因素

企业在进行人力资源需求预测时要考虑市场需求、企业战略和生产技术等因素。

（一）市场需求

市场对企业产品或服务的需求是影响企业人力资源需求的直接因素。在产品或服务的需求增加时，市场会迫使企业扩大生产、提高产量并增加人手和设备。在产品或服务的需求萎缩时，市场会迫使企业减少人员的数量。例如，扩大招生增加了大学对教师的需求；寻呼机市场的衰落使寻呼机公司大量裁员和关闭。此外，市场需求的季节性变化，会使企业对人力资源的需求数量发生周期性变动。例如，酒店在旅游旺季需要的人手多，而在淡季需要的人手少。

（二）企业战略

企业的战略决策会对人力资源需求产生重大影响。如果企业采用扩张战略，扩大生产规模或进入新的经营领域，会有新的职位产生，这时企业会增加用人；如果企业采用收缩战略，缩小生产规模或经营领域，则会减少用人。

企业的战略决策不仅影响企业的人员数量，也会影响企业的人才类型。不同类型的战略实施需要不同类型的人才。例如，采用维持现有市场份额，既不创新也不追求成长的防御型战略时，企业要稳定市场份额，需要具有财务和制造背景的人才；采用创新、寻找新机会、进取和发展的探索型战略时，企业要开发新市场和新产品，需要具有技术开发和市场开发背景的人才；采用在进行创新的同时保持业务稳定的分析型战略时，企业面对的是复杂的市场，需要具有应用研究才能、市场开发才能和制造才能的人才。招聘具有相同能力或背景的人才，可以使企业成为具有共同知识的组织，有利于企业战略的实施。战略类型也影响对人才性格特征的要求。防御型战略特别适合于安全需要较高、对变化的容忍度较低的人；探索型战略则适合于独立性强、具有创造性思维能力、乐于冒险的人。

（三）生产技术

生产技术的改变不仅影响职位的数量，也影响职位的性质，使得企业对人员需求的数量和性质都会发生重大变化。例如，企业采用自动化设备，用机器取代人力，会减少对某些职位的需求（如操作工人），增加对其他职位的需求（如机械保养和维修人员）。在出版业，计算机排版系统取代人工排版，使许多无法适应新技术的排字工下岗，同时排字效率的提高也减少了对排字工的需求量。在银行业，手机银行及电子支付的运用，使得从事柜台和纸面工作的人员的需求数量大大减少。在制造业，使用计算机辅助设计和辅助生产，减少了工艺过程所需要的人员数量。

二、人力资源需求预测方法

人力资源需求预测方法分为经验判断和统计分析两大类。前者属于定性分析方法，包括经理人员判断和专家意见调查；后者属于定量分析方法，常用方法有趋势分析、比例分析和回归分析等。

（一）经理人员判断

经理人员经常接触职工，最清楚和了解实际情况，他们可以凭个人经验与直觉估计企业将来的人员需求。如果企业的规模不是很大，而且经理人员具有丰富的经验，这种方法不失为一种简单而快速的人力资源需求预测方法。一个人的意见可能会有偏差，为了弥补这个缺点，可以综合多位经理人员的判断。

（二）专家意见调查

专家意见调查是以问卷形式让每位参与调查的专家表达对某个问题（如人员预测）的看法，提出估计数字并陈述理由。在问卷调查进行期间，各位专家不能直接接触，以免大家意见冲突或相互影响。各位专家提供的资料由一位中间人收集整理，将所有估计值汇集成一份资料，再反馈给专家。各位专家参阅过所有资料后重新作出估计，决定是否需要修正原先的数值。如此反复进行几次，可以将估计值的差距拉近。用专家意见调查法进行预测的过程如图 3-1 所示。这种方法的优点是集思广益，并且可以避免群体压力和某些人的特殊影响力；缺点是花费时间较长。

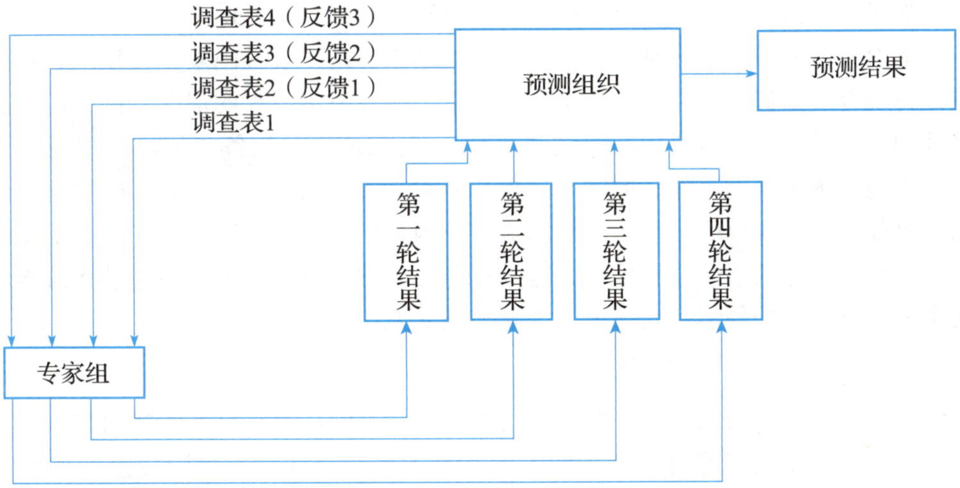

图 3-1　专家意见调查的实施过程

（三）趋势分析

趋势分析的做法是：先确定企业中哪一种因素与人力资源数量和构成的关系最大，然后找出过去这一因素随着人力资源数量变动的变化趋势，由此推断将来的人员需求数量。表 3－1 是趋势分析的一个示例。这个例子描述了产量与质量检验员的人数之间的关系。如果某公司预计明年的销售量是 2 200 单位，那它就需要大约 200 个检验员。趋势分析假设过去人员增加（或减少）的趋势在未来不会改变。这个假设与现实不太符合，尤其是估计长期趋势，很多因素会改变。因此，对预测结果必须加以调整，要结合经理人员的经验判断，才能作出合理的预测。

表 3－1　趋势分析举例

年份		产量	质量检验员	质量检验员：产量
实际	－3	1 500	150	1：10
	－2	1 800	180	1：10
	去年	2 000	180	1：11
计划	明年	2 200	200	1：11
	＋2	2 500	210	1：12
	＋3	2 750	230	1：12

（四）比例分析

比例分析是通过计算组织因素和所需要的人力资源数量之间的精确比例来确定未来人力资源需求，得出的估计值要比使用趋势分析法精确些。例如，企业对销售人员的需求可以销售额与销售人员的比例为基础来预测。如果过去几年每年的销售额是 5 000 万元，销售人员有 10 人，则销售额与销售人员的比例就为 500：1，这个比例表明，企业要实现 500 万元的销售额就需要 1 名销售人员。企业如果需要将明年的销售额提高 1 000 万元，那就需要增加 2 名销售人员。与趋势分析一样，比例分析假定生产率保持不变。如果销售人员的生产率上升或下降，销售额与销售人员的比例就要改变，那么，根据由历史数据得出的比例所进行的预测就不准确了。

企业对人员的需求是多种因素相互作用的结果。由于多种因素相互作用，可能出现在保持现有产出甚至提高现有产出的前提下，减少人员数量的情况。例如，某企业研发部门在配备科学家时所用的比例是 4：1，也就是说每配备 4 位科学家就需要同时聘用 1 位技术员协助工作。但这个比例可能会改变。在一个有 24 位科学家的研发部门，可能只需要 4 位而不是 6 位技术员，原因在于存在规模经济，在团队工作条件下，技术员的总体效率会有所提高。这也可能是某种变革的结果，如引进新技术使每位技术员协助工作的科学家人数由 4 人增加到 6 人。

（五）回归分析

回归分析以企业因素与人员数量之间的关系为基础，具有更高的精确性。回归分析是通过对某个变量（称自变量）的了解来预测另一个变量（称因变量）的定量技术。只分析一个自变量和一个因变量之间的关系，称为一元线性回归；当自变量超过一个时，称为多元回归。在企业的产品需求与人员数量之间存在直接关系时，常采用回归分析。但在多数情况下，人员数量是由两个以上的自变量决定的，这时需要采用多元回归分析。例如，影响工人数量的因素除产量之外，还有生产效率。由于考虑到了多种因素对未来人员数量的影响，多元回归分析的效果优于一元线性回归分析。

一元线性回归的基本公式为：

$$y=a+bx$$

式中，y 代表企业对人员的需要量；x 代表企业的产量；a 和 b 是系数，需要根据企业过去的数据推算获得。建立一元线性回归预测模型，可归结为根据一组已知数据，即历年的职工人数（y_i）和历年的产量（x_i），估算回归方程 $y=a+bx$ 的系数 a 和 b 的问题。估算 a 和 b 的值最常用的方法是最小二乘法，其计算公式为：

$$a=\frac{\sum y}{n}-b\frac{\sum x}{n}$$

$$b=\frac{n(\sum xy)-\sum x\sum y}{n(\sum x^2)-(\sum x)^2}$$

如果能够确定 a 和 b 的值，代入预测年份的预计产量 x，就可以通过求解一元线性回归预测模型，求出预测年份职工需要量 y 的值。表 3－2 是假设的一家公司历年的产量和职工人数的数据，由此可计算出 $b=10$，$a=80$。假定该公司明年预计产量为 27 万件，运用一元线性回归预测模型，可算出该公司明年职工需要人数为 350 人。

表 3－2　回归分析举例

年份	x/万件	y/人	xy	x^2
－7	10	180	1 800	100
－6	12	200	2 400	144
－5	13	210	2 730	169
－4	15	230	3 450	225
－3	18	260	4 680	324
－2	20	280	5 600	400
去年	24	320	7 680	576
	112	1 680	28 340	1 938

统计预测的假设前提是稳定性，在预测未来人员需求时环境因素不会发生重大改变。在市场高度不确定和未来动荡的情况下，统计预测方法显然很不现实。在这种情况下，经理人员的判断对确定人员需求有很大影响。

预测期的长短和外部环境不确定等因素影响人员需求预测。一般说来，人力资源需求的短期预测比长期预测要可靠。这是因为在短期预测中，社会经济状况的变化不大，而未来三五年的社会经济状况的变化就不那么容易掌握了。另外，当企业的外部环境相对稳定时，预测的准确度会提高；当企业的外部环境极不稳定时（如科技进步、产品加速、更新换代），人员需求预测的准确度会降低。

第四节　人力资源供给预测

人力资源需求预测可以解决“我们需要多少人力资源”的问题，下一步便是解决从哪里补充所需要的人力资源的问题。人力资源供给是指企业现有人力资源的数量及能力，以及外部潜在的应聘人力资源的数量及能力。企业以已聘人力资源补充需求，称为内部供给。企业从外部劳动力市场补充需求，称为外部供给。

由于人力资源供给来自企业外部的劳动力市场和企业内部现有的劳动力，因此人力资源供给预测同样可以从宏观和微观两个角度去分析。外部人力资源供给预测主要包括一般经济情况与就业率的预测资料，以及企业所在地区劳动力市场状况和专业技术人员的供给状况。社会上有专门的机构定期进行社会人力资源供给预测，企业可以直接利用这些机构公布的预测资料。

一、人力资源供给预测的外部影响因素

社会经济状况和人口结构因素影响外部劳动力供给。政府的生育政策、教育政策和劳动就业政策等对劳动力供给也有一定的影响。劳动力供给、人口因素、地理因素和人力资源类型等宏观因素影响人力资源供给。

（一）劳动力供给

劳动力供给短缺表示外部劳动力市场中满足企业需要的人数很少，企业在补充人力资源时会遇到困难；相反，供给充足则意味着有大批符合条件的人可供挑选。在后一种情况下，从定量的角度看，劳动力的供给充足，但如果进行定性分析，情况相当复杂，在大量失业者中企业可能很难找到掌握其要求的特定技能的求职者，如信息技术人才。

（二）人口因素

人口变动影响着劳动力的外部供给。例如，年轻人占人口总数的比例如果上升，对那些通常招聘有经验的人的企业就会有很大影响。人口变化将改变劳动力的年龄结构，迫使企业重新评估招聘政策，改为招聘缺乏经验的年轻人。那些招聘年轻人并通过培训使他们接受其文化的企业则会受益。劳动力结构的变化也会发生在性别方面。例如，女性就业人口比例上升，企业可能会招聘更多的女性员工。

（三）地理因素

劳动力的外部供给还会受到地理因素的影响。我国大陆劳动力资源丰富，从企业下岗的人员中不乏一技之长的技术人才，这促使我国许多港澳台地区的企业将工厂迁移到大陆，特别是沿海地区。其他因素，如快捷的运输系统和接近产品市场等，也会促使企业将生产转移到劳动力供给充足的地区。

（四）人力资源类型

人力资源类型是外部劳动力供给中需要考虑的因素。刚毕业的学生和专业人员比

熟练工人和半熟练工人更容易为选择工作而搬迁，因为他们会因优厚的薪酬而流动。

二、人力资源供给预测的内部影响因素

企业内部人力资源供给预测需要考虑年龄分布、人员流动和人力资源利用状况等因素。

（一）年龄分布

现有人员的年龄分布状况对企业内部人力资源供给预测的影响较大。图 3-2 给出了企业在职人员年龄分布的两种典型模式。在图 3-2（a）中，职工的年龄分布偏高，年老职工占的比例较大，不久的将来会有许多职工退休，人员供给会大幅度减少。成熟的企业或连续采用收缩战略的企业多属于这种情况。在图 3-2（b）中，职工的年龄分布偏低，年轻职工占的比例较大，企业虽然不会因三五年内有大量职工退休而面临严重的人员供给问题，但年轻职工流动性大，对人力资源供给的影响不容忽视。新办企业或处于高速成长期的企业多属于这种情况。

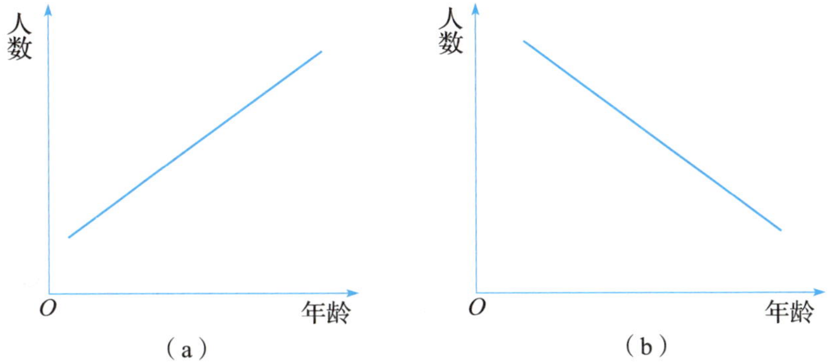

图 3-2　企业在职人员年龄分布的两种典型模式

（二）人员流动

现有人员的流动（晋升、调动、降职和离职）也会影响企业的人力资源供给。离职人数增加会直接造成企业内部人力资源供给减少。晋升和降职会影响不同组织层次之间的人力资源供给，调动会影响不同部门之间的人力资源供给。

（三）人力资源利用状况

对职工的工作负荷（不足、饱和或者超负荷）、缺勤、工时利用和部门之间是否存在苦乐不均情况，也要进行分析。如果职工的工作负荷不足，缺勤情况严重，工时利用率低，表示企业的人员供给变相减少，企业需要更多的人手才能维持正常的生产经营活动。

三、人力资源供给预测方法

企业内部人力资源供给预测主要是分析在计划期内，将有多少人留在他们的职位上，有多少人流动到其他的职位上（如晋升、降职或调动），有多少人离开企业。这些预测一般是以过去的流动率为基础进行的。常用的人力资源供给预测方法有人员流失分析、马可夫矩阵、管理人才储备库和技能储备库。

（一）人员流失分析

分析企业内部人员供给可以从分析职工的离职或流失情况入手。企业可以利用人员流失曲线分析职工的离职情况（如图 3-3 所示）。在新职工进入企业的最初一段时间内，人员流失会比较多，随着时间的推移，流失人数会急剧增加，原因主要是职工不能适应新的工作环境（如公司政策、工作要求、人际关系等），经过一段时间，离职率的速率会递减，原因是新职工过了适应期后进入胜任阶段，一般不会轻易离职。

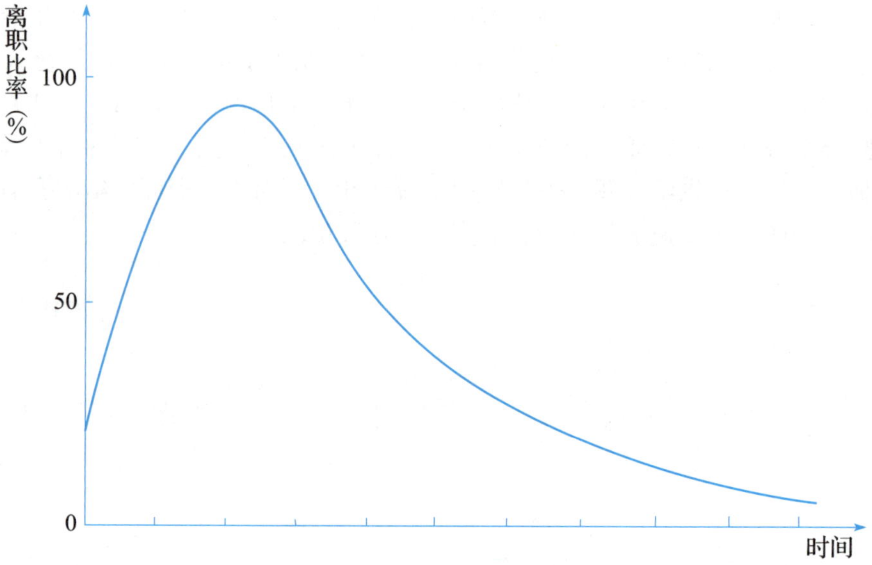

图 3-3　人员流失曲线

人员流失率是考察企业职工队伍稳定程度的重要指标，流失率过高，说明企业的职工队伍不稳定，增加了招聘、选择和培训的费用；流失率过低，则不足以产生新陈代谢的作用。在估计未来人力资源供给时，必须考虑人员流失率。常用的分析人员流失率的指标有：

（1）离职率。离职率是企业在一定时期内离职人数与人员总数的比率。离职率越高，说明企业留住人才的能力越低。计算公式如下：

离职率＝在某一期间离职的人数÷该期间的人员总数×100%

（2）服务年限。企业对离职人员服务年限的分析着重从人员职位、服务年限与离职情况等因素的相互关系来分析，可作为预测离职人数的参考。表 3-3 是企业离职人员服务年限分析的一个样本。由表 3-3 可知，非技术工人的离职率最高，3 个月以内的离职率最高。

表 3-3　企业离职人员服务年限分析举例

人员类别	3 个月以内	3 个月～6 个月	6 个月～1 年	1 年～2 年	3 年～5 年	5 年以上	离职人员总数	员工平均人数	离职率
技术工人	5	4	3	3	2	3	20	200	10%
半技术工人	15	12	10	6	3	4	50	250	20%

续表

人员类别	3个月以内	3个月～6个月	6个月～1年	1年～2年	3年～5年	5年以上	离职人员总数	员工平均人数	离职率
非技术工人	20	10	5	3	1	1	40	100	40%
总计	40	26	18	12	6	8	110	550	20%

（3）留职率。留职率可以显示过去一段时期内人员留职的趋势。表3－4是企业在职人员留职率分析的一个样本。从表3－4可以看到，随着工作年限的延长，留职率下降的速度变缓。计算公式如下：

留职率＝一定期间后仍在职人员÷原在职人员×100%

表3－4　企业在职人员留职率分析举例

单位	原有人数	年末留职人数				
		1年	2年	3年	4年	5年
甲	40	35	28	26	22	20
乙	32	25	24	19	18	17
丙	48	39	33	30	25	23
丁	38	32	27	24	22	19
戊	42	36	30	26	23	21
平均留职率	100%	83.5%	71%	62.5%	55%	50%

表示人员流失率的指标本身所含信息量有限，但把不同部门的流失率指标进行比较就有意义了。例如，某部门的人员离职率是25%，企业其他部门的离职率都不超过7%，则很能说明问题。企业和企业之间、行业和行业之间的比较也有意义。某些行业的人员流失率通常比其他行业高，例如，餐饮业的厨师在岗位的留任时间通常较短。

找出人员流失的原因非常重要。分析人员流失时，除要考虑劳动力市场的供需情况外，还要考虑与其他企业的竞争，对造成企业人员流失的原因要具体分析。一般来说，导致人员流失的原因既有企业外部环境的因素，也有企业内部的因素和职工个人的因素。从外部因素来说，职工离职可能是受企业外部的吸引，如转到其他企业工作可以获得更高的收入或更有前途的发展机会。在经济繁荣时期，工作机会多，离职率会相应增加，尤其是像快餐店一类的服务性行业，几年间可能全部换过。职工离职也可能是企业内部问题引起的，如工作压力大、人际关系紧张、不能适应工作要求或对工作失去兴趣等。当然，也不排除职工个人方面的因素，如照顾家庭、喜欢尝试新工作，尤其是年轻职工，他们一般未婚，没有家庭负担，经常会换工作。

（二）马可夫矩阵

马可夫矩阵的基本思想是找出过去人员流动的规律，以此推测未来的人员流动趋势，基本假设是过去内部人员流动的模式和概率与未来大致相同。运用马可夫矩阵预测人力资源供给时首先需要建立人员变动矩阵表，它主要是指出某个人在某段时间内，由一个职位调到另一个职位（或离职）的概率。一般以5～10年为周期来估计概率。周期越长，根据过去人员变动所推测的未来人员变动就越准确。马可夫矩阵可以清楚地分析企业现有人员的流动（如晋升、调换岗位和离职）情况。

表3-5是假设的某企业技术人员的变动情况。表3-5表明，在任何一年里，平均80%的高级工程师留在原来的岗位，20%离职；大约65%的技术员留在原来的岗位，15%晋升为助理工程师，20%离职。用这些历史数据来代表每一类人员的流动率，就可以推测出未来的人员流动（供给量）情况。办法是将计划初期每一类人员的数量与每一类人员的流动率相乘，然后纵向相加，即可得到预计的未来人力资源供给量，如表3-6所示。该企业预计计划期内将需要同样数量的高级工程师（40人）和助理工程师（120人），但技术员和工程师将分别减少50人和18人。根据这些情况该企业可以制订相应的人员计划，引进人才或将更多的助理工程师提拔到工程师职位。

表3-5　马可夫矩阵分析举例（甲）

职位层次	人员流动率				
	高级工程师	工程师	助理工程师	技术员	离职
高级工程师	0.80				0.20
工程师	0.10	0.70			0.20
助理工程师		0.05	0.80	0.05	0.10
技术员			0.15	0.65	0.20

表3-6　马可夫矩阵分析举例（乙）

职位层次	期初量	高级工程师	工程师	助理工程师	技术员	离职
高级工程师	40	32				8
工程师	80	8	56			16
助理工程师	120		6	96	6	12
技术员	160			24	104	32
人员供给量预计		40	62	120	110	68

（三）管理人才储备库

管理人才储备库实际上是一个存有每位经理人员详细信息的资料库，这些资料可以作为确定哪些人有潜力晋升到更高层次职位的依据。管理人才储备库主要包括下列资料：工作经历、教育背景、优缺点评价、个人发展需要、晋升潜力、目前工作业绩、专业领域、工作特长、地理位置偏好、事业目标和追求、预计退休时间、个人历史（包括心理评价）。

（四）技能储备库

技能储备库是提供技术和业务人才供给信息的资料库，这些资料将作为确定哪些人有可能晋升到更高层次的专业职位或转到同层次其他职位的依据。技能储备的过程与目的和管理人才储备相同，只是储备的信息不同。技能储备库主要包括下列资料：背景和生平资料、工作经历、专业技能和知识、所持有的资格证书和证明、接受过的企业内部培训、以前工作业绩评价、事业目标。

第五节　人力资源计划

人力资源计划就是比较企业对未来人力资源的需求量与供给量，确定企业未来对人力资源的需要，确定企业在计划期内应该裁减哪些人力资源、裁减多少、什么时候裁减、如何裁减，或者应该补充哪些人力资源、补充多少、什么时候补充、如何补充。

一、人力资源计划的制订

人力资源计划的制订包括人力资源需求与供给综合分析、人力资源计划方案的编制和人力资源计划方案的监控三个环节。

（一）人力资源需求与供给综合分析

人力资源需求与供给综合分析的主要目的是以预测的人力资源需求量与供给量为基础，计算计划期内企业总人数的余缺数量。表 3－7 是人力资源需求与供给综合分析的一个例子。

表 3－7　人力资源需求与供给综合分析举例

需求量与供给量		计划期需要量/人
人力资源需求	计划期初人数	360
	计划期内增减数	+9
	计划期末总需求数	369
人力资源供给	计划期初人数	360
	计划期内晋升人数	−10
	计划期内退休人数	−15
	计划期内解雇人数	−8
	计划期内辞职人数	−7
	计划期内补缺人数	+10
	计划期末总供给人数	330
	计划期末缺口/剩余人数	−39

在表 3－7 中，人力资源供求关系表现为需求大于供给，人力资源短缺，计划期末的人员缺口是 39 人。当然，企业在某个时期的人力资源供求关系也可能表现为供给大于需求，即出现人力资源过剩的情况。在企业内部人力资源总量需求大于供给的情况下，并不排除企业中某些部门人力资源过剩的情况。同理，在企业内部人力资源

总量供给大于需求的情况下，也不排除企业中某些部门人力资源不足的情况。

（二）人力资源计划方案的编制

企业在计划期内的人力资源需求与供给不一致时，需要制订解决人力资源短缺或过剩的计划方案。人力资源计划方案的制订通常需要企业多个部门的参与，单靠人力资源部门是难以完成的。通常，人力资源计划方案是企业整体计划的一部分，因此人力资源计划方案的期限应与企业整体计划的期限一致。人力资源计划方案的内容主要包括人力资源的外部补充、内部调配和人才培养与培训等。因此，人力资源计划是招聘计划、选拔计划、晋升计划、退休计划、培训计划等专项计划的制订依据。

在编制人力资源计划方案时，要注意人力资源计划与其他方面的协调。人力资源计划要与企业的长期发展目标和整体发展计划相协调，作为企业整体计划的组成部分，人力资源计划要支持企业的整体计划。人力资源计划内部也要相互协调，如外部补充计划与内部调配计划之间要协调，晋升计划与人才培养计划之间要协调，退休计划与晋升计划、人才培养计划之间要协调。

（三）人力资源计划方案的监控

人力资源计划的执行情况需要监控。在人力资源计划的实施过程中，为了防止出现严重偏差或在出现偏差后能够及时发现与纠正，需要对计划的执行情况进行反馈和追踪，以使计划能够达到预期的结果。

进行监控需要确定衡量计划执行情况的分目标、短期目标和具体绩效标准。分目标是由人力资源计划总体目标分解出来的各专项计划的目标，短期目标是为达到总体目标划分的阶段性目标，绩效标准是由分目标和短期目标分解出来的衡量目标实现程度的具体指标。无论是分目标、短期目标还是绩效标准，都应当尽可能量化。

在计划实施期间，企业应当有专责部门（通常是人力资源部）定期检查计划的执行情况。如果发现实际执行情况偏离了目标，首先应分析偏差产生的原因，然后制定和采取相应的纠正措施。一般来说，产生偏差的原因可能有如下两个：一是计划确定的目标和标准缺乏可行性；二是执行过程出现问题。两种原因兼而有之的情况也有可能。在第一种情况下，纠正偏差的途径是修正目标和标准；在第二种情况下，则需要采取措施解决问题。例如，企业在实施招聘计划过程中，发现无法从外部获得足够的人力资源，其原因可能是录用条件严格，也可能是招聘信息传播范围不够广。如果是前者，应当考虑改变录用条件；如果是后者，应当考虑如何扩大信息传播范围。

二、人力资源过剩时的对策

当企业内部对人力资源的供给大于需求时，表明人力资源过剩，企业应采取措施来消化或裁减富余人员。企业减员措施有限制聘用、鼓励提前退休或辞职、减少工作时间或工作量、人才储备、临时解聘和裁员。

（一）限制聘用

即采用“只出不进”的方法逐渐减少企业的富余人员，只有在企业的绩效受到影响的时候才会招聘新人。这种措施适合富余人员不多且在短期内能够消化的情况。

（二）鼓励提前退休或辞职

让现有部分职工（如接近退休年龄的职工）提前退休也是减少富余人员数量的一

种途径。提供有足够吸引力的退休条件（如给予补偿金）可以使原本不愿意提前退休的职工提前退休，对年轻人则提供培训机会鼓励他们自谋职业或转到其他单位。

（三）减少工作时间或工作量

由于市场需求下降而导致订单减少，企业可以相应地减少工作时间或减少工作量，如每个职工每天工作 8 小时削减为每天工作 6 小时，职工每人看管 4 台设备减少为每人看管 3 台设备。由于工作时间和工作量减少，工资也要相应减少。这种办法适合一般工人，不适合经理人员和专业技术人员。

（四）人才储备

对有一技之长的专业技术人员不可轻易辞退，特别是企业在不久的将来很有可能用得上的人才。在企业不景气时将这些人才辞退容易，将来需要时再把他们请回来就困难了，如果被竞争对手抢去则还会对企业构成威胁。因此，从长远考虑，应该将这些人才储备起来，如送他们到大学深造、承担科研项目等。

（五）临时解聘

临时解聘是指职工暂时不被聘用，当经济复苏时又回到企业工作。决定临时解聘的因素包括年龄大小、职位高低等。对经理和专业技术人员来说，可能依据的是工作能力。

（六）裁员

在西方经济发达国家，裁员通常与企业改组相联系，经过改组，企业的规模会变小，企业的职工数量会减少。企业在经济困难时期裁员，在经济形势好转时期增员，是西方经济发达国家企业以往的惯常做法。随着全球性竞争的加剧，这种雇用战略受到很大冲击。实际上，裁员对企业来说是一种浪费，因为失去以往所栽培的人才，对企业和职工双方都会造成很大的冲击。

良好的人力资源计划可以避免人力资源过剩的现象出现，即使要裁员企业也希望能自然地削减，如提前退休、自动离职等。

拓展讨论

企业经济性裁员不能随心所欲

李某在某企业工作将近 20 年，还有 3 年就要退休了。但企业近年来亏损严重，近日，人力资源部门通知李某等员工，称因企业经营困难需要经济性裁员，以后如果企业状况好转再让他们回来上班。

李某等人了解到，经济性裁员是法律赋予用人单位的一项基本权利。用人单位在遇到破产重整、生产经营状况发生严重困难等情况而确需裁减人员时，可以对本单位的人员进行裁减。

那么，企业经济性裁员可以随心所欲地想裁就裁吗？

实际上，企业无论以什么理由裁员都是有条件限制的。

首先，裁员对用人单位和劳动者而言都事关切身利益。《中华人民共和国劳动合同法》（以下简称《劳动合同法》）规定，只有符合法定情形时，用人单位才可以裁减人员，所以不是用人单位想裁员就能裁员。《劳动合同法》第 41 条规定，用人单位裁员需具备以下四个条件之一：(1) 依照企业破产法规定进行重整的；(2) 生产经营发生严重困难的；(3) 企业转产、重大技术革新或者经营方式调整，经变更劳动合同后，仍需裁减人员的；(4) 其他因劳动合同订立时所依据的客观经济情况发生重大变化，致使劳动合同无法履行的。也就是说，如果用人单位想要裁员，用人单位必须举证证明其满足以上条件之一，而不是口头说明企业有这些情形就可以实施人员裁减。

其次，法律规定六类人员不能裁减。根据《劳动合同法》第 42 条的规定，以下六类人员不能裁减：(1) 从事接触职业病危害作业的劳动者未进行离岗前职业健康检查，或者疑似职业病病人在诊断或者医学观察期间的；(2) 在本单位患职业病或者因工负伤并被确认丧失或者部分丧失劳动能力的；(3) 患病或者非因工负伤，在规定的医疗期内的；(4) 女职工在孕期、产期、哺乳期的；(5) 在本单位连续工作满 15 年，且距法定退休年龄不足 5 年的；(6) 法律、行政法规规定的其他情形。

最后，法律规定了应当优先留用的人员。《劳动合同法》第 41 条规定，裁减人员时，应当优先留用下列人员：(1) 与本单位订立较长期限的固定期限劳动合同的；(2) 与本单位订立无固定期限劳动合同的；(3) 家庭无其他就业人员，有需要扶养的老人或者未成年人的。而用人单位裁减人员后，在 6 个月内重新招用人员的，应当通知被裁减的人员，并在同等条件下优先招用被裁减人员。因经济性裁员而被用人单位裁减的职工，在 6 个月内又被原单位重新录用的，对职工裁减前和重新录用后的工作年限应当连续计算为本单位工作时间。如果员工想留下来继续工作的意见被单位拒绝，员工还可以申请劳动仲裁。

综上，像李某这样在企业工作将近 20 年，且还有 3 年就要退休的职工，企业是不能裁减的。

解读：由于裁员涉及人数众多，企业实施裁员行为可能会对社会秩序带来一定冲击。因此，在裁员过程中，企业不应仅考虑其自身利益，还应当承担一定的社会责任，例如明确不得裁减的人员范围；保护员工享有的优先留用权；优先招用被裁减的人员。企业应尽量采取避免、减少裁员的措施，例如与员工协商调岗、积极联系猎头公司以促进员工再就业、对员工进行技能培训等。

三、人力资源短缺时的对策

当企业内部对人力资源的需求大于供给时，表明人力资源短缺，这时企业应采取措施增加人手。企业增员措施或替代措施有加班加点、业务转包、聘用临时工、租赁或借用职工、重新设计职务或改进技术、培训职工或完善激励计划和外部招聘。

（一）加班加点

解决工作量短期波动最常用的方法是加班加点。加班加点对企业和职工双方都有好处，企业由于避免了招聘、选拔和培训等活动而节省了费用，职工则可以增加收入。不过，过度的加班加点会使职工变得疲劳，很难以正常的工作效率完成工作。长期加班加点会使职工习惯于收入增加的情况，当不需要加班加点并且收入减少时，可能会引起职工的不满。

（二）业务转包

将部分工作转包给另一家企业也是解决中短期人手短缺的方法之一。有时，即使企业预测市场需求是长期增长的，依然会采用转包的方法。当承包商在生产方面具有专长时，这种方法特别具有吸引力。转包常常使转承包双方都获利。

（三）聘用临时工

聘用临时工对企业有多种好处：可以降低人工成本，并保持随工作负荷变动的灵活性，还可以减少招聘、旷工、人员流动及职工福利方面的费用。

（四）租赁或借用职工

这是企业中越来越流行的一种人员管理办法。采用租赁职工方法的公司会正式解雇部分职工，租赁公司以同样的薪水雇用他们，并将他们租给前任雇主，职工像以前一样在客户（即前任雇主）的监督下继续工作，租赁公司作为职工的新雇主承担所有相关责任。对企业来说，租赁职工的好处是不必进行人员管理，包括福利计划。对租赁公司来说，则可以得到规模经济的好处（如降低福利成本、增加就业机会等）。对职工的好处是增加了流动就业的机会。如果企业破产，租赁公司可以将职工转租给另一家客户，职工可以免遭解雇和避免工龄上的损失。

（五）重新设计职务或改进技术

对职务重新进行设计，简化工作程序，或者采用自动化程度更高的先进技术，减少用人，也可以解决人手短缺的问题。

（六）培训职工或完善激励计划

培训职工，提高他们的工作胜任能力或工作熟练程度，从而提高他们的工作效率，或者改进激励计划，调动职工的工作积极性，也可以解决人手不足的问题。

（七）外部招聘

只有在上述方法都不合适时，才应启动招聘程序。在人手短缺时不要贸然进行招聘，一是招聘成本比较高，二是一旦职工被录用，很难辞退，应认真考虑有没有其他办法可以替代招聘。

企业在调节人力资源数量方面采取的做法往往不同。有些企业的做法是需要人手时就招聘，人员数量过剩时就采取提前退休、停职或解雇等措施。有些企业则比较喜欢采用加班、转包、减薪、减少工作时间等措施，尽可能维持企业人员的稳定。

第六节　人才租赁

人才租赁又称为人才派遣，是人才市场化的产物。20 世纪 90 年代初，美国信息产业蓬勃发展，涌现出大量小企业，这些企业面临许多不确定因素，迫切需要一种灵活的专业人才服务。人才租赁服务就是在这种背景下发展起来的。在中国，它不仅受到那些急需人才但又养不起人才的企业的欢迎，也受到亟须安置大量专业人才的企业的欢迎，并促使企业的用人观念由“为我所有”向“为我所用”转变。

一、什么是人才租赁

人才租赁是企业根据工作需要向人才租赁机构租借人才的一种新型用工方式，也是一种全面的高层次的人事代理服务。企业对现有职工也可以实行人才租赁。

人才租赁涉及企业、人才租赁机构和人才三方。三方关系及人才租赁过程如图 3－4 所示。

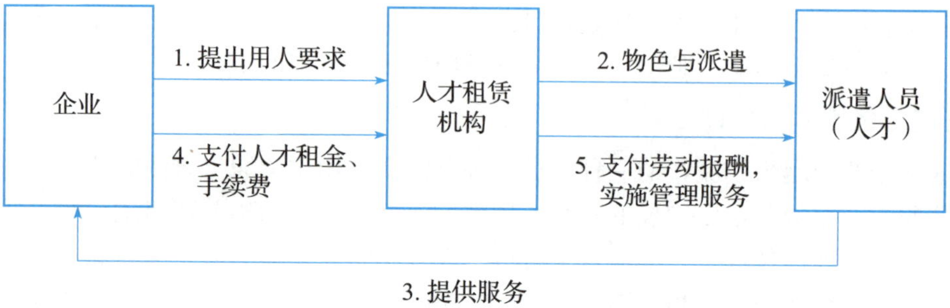

图 3－4　人才租赁三方关系及租赁过程

从三方关系来看，被租赁人才与人才租赁机构之间是劳动关系，企业与人才租赁机构之间是劳务关系，派遣人员（即被租赁人才）与企业之间是服务关系。人才租赁机构与企业签订人才租赁协议，和被租赁人才签订人才派遣合同，明确各方在租赁期间的权利和义务。在租赁期间，企业与派遣人员不发生人事隶属关系。

从人才租赁过程来看，首先是企业根据工作实际需要，向人才租赁机构提出用人要求，人才租赁机构物色符合企业要求的人才，然后把人才派往企业工作。派遣人员向企业提供服务，企业向人才租赁机构支付租赁费和手续费，人才租赁机构向派遣人员发放工资，为派遣人员购买社会保险、缴纳个人所得税。派遣人员的人事管理由人才租赁机构负责。人才租赁可以按一定期限租赁，也可以按任务项目租赁。

人才租赁对企业、租赁机构和人才三方都有好处。对企业而言，租赁人才可以节约人力成本，避免人才流失的困扰，减少劳动纠纷和招聘成本。租赁机构可以从中获得高额的服务费。对人才而言，工资待遇等由租赁机构根据行情与企业商定，可以尽量避免因对行情不了解而使自身利益受到侵害，可以得到更多发展机会，更好地体现自身价值。此外，通过人才租赁也可以实现社会人才资源共享，优化人才资源配置。

二、人才租赁的形式

按人才租赁机构提供的租赁服务方式和企业租赁职工的目的，人才租赁分为以下四种形式：

（1）完全租赁。由租赁机构承担一整套职工租赁服务工作，包括人才招聘、选拔、培训、绩效考核、薪酬与福利、劳动纠纷处理等。

（2）转移租赁。由有租赁需求的企业自行招募、选拔、培训人员，再由租赁机构与职工签订《租赁执行合约》，并由租赁机构行使租赁职工的薪酬、福利、绩效评估，以及处理劳动纠纷等职能。

（3）减员租赁。企业对自行招募或者已经雇用的职工，将其雇主身份转移至租赁机构。企业支付租赁机构职工租赁费用，由租赁机构代付工资、奖金、福利、各类社保基金等费用，以及承担所有雇主应承担的社会和法律责任。其目的是减少企业固定职工，增强企业面对风险时的组织应变能力和人力资源的弹性。

（4）试用租赁。这是一种新的租赁方式，企业在试用期间将新职工转至租赁公司，然后以租赁的形式试用，其目的是使企业在准确选才方面更具保障，免去了选拔时产生的误差风险，能有效降低人事成本。

人才租赁的来源有两类：一是企业现有职工，通过租赁方式改变人员隶属关系；二是社会人员，由人才租赁机构根据企业需要招聘。

三、如何实施人才租赁

企业实施人才租赁的步骤如下：

（1）企业向租赁机构提出申请，并明确说明对所需人才的具体要求。

（2）根据企业的需求，租赁机构在内部挑选符合要求的人才，或直接从外部招聘。

（3）租赁机构提出租赁配套措施等方案，与企业协商。

（4）租赁机构与企业签订协议，确认双方的租赁关系。

（5）租赁机构与被租赁人员签订合同，申明有关其工作的各项规定。

（6）在租赁期间，由租赁机构承担被租赁人员的培训、福利、工资、工伤事故、劳动纠纷等一切与雇主有关的责任。

（7）合同期满，租赁机构解除与企业的合约，被租赁人员回租赁机构。

本章提要

1. 人力资源计划是使企业的人力资源供给与企业对人力资源的需求保持一致的过程，它由人力资源需求预测与人力资源供给预测两部分组成。前者是预测计划期内需要什么样的人力资源，需要多少；后者是预测计划期内可供给什么样的人力资源，供给多少。比较需求与供给可以确定企业对人力资源的需要数量和类型。

2. 人力资源需求预测可以从宏观和微观两个角度去分析。企业必须从自身出发预测人力资源需求。影响预测的主要因素有市场需求、企业战略和生产技术。人力资源需求常用预测方法有经理人员判断、专家意见调查、趋势分析、比例分析和回归分析等。

3. 影响企业人力资源供给预测的外部因素有劳动力供给、人口因素、地理因素和人力资源类型；内部因素主要有年龄分布、人员流动和人力资源利用状况。人力资源供给常用预测方法有人员流失分析、马可夫矩阵、管理人才储备库和技能储备库。

4. 预测人力资源供给大于需求时，企业可以采取的对策有限制聘用、鼓励提前退休或辞职、减少工作时间或工作量、人才储备、临时解聘，在别无选择的情况下考虑裁员。预测人力资源需求大于供给时，企业可以采取的对策有加班加点、业务转包、聘用临时工、租赁或借用职工、重新设计职务或改进技术、培训职工或完善激励计划，在上述方法不能解决问题时启动招聘程序。

5. 人才租赁是企业根据工作需要向人才租赁机构租借人才的一种新型用工方式。

在三方关系中，人才与租赁机构之间是劳动关系，企业与租赁机构之间是劳务关系，人才与企业之间是服务关系。三方通过合同明确各方在租赁期间的权利和义务。人才租赁有完全租赁、转移租赁、减员租赁和试用租赁四种形式。

复习题

1. 人力资源计划的制订过程包括哪些环节？
2. 人力资源计划有什么作用？
3. 预测人力资源需求需要考虑哪些因素？
4. 人力资源需求预测有哪些方法？
5. 预测人力资源供给需要考虑哪些因素？
6. 人力资源供给预测有哪些方法？
7. 在人力资源过剩或短缺时，企业可以采取哪些应对措施？
8. 什么是人才租赁？人才租赁有哪些形式？

练　习

练习 3-1：人力资源预测趋势分析法练习

某医院统计了 2015—2021 年三班护士日平均护理的病人数（如表 3-8 所示）。医院管理层发现，在过去的几年间，护士人数越来越多。护士人数增多主要有两个原因：一是医院的护工少，护士承担了许多原来由护工完成的任务；二是护理方式发生改变。医院原来采用集体护理的方式，即护士分别承担每个病人不同方面的护理（如药剂、个人保健等）。现在采用包干护理方式，即一个护士承担一个病人所有的护理工作，结果导致护士人数与病人人数的比率上升。受这些因素的影响，诊所数量迅速增加，这又导致住院病人的人数和住院时间减少。

表 3-8　某医院历年病人数与护士人数统计表

年份	病人数	护士人数	护士人数/病人数
2015	3 000	600	3/15
2017	2 880	720	3/12
2019	2 800	840	3/10
2021	1 920	960	3/6

要求：

1. 影响该医院护士人数的因素是什么？该医院劳动生产率的变化趋势是什么？

2. 假设预计该医院 2023 年的病人数为 1 400，护士人数/病人数会提高到 3/4，护士需求量是多少？假设预计 2023 年该医院的护士供给量是 1 000 人，对护士的需要量是多少？

练习 3-2：人力资源预测马可夫矩阵练习

某证券经纪公司各部门现有人数和需求人数见表 3-9 的（1）栏和（2）栏。该公司根据历史资料编制的内部人力供给的马可夫矩阵如表 3－10 所示。

表 3－9　某证券经纪公司人力资源需求、供给与需要量分析

部门	现有人数	需求人数	供给人数	需要人数
	(1)	(2)	(3)	(4)
行政办公室	14	14		
人力资源部	5	6		
计划财务部	13	13		
资金清算部	8	14		
经纪业务部	7	9		
资产管理部	2	5		
信息技术中心	14	21		
研发中心	10	18		
营业部	384	359		
合计	457	459		

注：不包含公司高层管理人员。

表 3－10　某证券经纪公司人力资源供给马可夫矩阵（A）

部门	行政办公室	人力资源部	计划财务部	资金清算部	经纪业务部	资产管理部	信息技术中心	研发中心	营业部	离职
行政办公室	0.80									0.20
人力资源部		0.80								0.20
计划财务部			0.70						0.15	0.15
资金清算部				0.90						0.10
经纪业务部					0.55					0.45
资产管理部						0.50				0.50
信息技术中心							0.70			0.30
研发中心							0.30	0.50		0.20
营业部				0.01			0.01	0.01	0.82	0.15

要求：

1. 根据表 3－9 的（1）栏和表 3－10 计算该公司各部门的人力资源供给数，将计算过程和结果填入表 3－11 和表 3－9 的（3）栏。

表 3-11 某证券经纪公司人力资源供给马可夫矩阵（B）

部门	行政办公室	人力资源部	计划财务部	资金清算部	经纪业务部	资产管理部	信息技术中心	研发中心	营业部	离职
行政办公室										
人力资源部										
计划财务部										
资金清算部										
经纪业务部										
资产管理部										
信息技术中心										
研发中心										
营业部										
合计										

2. 计算该公司各部门需要的人数，将结果填入表 3-9 的（4）栏。

练习 3-3：离职率分析练习

某公司 1—6 月离职人数统计见表 3-12。

表 3-12 某大型电子设备制造公司 1—6 月职工离职人数统计表

月份	月初人数	月末人数	月均人数	本月离职人数	月离职率
	(1)	(2)	(3)	(4)	(5)
1	735	768		6	
2	768	770		13	
3	770	886		16	
4	886	950		21	
5	950	1 014		26	
6	1 014	1 056		32	

要求：

计算该公司的月均人数，根据月均人数计算月离职率，将计算结果填入表 3-12 的（3）栏和（5）栏。

课外实践

1. 协助一家公司分析和预测该公司未来一年的人力资源需求量和人力资源供给量。

2. 协助一家人力资源富余（或短缺）的公司编制人力资源计划。

3. 协助一家公司分析该公司人才租赁的状况，并撰写分析报告。

第四章
招　聘

知识与能力目标

通过本章的学习，你应该：

- 了解什么是招聘
- 了解影响招聘过程的内外部因素
- 掌握内部招聘的方法
- 理解外部招聘的来源
- 掌握外部招聘的方法
- 理解评价招聘项目的五项指标
- 理解招聘计划与策略的主要内容

素养目标

理解企业招聘工作的重要性，增强市场意识和服务意识，帮助企业树立良好的公众形象，建设雇主品牌。

引导案例

网易校招有门道

1. 制作刷爆网络的招聘神曲

招聘神曲《浙江杭州网易互联网招聘了》在朋友圈刷屏了。

这首歌的旋律来自爆红的神曲《江南皮革厂倒闭了》，网友根据一段火遍大江南北的街头卖包促销录音制作成了这首歌，因其频率极高的重复声音配合节奏形成强烈洗脑效果。而当歌词改为本来是一本正经的招聘启事时，洗脑之余又让人忍俊不禁，网友们纷纷表示："听了几十遍完全停不下来！"

尽管这首歌看起来很像网友恶搞，但它的确是网易 2017 年校园招聘的"官方宣传"。这首歌于 7 月 21 日上线网易云音乐，歌词作者兼演唱者"网易笑招 SHE"为网易互联网校招团队负责人。正如歌词中所说，网易会在全国招收千名左右 2017 届毕业生，招聘部门包括云音乐、云课堂、网易严选、考拉海淘等；职位覆盖 Java、C++、iOS、安卓、前端、算法、测试、运维等众多技术岗位；工作地点在北京、上海、广州和杭州。

这首歌上线第二天就冲上网易云音乐新歌榜第二名，因为这首歌的走红，在歌曲上线的一天之内网易就收到了近 4 000 份技术类简历，洗脑神曲的作用功不可没。

2. 制作有趣视频

紧接着，在7月22日，网易招聘微信公众号推送了《校招黑幕曝光，看同学如何手撕HR》的短视频，延续了一本正经地（貌似）胡说八道的搞笑风格。

3. “内推码”花样做内推

“要招聘要招聘千八百号人，看到需求HR就傻了，我们没有没有没有办法办法，借着内推做校招校招，原本都要985、211一本类的院校，统统免筛选。”正如歌词所写，在网易2017校园招聘中，内推是宣传的重头戏。

每一位在职网易员工都有一个内推码，用来推荐学生。内推码不限次数使用，但同时只能推荐10人，名额用完需要员工“续杯”。

为了鼓励员工多多推荐人才，网易推出了丰厚的奖励措施：只要参与内推，员工就可获得网易严选全场通用8折券一张；每周战报的前三名将获得金额不等的网易味央现金券，推荐数量最多的还将获得樱桃（Cherry）机械键盘。另外，只要内推的同学收到了校招录取通知，无须等到签约入职，推荐人就可获得神秘福袋、Beats耳机等礼品。

网易还专门搭建了一个内部推荐系统，并成立了专业的招聘运营团队来保障内推的良性发展。与此同时，内推占比也作为衡量内部招聘效果的一个重要标准。网易员工参与内推的热情也很高涨，第一周内推排行榜第一的员工推荐了超过600份简历。

鬼畜神曲、短视频、内推码、线上宣讲会、直播等种种花样百出的宣传都让网易在这个校招季怒刷存在感，网易用更加年轻活泼的方式来吸引人才。在7月18日至7月30日的内推阶段，1 600名网易员工（约占网易全体员工的20%）发放了内推码，收获了20 703份技术类简历，通过内推渠道发放的录取通知占到了整体校招录取通知的一半。

招聘与选拔是企业与外部劳动力资源有计划对接的方式。招聘是为了吸引足够的候选人来企业应聘空缺职位，选拔则是从候选人中筛选出符合企业要求的新成员，两者在实际工作中是紧密结合在一起的。为了方便理解，本书将招聘和选拔分开来论述，本章主要讨论招聘过程。

在本章，我们首先分析影响招聘的内外部因素；然后分别讨论内部招聘和外部招聘，我们会讨论招聘的来源和方法，也会讨论招聘项目的评价问题；最后讨论招聘计划和招聘策略。

第一节　招聘过程的影响因素

企业为了满足自身发展的需要，或者为了补充因职工流动造成的职位空缺，都会面临人员招聘问题。招聘是寻找空缺职位的合格候选人，并采用适当的方式吸引他们到企业应聘的过程。招聘过程要解决两个问题：一是确定合格候选人的来源，即决定是从企业内部资源中招聘，还是从外部资源中招聘；二是选择招聘的方法，即用什么方法吸引那些合格的候选人到企业应聘。招聘是企业与外部劳动力资源的对接点，必然受到内外部多种因素的影响。

一、招聘过程的外部影响因素

影响招聘过程的外部因素主要有劳动力市场、法律法规和职业价值取向等。

（一）劳动力市场

招聘过程受劳动力市场供求关系的影响。当劳动力市场供给大于需求时，企业的招聘比较容易，向企业申请工作的人会比较多。相反，当劳动力市场需求大于供给时，企业在招聘时需要付出更多努力，要开辟新的招聘来源，或者采取新的招聘方法。招聘过程也受劳动力市场范围的影响。地方性劳动力市场可以满足对一般职工的招聘，包括大多数的工人、专业技术人员、主管和部分经理。但对于中高层经理和特殊人才的招聘，可能需要面向全国性甚至国际性劳动力市场。

（二）法律法规

国家颁布的有关法律法规是引导和约束企业雇用行为的重要因素。我国法律规定了劳动者有平等就业和选择就业的权利。但在实际经济生活中，平等就业的问题还没有得到完全解决，招聘过程中的性别歧视、年龄歧视、身份歧视等情况还较为普遍。

（三）职业价值取向

社会对各种职业的社会地位或者经济收入的评价如何，会引导求职者的求职取向，进而影响企业的招聘。有些求职者在择业时注重收入，而有些则注重工作性质。

二、招聘过程的内部影响因素

影响招聘过程的内部因素主要有企业的社会形象、企业文化、企业的提升政策、企业的人力资源计划和职务分析等。

（一）企业的社会形象

社会形象良好的企业会吸引更多合格的求职者来企业求职或应聘。了解企业的社会形象的办法是在当地进行访问。访问时可向被访者提出以下问题："您听说过我们公司的什么事情吗？""您知道我们公司生产什么产品吗？您使用过这种产品吗？""您认识的人中有在我们公司工作的吗？""您对我们公司有什么印象？"调查中听到的可能不全是赞扬的话，但调查所了解到的情况应该说是真实的。

树立良好的企业形象非一日之功，指望在招聘前一天改变企业的社会形象是不大可能的，但在招聘过程中注意以下问题，对树立企业形象会有所帮助：

（1）让企业公关人员知道企业的招聘计划，以使他们在进行公关活动时能够代为宣传。

（2）介绍企业和空缺职位的描写应该生动、清晰。

（3）认真挑选和培训接待应聘者的一线人员，以给应聘者留下良好的第一印象。

（4）注意招聘过程中各个环节的细节安排，如时间和场地安排、面谈前的准备等。

（二）企业文化

拥有强势文化的企业倾向于选择性招聘，只接受那些认同企业基本价值观的人。例如，不喜欢等级和清规戒律是微软公司企业文化的重要特征。这种文化就使那些在传统公司中感到压抑、富于创造力的年轻人成为微软公司的招聘对象。

招聘也是改变企业文化的方式。当企业需要改变企业文化时，可招聘那些具有与新企业文化相适应的价值观和工作态度的人。例如，日本东芝公司希望在车间倡导合作精神，提高灵活性。该公司在招聘信息中将应聘职位称为“装配线技工”，而不是具体的工种，还利用录像节目向求职者介绍工作环境，让求职者进行自我评估，看能否适应。通过这种办法选出具有灵活性和适应性的人，而不是只能符合某种特定或固定角色需要的人。

（三）企业的提升政策

企业的提升政策对招聘有非常重要的影响。企业可以采取从内部提升的政策，也可以采取从外部招聘的政策。两种方法各有优点，采用哪种政策要视情况而定。内部提升政策有利于调动职工的积极性，但是，如果企业需要经常补充新人以提供新思想和新创意，使企业保持活力和竞争力，就需要考虑从外部寻求新的人才。大多数企业采取了内部提升与外部招聘相结合的政策。例如，基层岗位内部招聘；重要岗位内部与外部招聘、职务晋升与轮换相结合；关键岗位采用管理发展计划。

从内部提升意味着职工进入企业后需从基层职位做起，然后沿着组织层次逐步提升。因此，严格遵守从内部提升的政策的企业，只会从外部招聘初级职位的职工，不会招聘外部求职者担任管理职位。采取外部招聘政策的企业则是从外部寻找合适的人员去填补各个层次的空缺职位，包括管理职位。

（四）企业的人力资源计划和职务分析

人力资源计划和职务分析是招聘和选拔的基础。人力资源计划将企业的战略计划转换成对人员数量和类型的要求，职务分析则将职务的职责转换为对人员能力的具体要求。没有人力资源计划和职务分析，招聘过程只能是对职位空缺作出的简单反应。

第二节 内部招聘

现有职工也是企业主要的招聘来源，但内部招聘的重要性和必要性经常被忽视。企业经常发现，费了九牛二虎之力从外部招聘进来的人才，原来企业内部就有。这不仅浪费了招聘资源，而且严重打击了在职职工的积极性。为什么不能从企业自己的人才宝库中挖掘出人才？除了信息利用存在问题外，可能更主要的还是“本地姜不辣”“外地和尚会念经”的陈腐观念在作祟。

一、内部招聘的优缺点

内部招聘是企业内部的一种人员调整，即把职工提升或调动到另一个空缺职位。因此，内部招聘很少涉及初级职位。它具有以下优点：

（1）能够鼓舞职工的士气，防止人才外流，特别是内部提升。

（2）企业对职工的能力有很好的了解，很少出现用错人的情况。

（3）职工对企业的情况比较熟悉，容易上手开展工作，需要的培训也较少。

（4）职工对企业的目标更有认同感，并且不容易辞职。

（5）节省招聘费用。

内部招聘有以下缺点：

（1）落选职工的积极性可能会受到打击。

（2）在空缺职位的候选人已经内定的情况下，内部招聘流于形式。

（3）可能会引起忌妒、攀比等心理问题，或引发拉帮结派等派生问题。

（4）被提升者会面临艰难的角色转换，特别是在过去的同事成为下级的情况下。

（5）近亲繁殖导致被提拔者缺乏创造性。

企业内部职工毕竟有限，仅仅局限于内部来源，有时可能找不到合适的人选，如果坚持内部招聘的话，可能会把一些人提升到他并不能胜任的岗位，企业的管理效率或工作效率就会降低。

二、内部招聘方法

企业在进行内部招聘时，应该向职工广为宣传，让职工充分了解空缺职位的要求，吸引那些符合条件的职工提出申请。常用的内部招聘方法有职务公告与职务投标、经理推荐、职业生涯开发系统、人事记录、管理人才储备库与技能储备库等。

（一）职务公告与职务投标

职务公告是一种向职工通报职务空缺的方法。职务投标是一种允许自认为具备所需资格的职工申请公告中职务的方法。职务公告的内容通常包括职务的职责、资格要求、薪酬水平以及其他相关信息，如公告的日期和申请截止的日期、申请的程序、联系电话、联系地点和时间、该职务是否同时在企业外部招聘等。表 4-1 是职务公告的一个样本。符合条件的职工可以提交申请或在职务投标书上签名，参加竞标。人力资源部和缺员部门经理会对申请人进行筛选，挑出最符合要求的申请人参加面试。

表 4-1　职务公告

公告日期：________ 截止日期：________ 在________部门有一全日制职位________可供申请。此职位对/不对外部候选人开放。 薪资支付水平：最低________，中间值________，最高________。 职责：参见所附职务说明。 所要求的技术或能力（候选人必须具备此职位要求的所有技术和能力，否则不予考虑）： 1. 在目前/过去的工作岗位上表现出良好的工作绩效，其中包括： （1）有能力完整地、准确地完成任务。 （2）能够及时地完成任务并能够坚持到底。 （3）有同其他人合作共事的良好能力。 （4）能进行有效的沟通。 （5）可信、良好的出勤率。 （6）较强的组织能力。 （7）良好的解决问题的态度和方法。 （8）积极的工作态度：热心、自信、开放、乐于助人和奉献。 2. 可优先考虑的技术和能力（这些技术和能力将使候选人更具有竞争力）： 略。 职工申请程序： 填写职务申请表连同履历一同发送邮件至________。 公司对所有申请人将根据上面的资格要求进行初步审查。甄选工作由________负责。

职务公告与职务投标的优点在于：一是可以将空缺职务的信息通知给所有符合条件的候选人，增加企业内部合格职工从事空缺职务的可能性；二是使职工对自己的职业生涯开发更负责任，由于自己的努力能带来更大的晋升机会，许多职工会试图提高他们的技能和绩效；三是给职工提供了一个更换工作环境的机会，同时它也促使职工的上级改进管理方式，以协调人际关系。

职务公告与职务投标的缺点在于：落选职工的积极性可能会受到打击，可能会因此疏远企业，某些工作方向不明确的职工会跳来跳去，造成内部过高的流动率和不稳定。为了防止这种情况出现，企业可以制定相关政策，限制职工在一定时期内变换职位的次数。

对于基层管理职务，职务公告与职务投标并不适用，因为经理通常倾向于亲自挑选。

（二）经理推荐

在考虑填补空缺的管理职位时，常见的做法是由职位空缺部门的经理提名一个或几个候选人以备考虑。这种方法很受经理们的欢迎，原因是他们在挑选候选人时拥有自由斟酌的决定权。与其他人相比，缺员部门的经理更了解空缺职位的要求，也更了解候选人的能力，特别是在其手下工作并在寻求提升机会的人。

这种方法的不利方面是经理的推荐通常主观性较强，容易受偏见的影响，一些合格的职工可能会被忽视。出现这种情况的原因可能是经理为了提拔自己的亲信而有意埋没人才，也可能是他们根本不了解某些人的能力。

（三）职业生涯开发系统

运用职业生涯开发系统时，企业不是鼓励所有合格的职工来竞选某一职位，而是针对某个职位目标重点培养具有高潜能的职工，将他们置于职业生涯的“快车道”上。职业生涯开发系统成功的关键是如何识别最合适的候选人。选拔程序应当公正、公平、公开，避免经理的主观意见。

这种方法的好处在于能够吸引和留住高绩效的人才，有助于确保职位出现空缺时及时得到填补。缺点是没有被选中成为重点培养对象的优秀职工可能会不满而离开企业；如果目标职位长期不空缺，候补人由于期望总是不能兑现可能会灰心丧气。

（四）人事记录

从内部寻找空缺职位的候选人时，也可以采用翻查人事记录的方法。通过对人事记录（包括申请表）的查阅，可以发现哪些人现在从事的工作低于他们的教育水平或技能水平，哪些人有接受进一步培养的潜力，哪些人已经具备了空缺职位所需要的资格或能力。用这种方法能很快地找到候选人。这种方法可以将挑选范围扩大到整个企业，而不是仅仅限于职位空缺部门。人事记录只限于提供客观或实际的信息，如教育程度、资格证书、参加过的培训、掌握哪些语言等，人际技能、判断力、创造力等主观信息则被排除在外，对许多工作来说，这类信息反而更加重要。

（五）管理人才储备库与技能储备库

企业也可以利用管理人才储备库与技能储备库进行内部招聘。储备库中的信息不仅可以帮助企业了解参与职务竞聘的职工的情况，还可以帮助企业发现那些具备资格但由于各种原因没有提出申请的职工。为了及时、全面地反映职工的技能状况，储备库中的信息需要经常更新。储备库的信息对内部招聘过程越来越重要，许多人力资源经理经常浏览储备库，对企业职工的技能情况做到心中有数，在空缺出现时，能够马上知道哪些职工符合条件，并动员他们参加竞聘。

第三节　外部招聘

内部职工并不是填补空缺职位或新增职位的唯一来源。企业经常需要从外部招聘职工，特别是需要大量扩充劳动力时。即使采取内部提升政策，也需要从外部填补初级岗位。这是因为，某个职位空缺后，往往会进行一系列的内部提升，企业最终还是要从外部招聘，以补充初级岗位的空缺。

一、外部招聘来源

外部招聘有应届毕业生、竞争对手和其他公司的在职职工、待业或下岗人员、退役军人、退休人员、农村剩余劳动力（农民工）和留学归国人员七个主要来源。

（一）应届毕业生

应届毕业生包括中等职业学校的毕业生、高等职业技术学院的毕业生以及普通高等院校的毕业生。中等职业学校可以为企业输送技术工人、办事员等操作型初级人才，高等职业技术学院为企业输送操作型技术人才，普通高等院校的毕业生则是潜在的企业各类专业人员、技术人员和经理人员的来源。

这类人员的特点是年轻，有朝气，有干劲，知识新，可塑性强，但缺乏实际工作经验，阅历浅，流动性大。

（二）竞争对手和其他公司的在职职工

对强调工作经验的企业来说，竞争对手或者同地区同行业的其他公司的在职职工，是人才来源的重要渠道。特别是一些缺乏培训资源的中小企业，更加注重招聘受过大公司培训的职工。也有一些大公司将竞争对手和其他公司作为招聘高素质人才的外部渠道。

这类人员的特点是工作经验和经历丰富，能够给企业带来所需要的新观念和新技能，但他们的价值观和作风都已固定，可能难以和企业的文化融合。

（三）待业或下岗人员

由于公司破产、业务紧缩或被其他公司兼并，一部分职工失去工作。也有些人是因为跟老板或领导的个性不和、关系紧张或对公司的政策不满而放弃工作。他们当中不乏合格甚至优秀的人才。

（四）退役军人

由于退役军人拥有的技术范围很广，组织性、纪律性强，因而成为一种不可忽视的招聘来源。据国外的一项研究，退役军人的团队工作取向使他们特别适合于强调全面质量管理的公司。

（五）退休人员

退休人员受到重视是因为他们的知识、技能、职业道德、忠诚和良好的文化素质。有人担心退休人员的生产效率低。其实，除了体力要求较高的工作之外，与年龄有关的生理能力、认知行为和个性等变化对生产效率并没有太大影响，创造力和智力水平也不会随年龄增加而下降。

企业在招聘退休人员时，要注意传递符合他们想法的信息。退休人员重视的工作特点包括弹性工作时间、灵活的福利计划、工作的自主性、结识新朋友的机会以及和同龄人一起工作等。也可以强调企业非常重视他们的经验、经历和成熟。

（六）农村剩余劳动力（农民工）

这类人员的特点是数量充足，劳动力价格低，能吃苦，但文化水平偏低，流动性大，适合技术性不强、经过简单培训就可上岗的职位。

（七）留学归国人员

海外留学归国人员是目前世界各国特别是经济发达国家竞相争夺的目标。留学归国人员的特点是文化层次高、观念新、知识新、视野广、有强烈的成就需求，他们当中许多是我国经济建设急需的高新技术人才。

二、外部招聘方法

广告、职业中介机构、专业协会、校园招聘、职工举荐、求职者自荐、人才交流会和网络招聘等是外部招聘的主要方法。

（一）广告

在媒体刊登招聘启事，向公众发送企业的就业需求信息，是企业常用的一种招聘方法。传统的广告媒体包括报纸、广播、电视、杂志、户外广告牌等。

广告的内容及措辞十分重要，措辞不当无法吸引合适的求职者来应聘，或者吸引来许多不合适的求职者。广告的内容应包括企业介绍、职务说明、薪酬及待遇、应聘资格与条件、申请办法等。一则好的招聘广告不仅要能吸引公众注意，而且要能激发起求职者对公司或职务的兴趣。如果是委托代理机构制作广告，则需要认真审查广告文稿。

几种主要的广告媒体的优缺点比较及使用时机如表 4－2 所示。

表 4－2　几种主要广告媒介的优缺点比较

媒体类型	优点	缺点	何时使用合适
报纸	广告大小可灵活选择，发行集中于某一特定的地域，各种栏目分类编排，便于积极的求职者查找	容易被可能的求职者所忽视；发行对象无特定性，企业不得不为大量无用的读者付费	企业想将招聘限定于某一地区，可能的求职者大量集中于某一地区，有大量的求职者在翻看报纸并且希望被雇用

续表

媒体类型	优点	缺点	何时使用合适
杂志	专业杂志会到达特定的职业群体手中，广告的大小富有灵活性，求职者可能会将杂志保存起来再次翻看	发行的地域太广，阅读者容易被限定在某一特定人群中，广告的预约期较长	需要招聘专业化的人才，时间和地区限制不是最重要的，与正在进行的其他招聘计划有关联
广播、电视	不容易被观众忽略，能让那些不是很积极的求职者了解到招聘信息，可以将求职者来源限定在某一特定的地域，能有效地渲染雇用气氛	只能传递简短的信息，缺乏持久性，求职者不能回头再了解，商业设计和制作（尤其是电视）不仅耗时而且成本很高	有大量的职位空缺和足够多的求职者，需要迅速扩大影响并且拥有充足的资源在短期内进行大量的宣传
现场宣传（招聘现场的宣传资料）	在求职者可能采取某种立即行动的时候，引起他们对企业招聘的兴趣，极富灵活性	作用有限，要使此措施见效，首先必须保证求职者能够到招聘现场来	在一些特殊的场合，如就业交流会或公开招聘会上布置的海报、标语、旗帜、视听设备等

（二）职业中介机构

职业中介机构是帮助企业招聘职工，同时又帮助求职者寻找工作机会的中介机构，这些机构事实上发挥着招聘和选拔的部分职能。企业可以以付费的方式委托外部的职业中介机构物色企业所需人员。

职业中介机构分私营的和政府开办的两种类型。私营的职业中介机构可以帮助企业招聘各种职位的人才，尤其擅长招聘白领职工。私营的职业中介机构的声誉有好有差，其服务质量取决于经营者的职业道德。政府开办的职业中介机构收费低，有些甚至免费。我国政府开办的职业中介机构通常称为人才交流中心或劳务市场。

猎头公司是专门为企业招聘高层经理人才和高级专业技术人才的职业介绍机构。要取得满意的效果，企业必须向猎头公司提供空缺职位的详细信息。猎头公司的优势在于手中掌握着丰富的资源，能够为企业保守秘密，对候选人进行初步筛选，可节省企业高层经理的时间。猎头公司也是良莠不齐，有些猎头公司的员工更像推销员，他们说服客户雇用某个人，而不是替客户寻找合适的人。因此，要选择合适的猎头公司。

（三）专业协会

企业可以通过专业协会（如企业家协会、会计师协会、注册会计师协会、工程师协会等）招聘管理人才、专业人才或技术人才。

（四）校园招聘

企业派人到学校招聘学生。校园招聘常见的形式有校企合作、校园宣讲会、校园双选会等三类。校企合作是企业和学校实施项目合作，对在校学生实行联合培养。通过接受企业方培训，或企业指定相应技能的训练、安置学生实习等形式，使企业提前和学生接触，更有针对性地培养和选拔人才。

校园宣讲会和校园双选会是每年学校毕业季企业和学生之间建立起联络的最常见形式。这种方式可以较好地宣传企业，能在短时间内收到大量简历。

（五）职工举荐

职工举荐是指由企业的职工推荐或介绍合适的求职者。与刊登广告和聘请职业介绍机构相比，职工举荐的成本要低得多。此外，用这种方法招聘进来的人流动率比较低。有些企业为了鼓励职工举荐，对举荐者（特别是举荐成功者）会给予一定的奖励。

为了激发职工的热忱，一些企业特别设计和开发了职工举荐计划。开发举荐计划有三个要点：一是明确可见，举荐计划不应只是公司手册里的政策，而应成为在全公司范围推广的一项计划；二是支付合理，支付给推荐人的奖金数额要合理；三是广为宣传，做到人人都知道，人人都参与。

（六）求职者自荐

求职者可能通过登门造访或寄发求职信的方式向企业谋求工作。那些知名度高、收入待遇好的企业，即使不大张旗鼓地做招聘宣传，也能够吸引较多求职者自荐。每年学校的毕业生都会寄信到企业求职。也有一些人是仰慕公司的名声，辞去原来的工作来求职的，这些求职者中不乏合格甚至优秀的人才。企业审阅求职者的履历表后，对合格者应及时回复，对登门造访的求职者应有礼貌地接待。

（七）人才交流会

人才交流会是为企业和求职者设计的现场招聘活动，是一种用于吸引大量求职者来应聘的招聘方法。这种招聘方法的最大好处是可以在短时间内（通常一两天）聚集大量的求职者。招聘会的举办单位有政府、学校、职业介绍机构等。

（八）网络招聘

网络招聘经过近些年的发展和完善，以其方便快捷、低成本、无区域限制、资源丰富等优点，越来越受到企业和求职者的青睐。目前已成为企业人力资源经理们的首选招聘方式。

网络招聘的不足之处：

（1）信息虚假。虚拟的网络世界给少数虚假信息提供了可乘之机，对求职者和招聘者双方来说，都存在对虚假信息的担忧。

（2）信息过剩。由于求职者投递简历的成本过低，导致非常多的不负责任的投递，最终对人力资源招聘负责人形成了一种“简历轰炸”。如何从这成百上千的简历中找到适合自己企业职位的人选是件很让人头疼的事情。

网络招聘常见的有以下几种方式：

（1）自建渠道。在公司主页、官方网站、官方微信公众号、官方微博等上面发布招聘信息。登录企业官方媒体看求职信息的人，通常对企业已经有了一定的意向，所以候选人的针对性比较强。

（2）人才网站。注册成为人才网站的会员，在人才网站上发布招聘信息，收集求职者信息资料，查询合适人才信息。这是目前大多数企业在网上招聘的方式。由于人才网站上资料库大，日访问量高，因此企业往往能较快招聘到合适的人才。同时，由于人才网站收费较低，很多公司同时在几家网站注册会员，这样可以收到众多求职者的资料，可挑选的余地更大。常用的人才网站有智联招聘、前程无忧、应届生求职网、BOSS 直聘等。

（3）综合服务类。一些中低端岗位或是劳务招聘可以在当地的综合服务类网站如 58 同城、赶集网等发表招聘信息。

（4）网络猎头。专业的网络猎头公司利用互联网将其触角伸得更深更远，特殊人才、特殊技能或高级职务的候选人他们也会猎寻得到。

（5）行业网站或行业招聘网站，如拉勾招聘、中国汽车人才网、金融英才网、建筑英才网等。由于行业网站和行业招聘网站往往能聚集某一行业的各类人才，候选人的匹配度会比较高。

（6）在社群、自媒体、BBS、聊天室或职业社交网站如领英、脉脉等吸引或挖掘出色人才。在这些地方，也可以发现一些很能控制局面的人物，这些人物可能就是企业费尽心思也找不到的合适人选。

（7）基于各类互联网 App 做招聘也逐渐兴起，如用美篇、抖音、互动吧、千聊语音直播等投放招聘广告。因为迎合了当下年轻人的特点，本是分享图文创作、短视频、直播的各类平台也可以发展成为企业人才招聘的一个平台。

在信息快速发展的时代，互联网还会出现更多的新的传播手段。对待这些新的传播形式，企业可以广泛尝试，在使用一段时间后，根据不同网站的实际效果，聚焦到招聘效率排名最高的几个网站。

职业伦理

招聘广告中的虚假信息和歧视性信息

一些企业在招聘广告与宣传中过于任性，有的企业为了让招聘信息更加抢眼，在招聘广告中虚报薪酬及福利水平，有的企业在招聘广告中堂而皇之地标明“此岗位仅限男性”“此岗位仅限本地户口”“此岗位要求身高在 1.65 米以上”等。不论是在一些人才招聘网站上还是在现场招聘会上，这类虚假信息、歧视性信息在企业招聘过程中并不少见。

风险解读

《劳动合同法》第三条规定了诚实信用原则。《中华人民共和国劳动法》（以下简称《劳动法》）第三条规定了劳动者享有平等就业和选择职业的权利。《劳动法》第十二条规定了劳动者就业，不因民族、种族、性别、宗教信仰不同而受歧视。

含有虚假信息或歧视性信息的招聘广告明显违反了上述法条。

建议与对策

在现实中，很多用人部门会对需求岗位的任职资格做出很多硬性规定与限制，比方说关于年龄、性别、地域、身高的限制，而对于这些硬性标准未必就是企业人力资源部门可以去左右和改变的。

基于此，有两点建议：(1) 作为招聘负责人，首先要了解用人部门提出这些硬性要求尤其是一些看似不合理的任职要求背后的原因，通过找到同类标杆企业或知名企业相同岗位的任职要求来进行外部对标，然后有针对性去对用人单位进行说服。(2) 企业人力资源部门要对内部招聘需求确认和外部招聘广告进行区分。招聘需求确认表是对内的，是面向内部招聘人员的，所以对于任职资格从硬性到软性甚至包括一些用人部门的特殊偏好等，要尽可能全面、细化地罗列；而对外宣传用的招聘广告，内容必须合规合法而且要提炼出企业与岗位的特色与优势，所以招聘广告的内容绝不能是任职资格或招聘需求确认表内容的简单复制。企业在内部招聘需求转化为向外部招聘广告的过程中必须严格把关。

三、招聘项目评价

企业对招聘项目进行评价，一是因为用于招聘过程及其相关活动的费用和时间不菲，二是为了提高以后招聘工作的效率。

招聘项目的评价内容包括申请人的数量、申请人的质量、平均招聘成本、填补空缺所需时间和招聘完成率等。

（一）申请人的数量

制订招聘计划的目的是吸引大量可供选择的申请人，因此申请人的数量应该作为评价招聘工作的首要问题，即申请人的数量是否足以填满全部职位空缺。

常用应聘率反映申请人的数量。应聘率高，表明可供挑选的人多，容易选到合适的人选，但选择过程花费的时间和费用也相对增加。此外，应聘率可以反映劳动力市场的供求情况和空缺职位的吸引力。应聘率的计算公式为：

应聘率＝应聘人数÷计划招聘人数×100%

（二）申请人的质量

考虑申请人中符合要求者是否足以填满全部职位空缺，即申请人是否符合职务要求以及是否有能力从事这些职务。

可以用录用率来反映申请人的质量。录用率越低，表明被录用人员的素质越高。录用率的计算公式为：

录用率＝录用人数÷应聘人数×100%

（三）平均招聘成本

平均招聘成本因空缺职位的数量而异，该项评价主要是考察用于某项招聘媒介的费用是否过高。如果企业每年花在某项招聘媒介上的费用过多，以成本效益衡量可能不合算。

计算招聘成本时，除了计算直接的招聘费用，如招聘人员的工资、广告刊登费、差旅费、中介机构委托费、通信费、办公费等外，还应该包括临时设施和设备的租赁费、新职工的培训费、不合格职工的辞退费用以及再招聘费用等间接费用。人均招聘成本的计算公式为：

人均招聘成本=招聘总成本÷应聘人数

（四）填补空缺所需时间

填补空缺所需时间也是评价招聘效果的尺度之一。合格的申请人能很快填补职位空缺，使企业的工作没有延误。

（五）招聘完成率

招聘完成率是衡量招聘计划完成情况的一项指标，招聘完成率越高，表明招聘计划完成得越好。招聘完成率的计算公式为：

招聘完成率=录用人数÷计划招聘人数×100%

通过评价，可以帮助企业发现各种招聘方法、招聘来源之间的差别，找出省时、省力的招聘方法。例如，美国一家银行连续四年同时使用七种方法招聘雇员，录用后一年内的辞职率为21%～40%。这七种方法分别是：前雇员、由大学推荐的毕业生、在职雇员介绍、直接来银行的求职者、报纸广告、银行的招聘机构、其他招聘机构。研究发现，放弃后三种方法，只采用前四种方法，可以使辞职率降低9%。

第四节　招聘计划与策略

有效的招聘活动需要制订详细的计划。

一、招聘计划

招聘计划的内容通常包括招聘目的、招聘数量和类型、用工性质、进度安排和经费预算等。此外，招聘策略也是招聘计划的重要组成部分，我们会单独讨论。

（一）招聘目的

招聘目的主要说明招聘的动机和招聘的原因，以防止盲目招聘。一般来说，招聘是为了填补职位空缺，但在决定招聘之前，一定要问一问："我们真的需要招聘新职工吗?"有时可能并不需要从外部招聘新人，可以从人手富余的部门调配人员到人手短缺的部门。有时甚至没有必要填补空缺职位，可以采用其他替代办法解决问题，如加班加点、重新设计职务等。招聘也可能是为了应付职位的增加。企业在扩张时，会面临增加新职位的压力。即使这样也要向自己提出同样的问题："我们真的需要招聘新职工吗?"招聘的目的只能是职位需要。为了使企业看起来像个大企业，或者为了提高企业的级别，或者为了安置亲戚朋友而进行招聘，可能会危害企业的长期生存。

（二）招聘数量和类型

招聘数量和类型是要决定招聘的职位及人数，哪些职位需要招人，需要招多少人。由于来求职的人不是个个都符合要求，因此企业需测算吸引多少求职者来应聘才可能招满人。

企业可以运用“招聘选拔金字塔”帮助确定为了招聘一定数量的职工，需要吸引多少人来申请工作。如图 4－1 所示，企业计划招聘 50 名助理工程师。根据经验，实际就职的人和收到录用通知的人的比例大约是 1∶2，确定可以录用的人和参加面试的人的比例是 2∶3，实际到企业参加面试的人和企业对其发出面试通知的人的比例是 3∶4，企业对其发出面试通知的人和来企业求职的人的比例是 1∶6。这些关系一旦确定，企业就知道，为了邀请 200 人来面试，必须要有 1 200 名求职申请人；在收到面试邀请的人中间，会有 150 人接受面试，企业会向其中的 100 人发出录用通知，但最后实际来企业报到的只有 50 人。

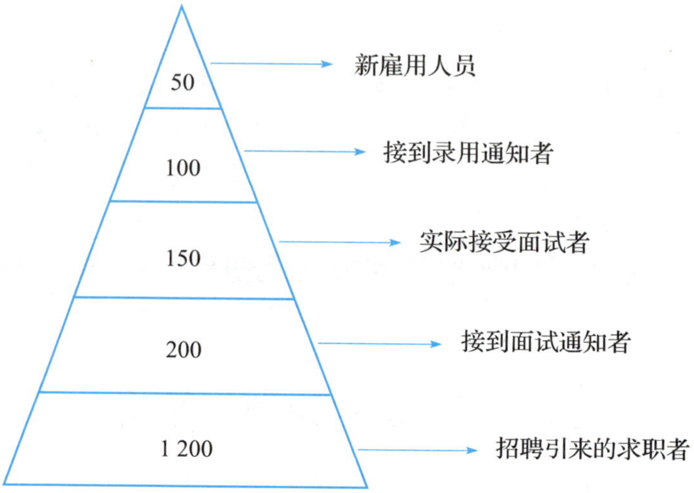

图 4－1　招聘选拔金字塔

（三）用工性质

招聘计划还需要说明是招聘长期工，还是短期工或临时工。如果对某个职务的需要是临时性的，或者对职务的需要具有季节性，就没有必要招聘长期工。有些企业将员工分为核心人员和应急人员。核心人员是通过招聘进入企业并列入企业花名册的职工；应急人员不列入企业的花名册，由代理公司雇用再租借给企业，他们的薪资由代理公司支付。

（四）进度安排

任何计划都需要编制进度表。在编制进度表时，需要将完成招聘目标所必需的活动分解为各个步骤，并说明每一步骤的目的和内容；分析每个步骤之间的相互关系，特别是执行的先后顺序；估计每一步骤所需要的完成时间；编制进度表，确定每一步骤的开始和结束的确切时间。表 4－3 是招聘进度安排的一个样本。从该表可以看出，从提出用人要求到新职工正式工作，大约需要 45 天。

（五）经费预算

编制预算可以使企业清楚地了解招聘计划需要花费多少人力、物力和财力，也便于日后评估招聘的效果。表 4－4 是一家公司招聘 250 名新职工的预算表。

表 4-3 招聘进度安排举例

序号	事件	天数	时间安排
1	接到缺员部门要求到发布招聘广告	2	3月1日—3月2日
2	接收个人简历到发出面试通知	5	3月3日—3月7日
3	发出面试通知到面试	6	3月8日—3月13日
4	面试到发出录用通知	4	3月14日—3月17日
5	发出录用通知到收到应聘回函	7	3月18日—3月24日
6	收到应聘回函到新职工报到	14	3月25日—4月7日
7	新职工报到到实际开始工作	7	4月8日—4月14日
总时间		45	3月1日—4月14日

表 4-4 招聘预算举例

单元：元

行政费用	
行政人员工资	32 000
办公用品	45 000
办公设备	10 000
合计	87 000
招聘人员费用	
工资支出	240 000
福利支出	96 000
差旅及其他支出	150 000
合计	486 000
候选人费用	
交通费	320 000
住宿费	295 000
其他开支	200 000
合计	815 000
总招聘费用（87 000＋486 000＋815 000）	1 388 000
人均招聘费用（1 388 000/250）	5 552

二、招聘策略

招聘策略主要是决定招聘谁、在何处招聘、在何时招聘、如何招聘和谁来招聘。

（一）招聘谁

这是决定从哪类来源选拔职工。常见的政策选择包括：是招聘有经验的求职者还是无经验的求职者，一般来说，看重技能的企业倾向于招聘有经验的人，看重素质的企业倾向于招聘无经验的人；是招聘内部的“求职者”还是外部的求职者；是招聘高学历的求职者还是低学历的求职者；是招聘城市或经济发达地区的求职者还是农村或经济欠发达地区的求职者；是招聘具有相同背景的求职者还是具有不同背景的求职者；是招聘重点大学的毕业生还是普通大学的毕业生。

（二）在何处招聘

这是决定招聘活动的范围。常见的政策选择包括：是在当地招聘，还是到外地招聘；是在国内招聘，还是到国外招聘；是在城市招聘，还是到农村招聘；是在经济发达地区（或国家）招聘，还是到经济欠发达地区（或国家）招聘。一般来说，企业倾向于在全国范围内招聘高层经理人员和专家，在区域市场招聘中层经理和专业技术人员，在当地市场招聘普通职员和操作工人，但这并不绝对。

（三）在何时招聘

这是决定招聘活动的时间或时机。常见的政策选择包括：是每年固定时间招聘，还是根据需要弹性招聘；是抢在竞争对手之前招聘，还是和竞争对手同时招聘；是在职位出现空缺之后招聘，还是在职位空缺之前预先招聘（这需要良好的预测能力）。招聘时间的确定有时虽然并不取决于企业的主观愿望，但企业仍有活动的空间。招聘学校的应届毕业生通常是在每年的上半年，但有些企业通过设立奖学金的办法，可以在其他企业之前招聘。

（四）如何招聘

这是决定招聘的方式。常见的政策选择包括：是采用某一种方法进行招聘，还是采用多种方法进行招聘；是根据招聘对象还是根据职务性质选择招聘方法；是采用常规方法招聘，还是创新招聘方法。本章介绍的招聘方法是一些比较常规的方法，企业可以打破常规采用创新的方法进行招聘。例如，举办比赛录用优胜者、与某些社会团体建立经常性联系等。

（五）谁来招聘

这是决定由谁来进行招聘。常见的政策选择包括：是由企业的人力资源部门或人事部门统一招聘，还是由企业各缺员部门经理自行招聘；是由企业自行招聘，还是委托代理机构招聘；是企业独立招聘，还是与其他企业联合招聘。联合招聘的好处是可以共享信息，节省成本。但如果与其他企业之间存在竞争关系，则联合招聘几乎不太可能。

企业规模、职务性质、成本开支、时间压力以及竞争对手的反应等会影响企业招聘政策的选择。许多企业的招聘政策是在实践中自然形成的，是招聘经验不断积累和调整的产物，最后由惯例演变成为政策。由惯例演变而来的政策不一定都不好。但如果对这些惯例或习惯进行理性的分析，就会发现其中必有改进的余地。

广东某电子工业公司的招聘策略如下：普通工人，主要招收技校应届毕业生，这些人员有电子专业基础知识，培训半个月即可上岗，不要求工作经验。技术开发与设计人员，主要招收大学本科毕业生，其中应届毕业生占30%，往届毕业生占70%。普通工人主要是来自内陆省份（四川、湖南等地）中小城市和农村的学生。因为普通工人的流动性大，所以经常招聘。招聘技术人员的方法是参加招聘会、专家推荐和在网络上登招聘广告。普通工人的招聘方法是在企业所在地区张贴招工启事（贴在竞争对手企业的厂门口，当然，竞争对手也会这么做），在工厂门口设立招聘栏。招收技校学生的通常做法是，技校寄来一些应届毕业生的材料，人事部认为合适，会电话联系，先要一小批毕业生试用，质量好再增加人数。招聘工作由公司人事部亲自进行，不委托职业中介机构招聘。

本章提要

1. 招聘是寻找空缺职位的合格候选人，并采用适当的方式吸引他们到企业来应聘的过程。影响招聘过程的外部因素和内部因素有：劳动力市场、法律法规、职业价值取向、企业的社会形象、企业文化、企业的提升政策、企业的人力资源计划和职务分析。

2. 招聘分为内部招聘和外部招聘。其中，外部招聘是企业人员招聘的主要途径。广告、职业中介机构、专业协会、校园招聘、职工举荐、求职者自荐、人才交流会和网络招聘等是外部招聘的主要方法。

3. 招聘项目的评价内容包括：申请人的数量、申请人的质量、平均招聘成本、填补空缺所需时间和招聘完成率等。具体评价指标有：应聘率、录用率、人均招聘成本、招聘完成率。此外，绩效考核和离职率也可以用来评价招聘活动。

4. 招聘计划是企业对招聘活动与招聘过程的事先安排，内容通常包括招聘目的、招聘数量和类型、用工性质、进度安排和经费预算等。

5. 招聘策略主要是决定招聘谁、在何处招聘、在何时招聘、如何招聘和谁来招聘。影响企业招聘策略的因素主要有企业规模、职务性质、成本开支、时间压力以及竞争对手的反应等。

复习题

1. 什么是招聘？
2. 招聘过程受哪些因素的影响？
3. 如何进行内部招聘？
4. 外部招聘有哪些来源？
5. 外部招聘有哪些方法？
6. 招聘计划包括哪些内容？
7. 招聘策略包括哪些内容？

练　习

练习 4－1：招聘来源与招聘方式练习

某公司年度招聘计划中部分拟招聘的职位、人数及职位要求如表 4－5 所示。

要求：

分析各职位的招聘来源和招聘方式，将分析结果填入表 4－5 的相应位置，并对招聘活动的时间安排等提出建议。

表 4-5 某公司年度招聘计划（部分）

职位	招聘人数	职位要求	招聘来源	招聘方式
会计	2	本科毕业，会计专业，有工作经验		
核算	1			
网页美工	2	本科毕业，计算机专业		
信息采编	1			
软件开发	1			
电子商务	3			
营业部经理	11	具备证券从业资格，从业经历五年		

练习 4-2：招聘启事编写练习

以下是两则招聘启事：

一家企业招聘市场部经理的启事：本科以上学历，三年相关工作经验，较好的英语和计算机能力，有高度工作责任感和沟通能力。主要工作职责是：支持产品在不同阶段的管理工作，包括产品推广、支持价格管理和销售计划、协调特殊产品要求、交流产品信息、与经销商联络。

一家企业招聘采购员的启事：男，40 岁以下，大专以上学历，两年相关工作经验，熟悉本企业业务者优先。

要求：

上述两则招聘启事有什么差别？对你认为不满意的招聘启事进行修改。

练习 4-3：招聘方式比较练习

某公司采用媒体广告、人才市场、招聘会、职工引荐和设立招聘咨询点五种方式招聘销售员。为了对五种招聘方式进行比较，该公司统计了 2019—2021 年五种招聘方式的增员数量（见表 4-6）和 2021 年五种招聘方式的招聘成本（见表 4-7）。

表 4-6 某公司 2019—2021 年五种招聘方式的增员数量　　单位：人

招聘方式	2019 年	2020 年	2021 年	三年平均值	增员量占比
	(1)	(2)	(3)	(4)	(5)
媒体广告	401	327	384		
人才市场	262	308	238		
招聘会	285	332	266		
职工引荐	576	707	608		
设立招聘咨询点	99	161	105		
合计	1 623	1 835	1 601		

表 4-7 某公司 2021 年五种招聘方式成本分析

招聘方式	直接成本				间接成本
	费用构成	费用投入/元	增员数量/人	人均成本	
	(1)	(2)	(3)	(4)	(5)
媒体广告	广告费	108 550	384		较低
人才市场	摊位租金 人力费用	78 100	238		较高
招聘会	会场租金 嘉宾出场费	42 370	266		高
职工引荐	—	—	608		低
设立招聘咨询点	场地使用费	10 620	105		较低

要求：

1. 根据表 4-6 计算五种招聘方式增员数量的三年平均值（取整数），将计算结果填入表 4-6 的（4）栏；根据三年平均数计算每种招聘方式的增员量占合计人数的百分比，将计算结果填入表 4-6 的（5）栏。

2. 根据表 4-7 的（2）栏和（3）栏的数据计算人均成本，将计算结果填入表 4-7 的（4）栏。

3. 根据五种招聘方式的增员量占全部增员量的百分比和招聘成本，分析五种招聘方式的效果，按照招聘效果优劣排列五种招聘方式的顺序，并将结果和排名依据填入表 4-8。

表 4-8 某公司五种招聘方式效果排名

排名	招聘方式	排名依据	
		增员量占比	招聘成本
1			
2			
3			
4			
5			

4. 在上述分析和计算过程中，你是如何综合评价定量数据和定性数据的？你是如何处理排名依据不同导致排序结果不一致的情况的？

练习 4-4：招聘效果分析练习

某公司 2018—2021 年的招聘费用如表 4-9 所示。

表 4-9　某公司 2018—2021 年招聘费用统计

项目	2018 年	2019 年	2020 年	2021 年
招聘专业人才数/人	90	141	298	503
招聘经理人员数/人	10	17	36	54
刊登广告费/万元	6.6	8.4	10.18	24
招聘场租费/万元	—	7.3	20.8	24
猎头中介费/万元	16.8	27	10.8	9.8
试用期合格率	83%	93%	98.8%	99.6%
招聘费用合计/万元				
人均招聘费用/万元				

要求：

计算每年的总招聘费用和人均招聘费用，将计算结果填入表 4-9 中相应位置，并分析该公司招聘策略的效果。

课外实践

1. 根据职务说明，协助一家公司编写招聘启事。
2. 协助一家公司编制校园招聘方案。
3. 协助一家公司制订年度人员招聘计划。

第五章 选　拔

知识与能力目标

通过本章的学习，你应该：

- 了解什么是选拔
- 理解人才选拔的四个维度
- 掌握选拔程序
- 了解企业与申请人的面试目标
- 理解面试的内容、类型和方式
- 掌握面试过程需要做的工作
- 了解测试的分类
- 了解什么是测试的可靠性和有效性
- 了解评价中心技术

素养目标

掌握企业选拔人才程序，理解“以德为先、德才兼备”的基本选拔标准，培养学生良好的品质和优秀的职业能力。

引导案例

华为“天才少年”　人才和企业的双向选择

“华为天才少年”计划是由华为创始人任正非于2019年发起，旨在吸引年轻优秀的顶尖人才。据统计，截至2021年9月，已有19位“天才少年”签约华为。这些“天才少年”大多来自国内知名高校，他们的工资按年度工资制度发放，共有三档，最高年薪达201万元。

一、“天才少年”到底长什么样？

华为“天才少年”的招聘标准非常严格，一般需要经历7轮左右流程：简历筛选、笔试、初面、主管面试、若干部长面试、总裁面试、HR面试。任何一个环节出现问题或表现不佳都有可能失败，难度非常大。

这样的顶尖人才，有什么选拔标准呢？

据华为“天才少年”招聘网站显示，“天才少年”需要满足以下四点：

- 梦想以科技的力量让世界变得更美好
- 乐于探索未知，渴望从事最前沿的科技研究
- 有志于成为技术领军人物

● 敢于创新、敢为天下先

华为通过7轮笔试、面试，通过量化人才的职业优势、内在能力、动机需求等，深入全面地评估候选人与标准的匹配度，从而找出与华为最匹配的“天才少年”。

二、人才有这么值钱吗？

2018年，华为官方公布了一组数据，他们的研发人员有8万多名，占了总人数的45%。

实际上，不只是华为，每一个实力雄厚的企业，都有这样的招收人才计划。花费这么大的资金，华为得到了什么？

1. 助力科研发展

“华为天才少年”之一的钟钊，入职不到一年，就带领团队把AutoML技术应用到数千万台华为手机上，做到了在业界第一次将AutoML大规模商用的突破。在接下来的时间，钟钊又带领团队研发端到端像素级AutoML流水线，成功将视频摄影原型算法的复杂度大幅降低，再次突破业界与学术界的极限。

2. 培养忠诚的人才队伍

华为花费大力气去选拔、培养应届生，一方面是因为年轻的血液能给企业带来新面貌，另一方面也有助于培养人才对企业的归属感。刚进入社会的应届生，往往对第一份正式工作印象深刻，也寄予了很多感情与期待。

3. 企业宣传

华为花大本钱招揽人才，不仅仅收获了人才，也向外界传达出对优秀人才的重视与渴求，这样的信息在国内乃至国际传播，帮助华为招揽更多的人才。例如2022年1月，22岁拿下被称为“编程界奥林匹克”的ICPC冠军的俄罗斯天才少女瓦莱里娅，和她的男友——ICPC半决赛优胜者、20岁的伊里亚·赫柳斯托夫，也双双加盟华为。

华为对优秀人才、顶尖人才的重视与渴求，已经众所周知。

三、吸引顶尖人才的，不止百万年薪

有公司曾开过300多万元的年薪聘用张霁，但被他拒绝了。作为“天才少年”之一的张霁说：“华为在国外受到一些所谓‘制裁’，我希望自己能够把所学所用在华为最困难的时候发挥出来，尽自己最大能力去做一些有意义的事情。如果有可能，咱就尽力帮助华为渡过一些难关。”

这是为什么？是华为有其他企业没有的过人之处吗？

众所周知，因为一些原因，自2018年以来，伴随着华为CFO孟晚舟被加拿大无理扣押，华为5G技术、芯片在海外也被大力封锁。但华为并未被打垮，孟晚舟立场坚定地维护公司与国家；潜伏多年的芯片研发计划一朝转正，极大缓解了芯片荒。

正因为华为在重重打压下的快速应对措施以及目光长远的战略规划，证明它是一家重视科研，崇敬科学家的企业，未来会有更好的发展，所以“天才少年”与其说是被百万年薪所诱惑，不如说是被华为的企业文化、人才观所吸引，被华为的发展需要所征服。

华为的企业文化给员工一种强烈“使命感”，员工自己就是在为科研发展、为国家未来添砖加瓦，再加上高于行业水平的薪酬待遇，满足员工的物质需求同时也满足了精神需求，因此员工更愿意为企业付出更多的时间与精力。

人员流动对任何企业都是不可避免的，保持一定的人员流动也是企业新陈代谢的需要。由于人员流动，企业需要经常补充新人，引进新人需要经过选拔，选拔是一项为企业把关的工作。如果将不合适的人员引进企业，不仅会增加培训等方面的困难，而且会造成过高的人员流动率，增加企业的负担。

在本章，我们首先讨论选拔过程，简要说明选拔的程序和方式，然后重点阐述两种重要的选拔方法——面试和测试。此外，我们也会简略介绍评价中心技术。

第一节　选拔的程序与方式

人员选拔是最重要也是最困难的决策之一。如果企业录用了太多平庸或较差的人，即使有良好的管理，企业也不会获得长期成功。研究表明，能力强者与能力弱者生产率之比是 3∶1。因此，选择合格的求职者可以使企业获得很大益处。

一、什么是选拔

选拔是从应聘人员中识别和选择符合职位要求的候选人的过程。

选拔是一个预测过程。选拔的目的在于判断申请人未来的工作绩效，录用符合职位要求的人选，淘汰不符合职位要求的人选。因此，可以说选拔是一项预测的工作，预测哪一个申请人最能胜任工作。要作出准确的预测，需要掌握申请人的个人特征信息。

选拔还是一个信息交流过程，如图 5－1 所示。企业向应聘人员客观地介绍公司某职位的情况，而应聘人员则向公司提供有关其能力的情况。企业在信息交流时会力图树立好的形象，强调给个人成长和发展提供的机会，突出工作的挑战性和提升的可能性，并且提供薪酬、福利、职业稳定等方面的信息。但如果做过了头，反而会使应聘人员产生不切实际的幻想。从长期来看，这种做法可能产生一些副作用，如人们容易对工作不满、人员大量流动、产生无法实现的梦想等。当然，企业应该向应聘人员指出它吸引人的地方，既要实事求是地介绍各种机会，也要介绍职务的局限性，甚至不利的方面。同时，企业应该从应聘人员那里得到知识、技术、能力、性格、动机、期望薪酬等方面的信息。收集应聘人员的信息必须有节制，不能侵犯个人的隐私。

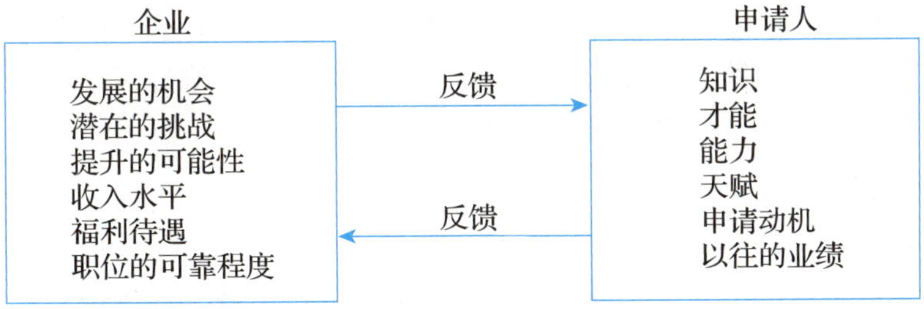

图 5－1　选拔过程中的信息交流

二、人才选拔的维度

人才选拔的四个维度分别是知识、能力、人格和价值观，如表 5－1 所示。

表 5-1 人才选拔的四个维度

维度	内容
知识	专业学历、培训、证书、认证、专利、岗位需要的知识等
能力	通用能力、专业能力等
人格	兴趣、爱好、气质、性格、特质、自我定位等
价值观	动机、价值观、职业目标、职业规划

（一）知识

知识指的是一个人在某一特定领域所拥有的事实型与经验型信息。一般包含专业、学历、学位、培训、证书、认证、专利以及岗位需要的知识等。

（二）能力

能力一般是指在一定知识的基础上，能够完成某个任务或者目标的可能性。能力可以分成通用能力和专业能力。通用能力指的是几乎每一个岗位都要用到的能力。比如沟通能力、组织能力、协调能力、理解能力、分析能力。几乎所有的岗位，都要用到这些能力。专业能力指的是专属于某一岗位特有的、其他岗位基本不需要的能力。例如，操作挖掘机的能力，驾驶飞机的能力，或者是造型师、音乐家等这类岗位需要具备的能力，都属于岗位特有的专业能力。

（三）人格

人格又称个性，是个人带有倾向性的、本质的、比较稳定的心理特征（兴趣、爱好、气质、性格、能力等）的总和。在人才选拔中，企业需要重点关注应聘者的职业兴趣和性格。

（四）价值观

价值观就是一个人在生活和工作中最看重的原则、标准或品质，是个体行为背后的深层次动机。一个人对职业的认识和态度以及他对职业目标的追求和向往就是职业价值观。

知识维度用于判断应聘者懂不懂，懂什么，懂多少；能力维度判断应聘者能不能做，做得怎么样，巧做还是笨干；人格维度看应聘者喜欢做什么，热爱做什么，是个什么样的人，兴趣和个性上是否适合做这个工作；而价值观维度帮助我们探究什么是他追求和渴望的，什么事值得他努力和投入做。

三、选拔程序

选拔过程实际上是一个筛选过程，首先从众多的应聘人员中初选出一批候选人，从候选人中间再挑出优秀者进入最后竞逐，在最后竞逐中产生的佼佼者成为企业的新职工。这个过程没有一个标准化的程序，选拔的程序会因企业规模和工作要求而有所差异。一般来说，小企业的选拔程序要简单得多。虽然每个企业的选拔过程不尽相同，但仍有一定的规律可循。通常先进行一些花费较少的程序，待淘汰了大部分不合格的申请者，再进行成本较高的选拔程序，以节省成本。

选拔程序如下：申请与资格审查、面试、测试、背景调查、体检、试用和录用决定等。

（一）申请与资格审查

求职者的应聘申请是选拔的基础。求职者通常需要填写招聘企业统一印制的应聘申请表，申请表是用来记录求职者个人背景信息的书面材料。填写申请表的目的是用标准化的表格取得申请人的有关资料，用来判断申请人是否适合该职位。

除姓名、性别、年龄、住址等基本资料之外，申请表的主要内容应该是申请人的教育程度、培训经历和工作经历。教育程度要反映受教育的水平、在校期间的总评成绩、排名位置、所学专业、选修课程等。培训经历要详细列出申请人接受过哪些培训、培训的内容、拥有哪些证书和执照。工作经历也要详细列出，包括担任过哪些职务、职务内容是什么、有哪方面的工作经验和专长以及为什么要换工作等。

有些企业没有申请表，只接收简历。求职者在制作简历时会有意突出对自己有利的内容，省略对自己不利的内容，这时企业可能得不到想要的信息。另外，简历是求职的敲门砖，因此求职者最舍得在简历上下功夫。

企业对求职者提交的所有申请材料（申请表、推荐函、证明材料等）进行资格审查。在资格审查过程中，选拔人员需要作出如下判断：

（1）求职者是否符合招聘的基本条件，如年龄、学历、专业等。

（2）求职者提供的个人信息是否真实，是否需要进行必要的核实与调查。

（3）对求职者是否适应与胜任招聘职务作出初步判断，以决定求职者是否可以进入下一个选拔程序。

在资格审查过程中，第一项审查较为简单，困难的是第三项审查。这是因为，仅仅根据求职者提交的申请材料作出判断依据不足，更何况申请材料中的有些信息的真实性较低。

（二）面试

面试是一种经过精心设计，在特定场景下，通过面对面的交谈，以观察为主要手段，由表及里测试应聘者素质的方法。

通常面试分几个阶段进行。初步面试一般由人力资源部门担任面试官，重点是了解申请者的综合素质、性格、价值观、求职动机等，如果申请者的条件与企业的要求大致相同，则进入下一个选拔程序，即安排用人部门的经理进行专业面试，重点了解申请者的专业能力、人岗匹配度以及人与企业文化、团队的匹配度等，最后，由用人部门的经理做出录用决策。在选拔过程中，面试所花的时间和成本是比较高的。

（三）测试

许多企业都把各种形式的测试作为选拔程序的一部分。在人员选拔中常用的测试有知识测试、智力测试、工作技能测试、人格测试、兴趣测试和价值观测试。与面试相比，测试可以客观地甄别申请者的知识、智力、工作技能和经验。尽管测试是一种比较可靠和准确的选拔手段，但也有局限性，涉及与人格、兴趣及价值观有关的问题时，求职者可能有强烈的动机使其对问题做出不真实的回答，或提供他认为的企业所期望的答案。因此，在选拔过程中不宜单独使用测试，最好是与其他工具结合起来使用。

（四）背景调查

对于申请人的背景和资格的审查，可以通过信函、电话、传真、电子邮件等方式向申请人的现任或以前的主管查询。这样做可以证实有关申请人的工作能力、绩效表现、性格、优点和缺点等信息是否真实。此外，还可以审核申请人的学历、工作经验的证明文件及推荐信。

许多企业在招聘时要求求职者提供两三封前任主管或者专家的推荐信。企业要和写推荐信的人取得联系，落实推荐信里的内容。推荐信只能作为参考，因为推荐人是由申请人提供的，对申请人有利。

（五）体检

体检是看候选人的身体状况是否适合其所谋求的职务和环境。体检可以保证每一位被录用的职工身体健康、体能符合工作要求，如视力正常、能举起重物、能站立工作等。在选拔过程中，体检一般放在后期进行，因为这项程序费用较高，待其他不合格的申请者被淘汰之后再进行体检，可以降低成本。

（六）试用

许多企业在录用职工时都有试用期，这使得企业可以根据工作绩效评价申请者的能力。试用期长短不一，视工作性质而定。试用可以代替选拔过程的某些程序，或者用来检验其他程序的正确性。这种做法的假设是：如果一个人在试用期圆满地完成了任务，那么其他选拔程序就没有必要使用了。对试用期的职工应进行监控，以确定录用决策是否正确。对在试用期内主动离职的职工应进行面谈，以确定选拔过程中存在的不足。

（七）录用决定

选拔过程的关键程序是作出录用决定，其他程序主要是用来缩小候选人的范围。录用决定是从那些没有被淘汰的人中间作出选择。录用决定不一定要选择条件最好的人，而应当选择条件与空缺职位要求最接近的人。录用决定由缺员部门的经理作出。

上述各项程序企业可以有选择地采用，或根据企业情况进行安排和调整。例如，可以先填写申请表后面试，也可以先面试后派发申请表；可以先面试后测试，也可以先测试后面试；可以先进行背景调查后体检，也可以先体检后进行背景调查。选拔程序如何安排取决于企业性质、招聘对象等许多因素，与选拔程序的成本、可靠性、准确性也有关系。

第二节　面试

面试是一种面试官与应聘者相互交流信息的有目的的会谈。面试一直是评价应聘者的主要方法，实际上几乎所有的企业都在采用这种选拔方法，并把面试看作最有决定意义的选拔程序。由于进入这一程序的申请人通常被认为是最有希望的候选人，因此它对于求职者也是非常重要的。

一、面试的目标

在面试过程中，企业与应聘者双方都需要达到一些基本的目标。从应聘者方面来说，面试的目标包括以下五个方面：一是被倾听和被理解；二是有充分的机会说明自己具备的条件；三是得到公平对待和受到尊重；四是收集职位和企业的有关信息；五是根据所得信息做出该项职位是否合适的决策。

对企业来说，面试的目标也包括五个方面：一是收集应聘者的有关信息；二是传递企业和职位的信息；三是树立企业的良好形象；四是与应聘者建立良好的关系；五是做出应聘者是否符合空缺职位要求的决策。

面试的主要或首要目标是收集应聘者的个人特征信息，为选拔提供依据。不过，面试只能评价应聘者的部分个人特征和能力，不可能评价其全部个人特征和能力。因此，面试时对需要评价的个人特征和能力一定要确定清楚。如果面试官在面试过程中无法或不能对应聘者的个人特征和能力作出评价（即不能获得应聘者的信息），可以考虑改变面试的目标，如向应聘者介绍企业和职务信息，使其能够作出明智的选择。向应聘者提供的信息应以一种现实的方式而不是过分乐观的方式表达。为了从应聘者那里获得准确信息，面试官与应聘者之间建立良好的关系是非常必要的。

面试给应聘者留下的印象在其决定是否接受企业提供的职位方面起着重要作用。美国一位研究人员调查了一所大学的 41 名毕业生，调查分两次进行，分别在他们参加企业的第一轮面试和第二轮面试之后。研究结果显示，应聘者对企业的看法明显受企业面试过程的影响。在参加第一轮面试后，研究人员问他们为什么认为某一家企业是理想的就业场所时，所有人都提到了职务性质，有 12 人提到了面试官给他们留下的印象。再问为什么有些企业被他们认为是糟糕的就业场所时，有 39 人提到了职务性质，有 23 人说他们是对企业面试官的行为感到失望才转向别处的，这些行为包括面试官不修边幅、行为粗鲁、口无遮拦，甚至“根本就没文化”。

二、面试的类型

按照不同的标准，可以将面试划分为不同的类型。

（一）按面试的结构化程度分类，可分为结构化面试、半结构化面试和非结构化面试

结构化面试，又称标准化面试，面试官提前设计好问题，准备好答案，在面试中严格按照题目的顺序提问，应聘者作答，然后面试官按照答案及要求综合打分。这种面试可以避免遗漏重要的问题，可以对不同的应聘者进行比较，面试结果比较客观、公正，但缺乏针对性和灵活性。

在非结构化面试中，面试官可随时发问，无固定的提问框架。在面试过程中，问题、评分、处理等都是面试官根据应聘者的情况和回答进行不断追问，可以深入了解应聘者。非结构化面试针对性强，但对面试官的要求非常高，不适合大面积的人才选拔。

半结构化面试是指在预先设计好的试题（结构化面试）的基础上，面试官向应聘者提出一些针对性的问题。它有效吸收了结构化面试和非结构化面试两者的优点，有效避免了单一形式的不足，做到了内容的结构性与灵活性的结合。所以，半结构化面试的应用范围越来越广泛。

（二）按面试的氛围分类，可以分为非压力面试和压力面试

非压力面试是在没有人为制造压力情境下的面试。大多数的面试都力求减少对应聘者的压力。

压力面试是指将应聘者置于一种人为的紧张气氛中，面试官以富有压力的问题让应聘者接受诸如挑衅性、刁难性或攻击性的提问，以考察应聘者的压力承受能力、情绪调节能力，以及应变和解决紧急问题的能力等。

（三）按面试官与应聘者的人数分类，可分为单独面试、小组面试和集体面试

单独面试，又称个别面试，是指一个面试官对一个应聘者所进行的面试。单独面试有利于双方深入地相互了解，但面试的结果易受面试官的主观因素影响。

小组面试，又称陪审团式面试，是指由多个面试官对一个应聘者进行面试。这种面试可以从多种角度对应聘者进行考察，克服个人偏见，提高面试结果的准确性。

集体面试是由面试官小组同时对多个应聘者进行的面试。在集体面试过程中，通常由面试主考人员提出一个或几个问题，引导应聘者进行讨论，观察判断应聘者的表达能力、思维能力、领导能力、人际能力等。集中面试的效率比较高，但对面试主考人员的要求较高，主考人员需要提前了解每个应聘者，并且善于观察与控制局面。

三、面试的可靠性和有效性

面试是常用的一种选拔手段，但面试的可靠性和有效性并不像一般人们所认为的那样高。例如，两个或两个以上的面试官对同一个申请人面试后的评价往往差距很大。但由于面试手段的普遍采用，有专家认为，问题的关键已不在于面试是不是一种可靠、有效的选拔手段，而在于如何改进面试的实施方法。

根据研究，面试官在面试过程中可能出现的问题包括：过早决定、对职位缺乏了解、晕轮效应、偏见太深、对比效应、以貌取人、不当提问、单项沟通等。造成以上问题的原因可能有工作压力大、缺乏培训、掌握的信息量太少、准备不足等。以下措施有助于减少面试中的问题：

（1）对面试官进行岗前培训，使其了解面试相关知识，掌握面试相关技能。

（2）提前向面试官提供有关资料（如职务说明书、应聘者的简历或申请表、面试问题提纲等）。

（3）合理安排面试时间，使每一个应聘者的受试时间大体相同。

（4）尽量采用结构化面试和半结构化面试，完全没有任何事先准备的非结构化面试少用。

（5）小组面试的面试官人数不宜太多（3～7 人为宜），以免造成应聘者过度紧张。

法治护航

劳动者求职时假造简历 用人单位可以合法解除劳动合同

【基本案情】

罗某在简历中虚构学历与工作经历信息，借此通过某信息技术公司考核，于2019年12月入职该公司，试用期为2个月。罗某本人签署的录用条件确认书显示，不符合该公司录用条件的情况包括：向公司提供的材料和信息有虚假或有隐瞒的内容（学历学位证书、工作经历、教育经历、体检证明材料等）。

2020年1月，某信息技术公司以罗某不符合试用期录用情形为由，与罗某解除劳动合同。罗某认为，其工作状态良好，符合录用条件，某信息技术公司解除劳动合同的行为属于违法解除，遂申请劳动仲裁。经仲裁委查明，罗某在入职时存在学历造假、编造工作经历的事实，因此认定某信息技术公司与罗某解除劳动合同合法。

【案例解读】

劳动者凭借假学历、假工作经历与用人单位订立劳动合同，属于欺诈行为。用人单位与劳动者在建立劳动关系以及履行劳动合同期间均应遵守诚实信用原则。某信息技术公司在录用条件通知书中，明确告知劳动者向公司提供的材料和信息内容有虚假或隐瞒的，属于不符合录用条件的情况。罗某存在学历造假以及编造工作经历的行为，某信息技术公司主张与罗某在试用期内解除劳动合同，仲裁委予以认可。

诚实守信作为劳动合同的基本原则，贯穿于劳动合同的建立时、履行中，甚至终止后。招聘和求职应聘是建立劳动关系的前提，不能以“骗”的方式蒙混过关，否则必将适得其反。

对于劳动者而言，求职应聘过程中，应当保证简历信息真实，就学历和工作经历等招聘要求中着重强调的信息尤其值得注意，要纠正先夸大其词或者虚构事实入职，事后再弥补的侥幸心理。对于用人单位而言，在招聘过程中应当明确录用条件，待遇、岗位要求要具体、明确，当劳动者确实不符合录用条件时，才能够依法解除劳动合同。

四、面试的组织与实施

面试过程需要做好面试前的准备、面试的实施和面试后的评价三项工作。

（一）面试前的准备

实施面试前应做好必要的准备工作，包括确定面试官、设计面试内容、选择面试方式、布置面试场所、安排面试时间、通知受试人员等。下面讨论其中几个主要环节。

1. 确定面试官

面试官的素质直接影响面试的质量。合格的面试官应具备的素质有：良好的个人品德；客观的评判能力；较强的人际沟通能力；熟悉与招聘职位相关的业务知识；掌握面谈的各种技巧。对缺乏面试经验的面试官应给予培训。

采取小组面试方式时，通常由3～7个面试官组成面试小组，包括企业人力资源部门的代表、缺员部门的代表和相关专家。面试小组的职责包括设计面试题目、决定面试方法、制定面试方案、组织并主持面试、评定面试成绩、确定面试合格人选名单等。

2. 设计面试内容

面试内容的详略取决于面试的要求和目的。如果面试是选拔的唯一手段，且应试人的申请材料信息不足，面试的内容应当详尽广泛；反之，如果面试只是作为补充考察手段，安排在其他测试之后进行，应试人的申请材料已有详尽信息，面试的内容可以简略。此外，面试内容也取决于招聘的职位。

为了使用方便，可以将面试内容设计成表格形式的面试提纲（见表5-2）。面试提纲由考察指标、核心问题和备选问题三部分组成。在面试过程中，面试官可以根据应聘者的具体情况进行追问。在设计面试内容时，也可以将面试问题提纲与面试评分表合二为一。

表5-2　面试提纲举例

岗位名称	销售总监	
考察指标	核心问题	备选问题
经营能力	在产品竞争力不足，缺少爆款产品的情况下，你是如何完成年度经营目标的？	请谈谈你在建立和维护客户关系方面的经验，请举例说明。
团队发展	1. 针对销售人员素质参差不齐的情况，你是如何提升整个团队的战斗力的？ 2. 在薪酬激励机制不科学的情况下，你是如何降低人员流失率的？	请介绍你在团队管理工作中印象最深刻、最有成就感的一件事情。
创新变革	请描述你在工作中用新方法解决新问题的一次经历。	你在工作中推出过哪些创新举措来达成工作目标？
追求卓越	当你的业绩很优秀时，你是如何超越自我，实现更好的成绩的？请举例说明。	你愿意做大池塘的小鱼还是小池塘的大鱼？为什么？
求职动机	你喜欢在什么样的环境中工作？哪些环境是你无法接受的？	你在找工作时最看重什么？

3. 布置面试场所

面试场所的布置涉及以下具体问题：

（1）面试室的大小。个别面试，特别是一对一面试，可以选用不小于7平方米的小房间，空间太小会使人产生压抑感。小组面试和集体面试应选用大房间。如果候选人数量较多，应另外安排等候室，使候选人有一个休息的场所。

（2）面试的座位安排。面试时面试官与应聘者的座位安排有对坐式、会客式、圆桌会议式和舞台式四种形式。对坐式安排时，面试官坐在桌后，应聘者坐在面试官对面，这是个别面试经常采用的形式。会客式安排时，面试官与应聘者的座位围成弧形，如同会客一般。圆桌会议式安排时，面试官和应聘者围桌而坐，如同开会一般。舞台式安排时，应聘者在台上，面试官在台下，特别适合考察演说能力的面试。

（3）面试场所的环境。面试场所应安排在安静的地方，避开办公场所和喧闹的地方，以免面试受到干扰。面试室的内部条件应使人感到舒适，至少做到明亮、干净和整洁。

（二）面试的实施

面试的实施是面试过程的核心阶段，也是关键阶段。在这个阶段，通过双向沟通，面试官可以更全面地了解应聘者，应聘者也可以更全面地了解企业和应聘的职位，为双方的决策提供依据。在面试实施过程中，面试官处于主导地位。因此，面试官应控制好面试进程，灵活运用多种提问技巧，并要设法获取真实信息。

1. 面谈进程

面谈进程可以划分为以下三个阶段：

（1）预备阶段。应聘者进入面试场所时，面试官应面露微笑，主动与对方打招呼，或起身与对方握手，以缓解应聘者的紧张心情，形成轻松的面试气氛。寒暄时间不宜过长。

（2）正题阶段。在该阶段，面试官根据预先准备的面试提纲，向应聘者提问并与之交谈。在这个过程中，面试官应控制好每个面试项目的谈话时间，一旦获得需要了解的信息，应主动转换话题。应聘者回答问题离题或陈述过多时，面试官应及时予以纠正。

（3）结尾阶段。在结尾阶段，通常需留出一定时间给应聘者提问题。面谈结束时，面试官应主动对应聘者前来参加面试表示感谢。

2. 面试提问技巧

在面试中，面试官要善于运用多种提问方式，灵活运用各种类型的面试题目进行提问。面试问题的来源主要是招聘职位的工作说明书以及应聘者的个人资料。

（1）行为类问题。

行为面试的基本假设是：一个人的行为模式是相对稳定的，不会在较短的时间内发生大的变化，在遇到类似的情景时，人的行为反应倾向于重复过去的方式。例如，某人去年在工作中遇到较大的困难和压力时，他选择了逃避和放弃。那么，如果明年遇到同样的困难和压力时，他也会选择逃避和放弃。因此，行为面试就是通过挖掘应聘者过去实际发生的工作行为事例，来推测他将来的行为，以此了解应聘者各方面的能力素质特征。

这类问题要求面试官围绕与工作相关的胜任能力来提问，并且让应聘者讲述一些关键的行为事例。如“请描述一个过去你最成功的开发新客户的经历”；“请回顾你曾经和一个你很不喜欢的同事共同完成一项重要任务的经历”；“请回忆这样一段经历，你如何制定了一个很高的目标，并且最终实现了它”；“请描述一个你成功说服别人的例子”。

在提问行为类的问题时，面试官可以应用 STAR 工具来追问，即 situation——事件当时所处的环境和具体的背景，task——应聘者在事件中的任务或者目标，action——

应聘者在事件中的行为或表现，results——应聘者行为所导致的结果。

面试官可以用STAR工具不断地生成新的问题，来挖掘应聘者回答的这个事件背后的细节，进而判断其能力、人格特质、动机和价值观。

（2）情境类问题。

情境类问题的题目主要由一系列假设的情境构成，通过评价应聘者在这些情境下的反应情况，对他们的知识、经验、思维、观念、态度等进行综合性的评价。情境类问题多来源于工作，或是工作所需的某种素质的体现，通过模拟实际工作场景来测试应聘者是否具备工作要求的素质。例如"在你即将蜜月旅行的前一天晚上，你已经整装待发。就在准备休息时，你接到了一个电话，告诉你工厂出现了一个只有你能解决的问题，并请求你处理此事。在这种情况下，你会怎么做？"

（3）应变类问题。

这类问题一般有一定难度，主要考察应聘者的逻辑思维能力、想象力和解决棘手问题的能力。这类问题不要求和拟聘岗位有必然的关联性，问题的内容可以发散、新奇，但不要过于天马行空。原则是要在意料之外，但在情理之中。网上流传的比较新奇的面试问题一般都属于应变类问题，例如："井盖为什么是圆的？""假如有一个与世隔绝的小岛，岛上的居民不习惯穿鞋，怎么把鞋卖给这个岛上的人？"

（4）压力类问题。

压力类问题主要考察应聘者的心理素质、承受压力的能力、在压力前的应变能力以及沟通能力。例如："从你的简历和刚才的表现来看，你被录用的可能性很小，你觉得呢？""这个岗位有非常多优秀的人在和你竞争，我们为什么要选择你呢？"

（5）动机类问题。

这类问题主要针对候选人的价值观、人格特质、职业发展规划方面，目的是判断候选人的价值观、个性、职业规划与企业招聘岗位是否匹配，和企业文化是否匹配，员工未来的职业期望和企业能给员工提供的职业发展是否匹配。例如："你在职业发展方面最看重的是什么？你为什么最看重这个？""你为什么要离开原来的工作单位和岗位？"

（6）封闭类问题。

只需要回答"是"或"不是"。一般封闭式提问表示面试官对应聘者答复的关注，要确定某项不甚明确的信息时或者想让应聘者结束某一话题的谈论时用到。

此外，面试官提问的数量和范围要适度，连续提问之间要有逻辑联系，提问用语用词要准确明了，避免暗示性提问，提问语气要尊重人，不要问及个人隐私等。

3. 真实信息的获取

应试人在面谈中可能会提供失真的信息。造成这种情况的原因有两个：一是应聘者紧张或"怯场"而无法正常表达自己的意思；二是"避短"，有意掩饰真实信息。面试官应善于觉察和处理这类问题。发现应聘者有怯场现象时，应设法消除对方的紧张心情。觉察应聘者有意掩饰时，可采用连续提问或压力提问，并察言观色，判断应聘者言语信息的真实性。

（三）面试后的评价

面试评价可以在面试过程中现场评定，也可以在面试结束后评定。如果面试时间长，面试项目多，应在面试中逐项评定。如果面试时间短，面试项目少，可在面试结束后评定。两位或两位以上面试官参加面试时，先由每位面试官分别作出评定，然后根据每位面试官的评定作出总评。表 5-3 为某公司销售总监面试评分表。

表 5-3　某公司销售总监面试评分表

<table>
<tr><td colspan="6">基本信息</td></tr>
<tr><td>姓名</td><td></td><td>性别</td><td></td><td>年龄</td><td></td></tr>
<tr><td>应聘职位</td><td colspan="2"></td><td>所属部门</td><td colspan="2"></td></tr>
<tr><td>面试时间</td><td colspan="2"></td><td>第几轮面试</td><td colspan="2"></td></tr>
<tr><td colspan="6">定量评价（对候选人的相关能力指标进行评分）</td></tr>
<tr><td colspan="2">考察指标</td><td>优（X≥9）</td><td>良（8≤X<9）</td><td>中（6≤X<8）</td><td>差（X<6）</td></tr>
<tr><td rowspan="3">专业能力</td><td>等级描述</td><td>达到专家水平，能指导他人开展工作</td><td>技能较为熟练，能独立开展工作</td><td>熟悉岗位知识，能独立开展基础性工作</td><td>在他人的指导和帮助下才能开展工作</td></tr>
<tr><td>面试评分</td><td></td><td></td><td></td><td></td></tr>
<tr><td>行为记录</td><td></td><td></td><td></td><td></td></tr>
<tr><td rowspan="3">经营能力</td><td>等级描述</td><td>根据市场变化，挖掘潜在的业务增长点</td><td>根据财务数据，控制不必要的支出</td><td>了解市场发展变化情况，掌握团队经营动向</td><td>缺乏经营意识，不了解客户和竞争对手</td></tr>
<tr><td>面试评分</td><td></td><td></td><td></td><td></td></tr>
<tr><td>行为记录</td><td></td><td></td><td></td><td></td></tr>
<tr><td rowspan="3">团队发展</td><td>等级描述</td><td>关注员工职业规划、打造人才发展机制</td><td>针对不同下属采取个性化的激励与培养措施</td><td>指导下属开展工作，激发其工作积极性</td><td>不关心下属成长，不注重营造团队氛围</td></tr>
<tr><td>面试评分</td><td></td><td></td><td></td><td></td></tr>
<tr><td>行为记录</td><td></td><td></td><td></td><td></td></tr>
</table>

续表

考察指标		优（$X \geqslant 9$）	良（$8 \leqslant X < 9$）	中（$6 \leqslant X < 8$）	差（$X < 6$）
创新变革	等级描述	有组织、机制层面的创新思考与实践	有工具、方法层面的创新思考与实践	心态开放，有创新变革意识	思想保守，拒绝、排斥变化
	面试评分				
	行为记录				
追求卓越	等级描述	为自己和团队设定超越行业最佳的目标	把行业最佳当作学习目标	为自己和团队设定挑战性目标	不思进取、安于现状，遇到困难先找借口
	面试评分				
	行为记录				
动力适配性	等级描述	职业规划清晰，求职意愿强烈	有职业规划，求职意愿较强	有职业规划，求职意愿一般	缺乏职业规划，求职意愿较低
	面试评分				
	行为记录				
定性评价（对候选人能力优劣、个性特征等进行综合评价）：					

第三节　测试

测试可以用来帮助主考人评价求职者的知识、智力、技能和个性等方面。

一、测试的分类

测试有口头测试、实际操作测试、笔头测试、计算机测试四种方式。口头测试是由测试人提出问题，应试人以口头方式回答。实际操作测试要求应试人实地操作机器设备或实际执行某项工作任务。笔头/计算机测试要求应试人书面或者在计算机上回答一些问题。笔头/计算机测试的好处是可以在较短时间内对大量求职者进行测试，测试过程容易控制，成本也比其他测试方式低，但必须由专家/测试系统来命题、审阅答案和评分。

根据测试的内容，测试可以分为知识测试、智力测试、技能测试和个性测试。

（一）知识测试

从事任何工作都需要掌握一定的知识。知识是通过学习和实践而获得的对客观事物及其相互关系的认识。知识可以分为基础知识和专业知识、理论知识和应用知识。知识测试主要考查应试者的学识水平。

知识测试主要采用笔试方式。根据试题形式，笔试分为论文式和直答式两种。前者要求应试者就给定的题目或材料，以议论文的形式作答，着重考查应试者的问题分析能力、材料组织能力、逻辑思维能力和文字表达能力。后者要求应试者对各类试题作出判断、计算或简要作答，侧重了解应试者掌握知识的情况。直答式笔试的试题形式多种多样，有填空题、是非判断题、选择题、改错题、计算题、简答题、作图题、案例分析题等。如果设计的试题量大，试题内容涉及面广，直答式笔试可以测试出应试者的知识广度；如果设计的试题难度大，可以测试出应试者的学识深度。

知识测试的内容与程度要因职务而异。从事不同的工作需要掌握不同种类或不同程度的知识。对于有些事务性工作，掌握基础知识就可以了；而对于专业性工作，不仅需要掌握基础知识，还需要掌握专业知识。对于相对简单的工作，需要掌握一般的基础知识或专业知识；而对于较为复杂的工作，则需要掌握比较高深的基础知识或专业知识。

（二）智力测试

智力是认识客观事物并运用知识解决实际问题的一般能力，通常以观察、记忆、想象、思考、判断等能力表现出来。在认识客观事物方面，智力集中表现在反映客观事物的深刻、正确和完全程度上；在运用知识解决实际问题方面，智力主要表现在解决实际问题的速度和质量上。智力测试主要考查应试者的潜在素质。

智力测试分为一般智力测试、社会智力测试和机械智力测试三种。

（1）一般智力测试。一般智力是一个人学习和获取知识的能力。一般智力测试主要测试一个人的基础行为能力，包括语言理解能力、文字表达能力、数学运算能力、图表认知能力、形状辨识能力、空间知觉能力、速度感知能力、动作协调能力、观察能力、归纳能力、演绎推理能力、记忆能力等。

（2）社会智力测试。社会智力是一个人在社会或群体活动中适应环境和处理人际关系的能力。社会智力测试主要测试一个人在社会活动中的行为能力、感知能力和处理人际关系的能力。社会智力测试适用于选拔需要掌握管理技能和人际交往技能的人员，如销售人员、公关人员、经理人员等。

（3）机械智力测试。机械智力是一个人操作或使用各种机械器具的能力。机械智力测试主要测试一个人的心智与体能动作相结合的机械工作能力，包括手指灵巧性、手工操作灵巧性、手臂运动速度、反应时间、静态力量（举重）、动态力量（拉动）、身体协调（跳绳）和耐力等。机械智力测试适用于选拔需要掌握机械操作技能的人员，如机械师、修理工、绘图员、牙科医生等。

（三）技能测试

技能测试主要考察受试者的工作技能。技能测试通常设定一种模拟的或真实的工作情境，应试者在其中充当某种工作角色并从事实际工作，主试人根据受试者的行为表现和工作成绩评价其实际工作技能。例如，选拔秘书的计算机操作测试，选拔装配工的零部件组装测试，选拔会计的试算表测试，选拔经理人员的文件处理测试等。

技能测试程序首先选择若干对招聘职位十分关键的工作任务，然后由主试人就每一项工作任务对受试者进行测试。由于测试的是实际工作任务，因此受试者很难弄虚作假。

（四）个性测试

个性测试主要考查应试者的人格、兴趣、价值观等个性特征。

1. 人格测试

人格是由体格与生理特质、气质、能力、动机、兴趣、价值观与社会态度等多种特质构成，是个体对现实的稳定态度和习惯的行为方式。由于人格在很大程度上决定着个人的行为方式，而不同职位所要求的行为方式不同，因此对应聘者的人格测试有助于判断他们是否适合所应聘的职位。例如销售职位需要经常与人打交道，因此要求应聘者的人格比较外向。

目前对人格测试的方法主要有两类：投射式测试和自陈式测试。

投射式测试就是向被试者提供一些刺激物或是设置一些刺激情景，让他们在不受限制的条件下自由地做出反应，测试者通过分析反应的结果，从而判断被试者的人格。罗夏墨迹测验和主题统觉测验（TAT）是两种常用的投射式测试。

自陈式测试就是向被试者提出一组有关个人行为、态度方面的问题，被试者根据自己的实际情况回答，测试者将被试者的回答和标准进行比较，从而判断他们的人格。自陈式测试具体有 PDP 人格测试、大五人格测试、DISC 人格测试、卡特尔 16 种人格因素测验（16PF）、MBTI 职业性格测试等。

实务中最简单、最容易被大家理解的人格测试是 PDP（Professional Dyna-metric Program）人格测试，它可以测量出个人的基本行为、对环境的反应以及可预测的行为模式。PDP 采用了具备该性格特质的动物名称为性格维度分类名称，把人按照横轴上的更偏向于目标任务还是更偏向于人际关系，更偏向于理性，被制度、流程约束还是更偏向于感性，不被束缚，以及纵轴上更偏向于外向型性格还是内向型性格，更偏向于主动做事、追求高效还是被动做事、不强调高效，把人格分成了四大类，即老虎型、孔雀型、猫头鹰型和考拉型，各项都趋中的，就是变色龙型，如图 5－2 所示。

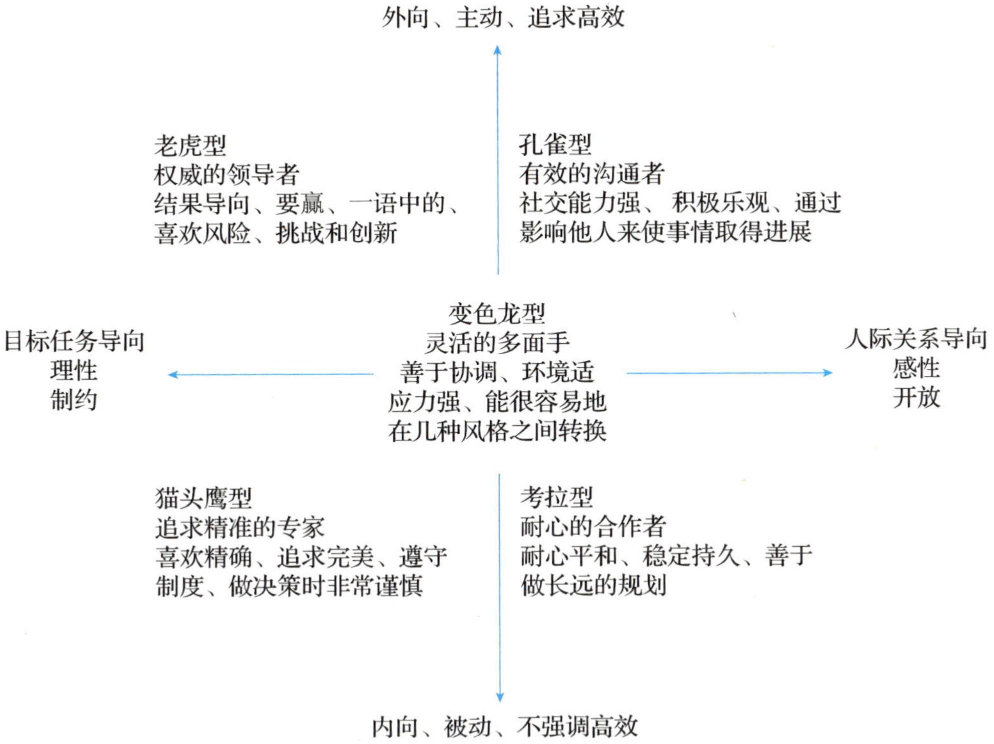

图 5－2　PDP 人格测试五种类型

如果用一个字来概括老虎型的人才，那就是“做”。他们一般喜欢快速反应，喜欢发号施令、企图心强，是结果导向的决策型人才。如果用一个字来概括孔雀型的人才，那就是“说”。这种人一般活泼乐观、口才极佳、擅长沟通，是爱好表现的社交型人才。如果用一个字来概括考拉型的人才，那就是“看”。他们能设身处地地为别人着想，性格内敛而稳重，是能够以团队为重的支持型人才。如果用一个字来概括猫头鹰型的人才，那就是“思”。这种人一般喜欢三思而后行、注重细节、喜欢追求完美，是做事讲究逻辑的思考型人才。如果用一个字来概括变色龙型的人才，那就是“变”。这种人一般是灵活的多面手，善于协调和沟通，对环境的适应力比较强，是能够很容易在几种风格之间转换的复合型人才。

在应用层面，企业可以判断一个职位需要候选人更偏向于哪个方面，来判断该职位更适合什么性格的人。

2. 职业兴趣测试

职业兴趣测试主要了解一个人最感兴趣、最能够得到满足感的职业类型是什么。在职业兴趣测评领域，最常用的是霍兰德人格与职业兴趣测试。霍兰德理论按照一个人的兴趣和人格特点，把人格分为六个类型，分别是现实型、研究型、艺术型、社会型、企业型和传统型。

现实型（R，Realistic）人格的共同特征：喜欢使用工具从事操作性工作；动手能力强，做事手脚灵活，动作协调；偏好于具体的任务，不善言辞，不善交际。现实型人格的典型职业是计算机硬件人员、制图员、机械装配工等工程技术型职业和木匠、技工、修理工等技能型职业。

研究型（I，Investigative）人格的共同特征：抽象思维能力强，求知欲强，肯动脑，善思考，不愿动手；喜欢独立的和富有创造性的工作；有学识才能，不善于领导他人。研究型人格的典型职业主要是运用智力或分析才能，形成理论或解决问题的科学研究、电脑编程、系统分析等工作。

艺术型（A，Artistic）人格的共同特征：具有一定的艺术才能，乐于创造新颖、与众不同的成果，希望通过表达个性实现自身的价值；做事理想化，追求完美，不重实际。艺术型人格的典型职业是需要一定的创造力、艺术修养、直觉和表达能力，如作曲家、作家、演员、设计师等职业。

社会型（S，Social）人格的共同特征：寻求广泛的人际关系，喜欢与人交往、善言谈、愿意教导别人；比较看重社会义务和社会道德，关心社会问题，渴望发挥自己的社会作用。社会型人格的典型职业：喜欢与人打交道的工作，从事提供信息、启迪、帮助、培训、开发或治疗等事务，并具备相应能力。如教师、咨询人员、公关人员、律师等。

企业型（E，Enterprising）人格的共同特征：精力充沛、自信、善交际，具有领导才能；喜欢竞争，敢冒风险；喜爱权力、地位和物质财富，做事目的性强。企业型人格的典型职业：经理、销售、政府官员等。

传统型或常规型（C，Conventional）人格的共同特征：喜欢按计划办事，尊重权威和规章制度，习惯接受他人指挥和领导，自己不谋求领导职务；不喜欢冒险和竞争；喜欢关注实际和细节情况。传统型的典型职业有秘书、行政助理、档案管理人员、统计人员、会计、出纳等。

人们通常倾向于选择与自我兴趣类型匹配的职业环境；当人格和职业匹配时，会产生更高的满意度和敬业度。企业在人员选拔时，通过职业兴趣测试，可以帮助应聘者判定自己属于哪种类型，由此和应聘者就录用职位更好地达成一致。

3. 价值观测试

价值观测试主要是了解一个人对职业的认识和态度以及他对职业目标的追求和向往。任何工作都具有一些由组织特点、组织文化和工作性质所决定的特征，如工作条件舒适、薪酬高、工作安全感强、工作具有挑战性、工作有趣、晋升机会多等。人们对工作特征的价值取向存在差异。

美国职业心理学家舒伯区分了 15 种职业价值观，包括：利他主义、美的追求、创造发明、智力激发、独立自主、成就满足、声望地位、管理权力、经济报酬、安全稳定、工作环境、上级关系、同事关系、生活方式和多样变化。

通过对候选人进行价值观测试，企业能够了解候选人的职业偏好是否与公司目标、职位性质一致，在招聘环节选择与公司核心价值观匹配的候选人，更能激发候选人潜在动机，促使其成为高绩效员工。从人才决策的角度来说，运用价值观选择人才，更能有效降低因错误录用而导致的用工风险。

二、录用标准的确定

用测试进行选拔时需要确定录用标准，也就是划录用分数线。划录用分数线有标准参照法、内容相关法和标准相关法三种方法。

(一) 标准参照法

依据企业的空位数目划定录用分数线。这时，分数线的划定完全是为了确定企业需要招聘的人数，分数线本身并没有什么意义。如假设企业有 10 个空位，选拔时将候选人的测试分数由高到低排列，第 10 个人的分数就是录用分数线，高于或等于此分数线的人被录用，低于此分数线的则被淘汰。

(二) 内容相关法

根据满足职务的基本要求划定录用分数线。采用这种方法划定的分数线，能够保证分数线以上的人具有完成工作任务所必需的基本知识、技能和其他特征。例如，假设 60 分是职务的最低要求，则将 60 分划为分数线，凡 60 分以上的候选人全部录用。这种方法在人员供给不足时有用，但在空位有限而满足最低要求的候选人很多的情况下则无多大价值。

(三) 标准相关法

根据企业在职职工的平均或优秀水平划定录用分数线。采用这种方法时，需要仔细观察在职职工的行为，将他们的知识、技能和其他特征量化，或者让在职职工参加同样的选拔测试，以平均或优秀水平作为选拔外部候选人的分数线。用这种方法确定的分数线有实际意义，标准高。

三、测试的可靠性和有效性

可靠性和有效性是测试的两个重要特征。可靠性是指测试提供的结果的一致程度，它表明测试的可信程度。例如，用同一把秤称某一物体两次，如果两次的结果相同，则可以说测试的可靠性高；如果两次测量的结果不相同，则其可靠性低。有效性是指一项测试能测量出其所要测量内容的程度。例如，500 克重量的米一定是 500 克，绝对不会测得 450 克或 550 克，否则这杆秤便缺乏有效性。在这个例子中，秤是测量尺度，500 克的米是被测量的对象，米的重量就是所要测量的内容。

测试的最大问题不是测试本身的可靠性，由专家开发出来的测试有相当高的可靠性，而是测试类型的选择和测试与受试者的工作行为、工作绩效之间是否能建立相关关系。测试的有效性往往不如可靠性那么高。在使用一项测试之前必须检验其有效性，即要能够证明测试的结果与未来的工作表现、工作绩效是相关的。

第四节　评价中心技术

评价中心技术（Management Assessment Center），又称为情景模拟测试，通过设置一种逼真的管理工作场景，让被试者参与其中，按测试者提出的要求，完成一个或一系列任务，在这个过程中，测试者根据被试者的表现或通过模拟提交的报告、总结材料作出评价，并据此预测被试者在拟聘岗位上的实际工作能力和水平。常用的情景模拟测试有商业游戏、案例研究、文件处理、角色扮演、无领导小组讨论等。

（一）商业游戏

商业游戏是将被试者分成若干组，每组代表一家公司，根据公司的目标（如增加销售量或提高股票价格），对各项经营策略，如广告费、生产量、存货量、产品种类、销售价格、机器购置、人员招聘等做出决策，通过电子计算机在模拟的市场中与其他企业竞争。这种测评方法着重考察被试者解决问题的能力，也可以考察领导能力、团队精神。

（二）案例研究

案例研究是将企业实际面临和存在的问题用文字描述出来，写成案例，让被试者通过个人阅读和集体讨论，找出存在的问题，对问题进行分析，并提出解决的办法。这种测评方法对考察被试者发现问题、分析问题和解决问题的能力很有帮助。

（三）文件处理

文件处理是将一些待处理的文件（如顾客的投诉信件、开会通知、上级的指示）交给被试者，让其在规定的时间内，按照事情的重要性和紧急程度来安排处理的先后顺序，提出解决办法，然后由专家和被试者共同讨论，评价处理结果。这种测评方法可以考察被试者的工作处理能力和决策能力。

（四）角色扮演

角色扮演是在一个真实的管理情境中，让参加培训的人扮演其中的人物的一种测评方式。在扮演角色的过程中，要求参与者对在实际工作中可能遇到的具体问题作出反应。常见例子是生产部门和销售部门的经理，因业务性质不同，不能体会对方的处境和职责而发生冲突。销售部门指责生产部门生产的产品不符合要求，不能按期交货。生产部门则责怪销售部门接的订单要么太多，根本做不过来，要么太少。由于彼此立场不同，他们很难明白和了解对方的处境。这种测评方法可以考察被试者处理人际关系和冲突事件的能力。

（五）无领导小组讨论

无领导小组讨论就是安排被试者（通常为 6～8 人）组成一个临时任务小组，并不指定任务负责人，请大家就给定的任务进行自由讨论，并拿出小组决策意见。其目的在于通过模拟团队环境考察求职者表现，尤其是看谁会从中脱颖而出，成为自发的领导者。

当职位需要应聘者具有以下几种类型的能力和个性特征时就可以采用这种方法进行选拔：(1) 领导能力，包括沟通能力、组织协调能力、合作精神、团队工作能力等；(2) 问题解决能力，包括理解能力、逻辑推理能力、信息收集能力和提炼能力等；(3) 求职者的个人风格，包括个人主动性、自信心、决断性和独立性等个人特质。

情景模拟测试能够获得被试者更加全面的信息，对将来的工作表现有更好的预测效果。其缺点是需投入很多的人力、物力，且时间较长，操作难度大，对测试者的要求很高。情景模拟测试主要适用于高级管理人员和专业技术人员。

本章提要

1. 选拔是收集申请者的个人特征信息并根据这些信息预测申请者未来工作绩效的过程，目的是判断申请人未来的工作绩效，录用符合职位要求的人选，淘汰不符合职位要求的人选。

2. 选拔过程是一个不断筛选的过程。选拔程序如下：申请与资格审查、面试、测试、背景调查、体检、试用和录用决定等。选拔过程的关键程序是作出录用决定，其他程序主要用来缩小候选人的范围。

3. 面试是一种面试官与应聘者相互交流信息的有目的的会谈。面试有很多种分类，可以分为结构化面试、半结构化面试和非结构化面试；也可以分为压力面试和非压力面试；还可以分为单独面试、小组面试和集体面试。面试过程需要做好面试前的准备、面试的实施和面试后的评价三项工作。

4. 根据测试的方式，测试有口头测试、实际操作测试、笔头测试和计算机测试四种类型。根据测试的内容，测试可以分为知识测试、智力测试、技能测试和个性测试。划录用分数线有标准参照法、内容相关法和标准相关法三种方法。可靠性和有效性是测试的两个重要特征。

5. 评价中心技术，又称为情景模拟测试，是近年新兴的一种选拔高级管理人才和专业技术人才的人员甄选方法，它采用情景性的测评方法对被试者进行观察和评价。评价中心具有较高的可靠性和有效性。

复习题

1. 什么是选拔？选拔过程有哪些程序？
2. 企业的面试目标是什么？求职者的面试目标是什么？
3. 面试有哪些类型？有哪些方式？
4. 面试过程需要做好哪些工作？
5. 测试有哪些方式？测试的内容主要是什么？
6. 什么是测试的可靠性？什么是测试的有效性？
7. 什么是评价中心技术？

练　习

练习 5-1：选拔流程设计练习

下面是某公司制定的后备车间主任选拔流程：

流程 1：应聘者报名。基本要求是：中专或高中毕业；1 年以上工厂班长经历，沟通表达能力良好，工作积极主动；无不良行为记录。人力资源部接受报名。

流程 2：初步面试。面试主要考察沟通表达能力、组织协调能力、工作态度、工作技能和学习能力。由人力资源部和制造部派员共同主持。

流程 3：确定培训名单。条件是通过面试。由人力资源部确定名单。

流程 4：综合培训。对初选通过的职工进行两个月的在职培训，培训内容包括通识、基本作业方法与流程、管理基本知识三大部分，涉及工作态度、沟通技巧、安全知识、生产部门工作流程与操作规范、管理知识等。由人力资源部、制造部、品质部、工程部共同组织实施。

流程5：综合能力考试。由人力资源部、制造部、品质部、工程部联合出试卷，并组织考试和评卷。

流程6：第二次面试。由人力资源部和制造部联合面试，统一评分。

流程7：见习。由制造部组织安排见习，时间为10天。

流程8：见习考核。由制造部制定考核标准并组织实施考核。通过见习考核者即为后备车间主任人选。如有职位空缺，则从后备人选中择优晋升。

要求：

1. 根据上述流程，分析该公司的后备车间主任选拔制度有哪些特点。

2. 为该公司设计一份后备车间主任选拔工作进度表（假设现在是3月下旬，公司希望此项工作在6月底前结束）。表5-4是一个参考格式，你可以另行设计。

表5-4　某公司后备班组长选拔工作进度表

工作项目	进度	责任部门

练习5-2：人员录用决策练习

一家总部设在东部经济发达地区、经营家用电器产品的公司准备招聘一名销售人员，专门负责西部市场（重庆、四川、贵州、云南、西藏、陕西、甘肃、青海、宁夏、新疆、内蒙古、广西）的业务。该公司确定了以下几项录取指标：（1）大学毕业；（2）具有销售工作经验；（3）掌握家用电器产品知识；（4）愿意出差；（5）工资待遇要求适中。五项录取指标的评分标准见表5-5。该公司从前来应聘的人中筛选出符合上述基本条件的5个人。5位候选人的基本情况如下：

赵芳，女，电气工程与自动化专业本科毕业，在一家家电公司工作了5年，前两年从事技术工作，后来转为销售工作。因为所在公司有一条不成文的“规矩”，夫妻双方不得在同一家公司任职，考虑到先生的前途，不得不离开了那家公司。她要求年薪6万元。她提到正在考虑生孩子的事。

章平，男，机械工程专业本科毕业，在一家机电设备公司当销售员3年，公司效益不好，想另找一份工作，看到公司的招聘广告就来应聘了。他考上了当地一家大学的在职MBA，周末上课，提出避开周末出差。他要求年薪7万元。

孙庆，女，市场营销专业本科毕业，在外地一家家电公司当销售员 2 年、市场研究员 4 年，结婚后来到这座城市，前两年在家里照料孩子。她说自己还是喜欢市场研究，希望一两年后能够调到市场研究部门。她提出年薪 6.5 万元的要求。

李思，男，热能与动力工程专业本科毕业，在一家空调设备生产企业工作了 3 年，两年前考上了当地一所大学的全日制 MBA，刚刚毕业，读 MBA 的第二年在当地一家房地产公司的销售部实习（周末回校上课）。他提到女朋友不是很愿意他经常出差。他要求年薪 7 万元。

周刚，男，经济学专业本科毕业，在当地一家电器制造公司当推销员 2 年，喜欢旅行，听说这个职位可以经常去西部出差，特意前来应聘。他提出年薪 6 万元的要求。

表 5-5　某公司选拔销售员的评分标准

录取指标	评分标准	评分
1. 学历	文科本科学历 理工科本科学历 MBA	10 分 12 分 15 分
2. 销售经验	1～3 年 3～5 年 5 年以上	20 分 30 分 35 分
3. 产品知识	从事该行业 1～3 年 从事该行业 3～10 年 从事该行业 10 年以上	15 分 20 分 25 分
4. 出差意愿	态度犹豫不决 态度有所保留 态度坚决，毫无保留	10 分 25 分 50 分
5. 工资要求	年薪 7 万元以上 年薪 6 万～7 万元 年薪 6 万元以下	15 分 20 分 25 分

要求：

1. 根据表 5-5 所列的评分标准，给 5 位候选人评分，将评分填入表 5-6。
2. 该公司应该选择哪位候选人？为什么？

表 5-6　6 位候选人的评分

录取指标	评分标准	赵芳	章平	孙庆	李思	周刚
1. 学历	文科本科学历 理工科本科学历 MBA					

续表

录取指标	评分标准	赵芳	章平	孙庆	李思	周刚
2. 销售经验	1～3 年 3～5 年 5 年以上					
3. 产品知识	从事该行业 1～3 年 从事该行业 3～10 年 从事该行业 10 年以上					
4. 出差意愿	态度犹豫不决 态度有所保留 态度坚决，毫无保留					
5. 工资要求	年薪 7 万元以上 年薪 6 万～7 万元 年薪 6 万元以下					
评分合计						

课外实践

1. 协助一家公司设计招聘申请表。
2. 根据职务说明书，协助一家公司设计招聘面试提纲。
3. 协助一家公司分析其自身的选拔程序，并撰写分析报告。

第六章
培　训

知识与能力目标

通过本章的学习，你应该：

- 了解培训的必要性
- 理解影响培训的因素
- 了解学习的基本原理
- 了解组织新职工培训过程
- 掌握业务/技术培训需求分析的内容与方法
- 掌握业务/技术培训的方式和技术
- 了解培训效果的评价环节
- 了解管理培训的方式

素养目标

1. 理解培训的重要作用，引导学生增强终身学习的意识，有较强的时代感、危机感。

2. 在员工培训过程中注重思想政治工作，以企业的价值观和行为准则作为员工的思想和行动指南，促使员工更好地自我发展、自我管理。

引导案例

海辰集团的培训观

海辰集团是一家规模不大的民营企业，这几年经营业绩比较平衡，没有很大的起伏。海辰集团没有设专门的培训管理人员，也很少对员工进行正式的培训。集团董事长的观点是：培训对提高员工技能、改进态度、解决经营管理问题是起作用的，但在民营企业，尤其是像它们这种规模和经营性质的民营企业，培训是纯粹的投资，不会有回报，因为：

第一，民营企业员工的高流动性使培训的收益没有保证，更为糟糕的是这些接受培训的员工有可能投奔到竞争对手的企业中去，这种培训投资是在为自己培养竞争对手。

第二，现在的劳动力市场是供大于求，企业员工现有的技能水平不能满足需求时完全可以到市场上招聘一些更高水平的员工，解聘和招聘可以代替培训。

第三，民营企业的资金有限，如果投资培训，无疑占用一部分资金，可能会影响其他能更快、更明显带来效益的部门或项目的运营。

如何评价海辰集团董事长的培训观？民营企业应不应该重视员工培训？为什么？

培训是以提高企业绩效为目标，改变职工行为的活动。在企业的各种资源中，人力资源的弹性最大，它可以成为企业的资产，也可能成为企业的负担，这在很大程度上取决于企业是否重视对职工的培训。

在本章，我们先讨论培训的必要性与影响因素。新职工培训是比较特殊的培训活动，我们将其与在职职工培训分开来讨论。对于在职职工培训，我们将业务/技术培训和管理培训分开来讨论，因为这两类培训活动的需求分析、培训方式和培训技术不尽相同。

第一节　培训概述

培训是企业成功的重要因素之一。通过培训，可以消除职工因能力不足而引起的低效表现，降低缺勤率和流动率；可以使职工掌握新技术，提高企业的生产力和竞争力；可以改善职工的人际关系，提高职工的积极性。

一、培训的必要性

我们可以从技术进步、学习型组织、团队工作方式、组织重组和参与管理五个方面的环境变化讨论培训的必要性。

（一）技术进步

技术的不断进步和创新使培训变得越来越重要。这是因为，新技术的应用对职工掌握的知识和技能提出了新的要求。如果不及时对职工进行培训，使其掌握新技术所要求的新知识、新技能，职工会被新技术淘汰。培训是使职工获得新知识、新技能的重要途径。

（二）学习型组织

学习型组织是以信息和知识为基础的组织。由于外部环境的根本性变化，企业正在由以机器和资本为基础，转向以信息和知识为基础。学习型组织的核心在于提高职工解决问题的能力。它要求每个职工都要有学习的意识并积极地学习，以提高适应变化和进行创新的能力。企业要获得和保持竞争优势，就需要在整个组织范围内培养和提高职工的学习能力。

（三）团队工作方式

为了迎接外部环境的各种挑战，越来越多的企业开始用团队和团队工作来取代传统的组织模式。传统的组织模式假设，只有高层经理有能力解决所有的问题，并对企业的目标和经营过程负责；团队模式则假设，只有汇聚团队所有成员的能力，才能洞察问题的本质并找到解决问题的最佳方法。团队工作的重点是职工技能的良好发挥和团队成员的积极配合。

（四）组织重组

为了增加适应性和灵活性，许多企业缩小规模，减少中层管理人员，采用扁平化的组织结构，使组织变得更加精简和灵活。所有重组的企业都面临同样的问题，即如何公正地对待那些被裁减下来的职工，如何使留下来的职工感到安全并保持对企业的忠诚。

（五）参与管理

激发职工的高度参与和承诺，是企业建立竞争优势的重要途径。强调参与管理的企业，高层领导会确保全体职工对企业目标达成共识，从职工那里寻求行动目标和获得反馈，与竞争对手进行比较，了解企业执行战略的有效程度。任务小组、学习小组和其他方法都可以提高职工参与企业决策的程度。

上述变化对职务要求有重大影响，它要求职工不断提高自身的能力，养成不仅适应变化，而且接受变化甚至追求变化的态度；它使更少的人完成更多的工作，职工必须完成的工作任务不仅增多而且更复杂。所有这些变化都会转化为培训需求。

二、培训项目的影响因素

培训的主要目的是提高生产率、防止职工技能的退化和为企业的长期发展做好准备。这些目的是通过培训项目来实现的。高层领导的支持、人力资源经理作用的发挥、行为科学知识的传播、学习原理的运用和法律要求，是办好培训项目需要考虑的因素。

（一）高层领导的支持

培训项目必须得到企业高层领导的全力支持，并且这种支持必须是实际的而不是仅仅停留在口头上。实际支持的具体体现就是要提供培训所需要的各种条件。如果高层领导能够参与培训工作，则支持的力度会进一步加强。

（二）人力资源经理作用的发挥

培训是企业所有经理的职责，从一线主管到总经理都要把它放在重要位置。人力资源经理的主要作用是提供协助，制订企业的培训计划，解释企业的培训政策，说明如何完成培训，以及采取措施确保培训顺利完成。

（三）行为科学知识的传播

行为科学在过去的几十年里取得了惊人的发展，其中许多知识涉及人力资源管理。企业应该跟上行为科学的发展步伐，使经理人员掌握这些知识，并能在实践中运用。

（四）学习原理的运用

培训是一种学习过程，因此，组织培训需要了解和运用学习的原理。运用学习原理设计培训项目，可以增强培训的效果。

（五）法律要求

《劳动法》明确规定，劳动者享有接受职业技能培训的权利；还规定，用人单位应当建立职业培训制度，按照国家规定提取和使用职业培训经费，根据本单位实际，有计划地对劳动者进行职业培训。从事技术工种的劳动者，上岗前必须经过培训。

三、学习的基本原理

如上所述，办好培训需要掌握学习的基本原理。这些原理包括目标设置、强化、反馈（学习的结果）、行为模仿、分散练习、整体学习与部分学习、学习的迁移等。

（一）目标设置

目标影响个人行为，有难度的目标比缺乏难度的目标，具体的目标比笼统的目标，更容易激发出优异的工作表现。该原理对培训的意义在于：将学习目标清楚地传达给受训人；目标应有一定难度，能对受训人构成挑战，又不使其失去信心；应将学习的最终目标划分为阶段性的次目标。

（二）强化

学习中的强化是指某些形式的奖励，如表扬、荣誉、金钱、关注或达到目标的满足感。给予奖励的根据是学习活动的成绩。这种强化可以增加受训人再次完成学习活动的可能性。该原理的意义在于：应该让受训人知道，期望他们完成的具体行为是什么，并且任何强化都应该与这些行为有关；在受训人开始学习新行为时，强化应该及时和持续；有效的强化形式因人而异，因此，应努力找出对具体受训人最有效的强化形式。

（三）反馈（学习的结果）

有关行为结果的反馈在学习中发挥两种功能：一是提供完成工作行为的信息（指导功能）；二是提供行为结果与可能的奖励相联系的信息（激励功能）。通常积极的反馈信息比消极的反馈信息更有效，具体的反馈信息比笼统的反馈信息更有效，及时的反馈信息比迟到的反馈信息更有效。

（四）行为模仿

人类的大部分行为是通过观察他人而学来的。当他人的行为产生了理想的结果，人们便会去仿效，他人从而成为榜样，仿效者认同榜样是因为榜样的行为被认为是理想的和恰当的。如果榜样能够由于他们的行为而得到报偿，同时这种报偿又是仿效者们所期望的，那么，和榜样相同的行为无疑会增加。从培训的角度看，企业应努力使受训人认同榜样人物。这就需要：所树立的榜样应与受训人相同或相近；清楚详细地描述榜样的行为；从易到难排列榜样所示范的行为；有多个榜样示范不同的行为。

（五）分散练习

这个原理主要是针对培训过程的时间安排。学习时间的安排既可以是集中的，也可以是分散的。研究表明，对不太复杂的行为学习，如学习简单的手工操作技艺，适合采用集中、强化式的时间安排。相反，如果要学习的行为比较复杂，如分析和解决问题的能力，则适合采用分散的、不间断式的时间安排。

（六）整体学习与部分学习

大多数工作都由几个部分或任务所组成。出现这种情况时，有两种学习策略可以选择，即整体学习（把工作作为一个整体来学习）和部分学习（对每个部分分别学习）。策略的选择取决于任务的复杂性、困难程度和组织程度。对于任务的组织程度和复杂性高的工作，整体学习策略较好；对于任务的组织程度和复杂性低的工作，部分学习策略较好。例如，学习驾驶汽车涉及协调一系列的活动，包括操作方向盘、调挡、刹车、加速等，因为这些活动在实际驾驶操作中联系密切，应该通过整体学习方法进行训练；秘书工作涉及一系列相当独立的活动，如打字、整理文件、复印、接听电话等，这些活动可以分别学习和练习，所以部分学习方法更适宜。

（七）学习的迁移

受训人在培训状态下的反应会转移到实际工作状态中去，因此，在设计培训过程时要尽可能地模仿实际工作状态，使学习迁移过程容易和自然。在模拟情境中进行的训练会迁移到类似的实际工作中去。

中国力量

顺丰独具特色的员工培训发展体系

顺丰坚持为员工提供科学、完善的培训体系，制定了《顺丰讲师管理制度》《顺丰教材管理制度》《外派培训管理制度》，规范管理员工培训相关事宜，持续完善教材体系，培养和建设顺丰讲师队伍，以员工外派培训与内训形成互补，并提供个性化培训内容。

顺丰设立了“顺丰大学”作为培训规划和标准体系的构建者，负责公司整体培训的规划、研究、标准化与协调。同时兼具人才培养基地职能，专注公司培训资源和培训平台的建设与关键人才培养项目的设计、实施。

通用培训体系

顺丰建立了从员工入职、员工晋升、员工再教育的“顺丰大学”人才生态培养体系，培训体系及培训内容向顺丰所有从业人员开放。快递收派员、后台客服、区域经理、总部职能人员等各岗位、各角色的顺丰员工均能在培训体系中得到成长与历练。

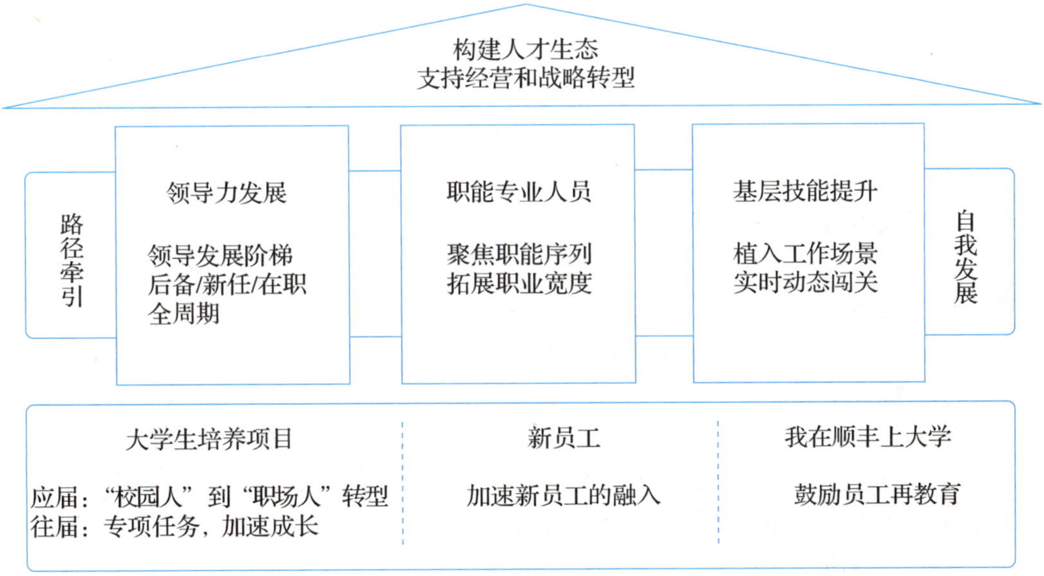

顺丰人才培养体系

顺丰大学生培养项目

顺丰人才培养体系将大学生划分为应届大学生和往届大学生，针对应届大学生促进“校园人”到“职场人”的转型，针对往届大学生加速其成长与发展。

对新入职的应届大学生员工，顺丰建立了“校招大学生培养项目”，对管培生、职能方向员工、网点方向员工进行为期1～3年的针对性培养。项目通过四个阶段帮助大学生完成从学生到职场人的转变，通过班主任、学员伙伴的参与，为大学生提供及时的指导与反馈。

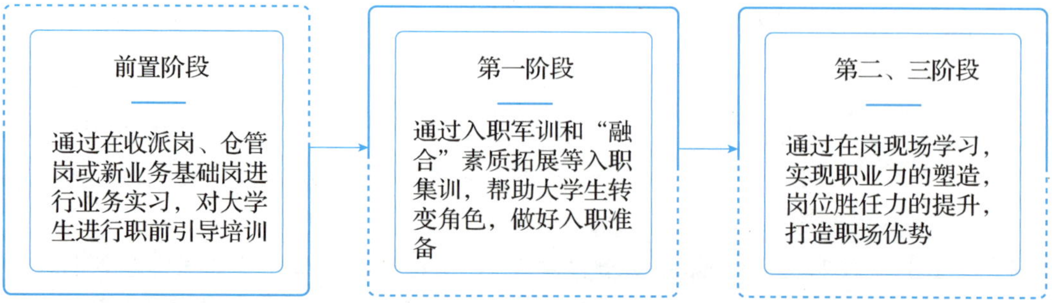

校招大学生培养项目阶段

顺丰领导力培训体系

顺丰重视员工与企业共同成长，建立了基层、中层、高层不同维度的领导力培训体系，并将培养与实践相结合，使员工在培养中学习如何领导团队，在实践中塑造自身领导力。

基层领导力培训——新丰计划

新丰计划培训形式为线上线下相结合的形式，通过线下的管理场景、业务场景、产品/服务形成场景化历练任务库。学员自主选择历练任务，并结合已有的场景化课程与培训案例，形成自己的历练输出。

中层领导力培训——远丰计划

远丰计划培训形式由线上学习、线下集中学习、标杆学习相结合，并通过线上测试、案例PK、大赛评比、月度绩效考评追踪的形式，持续确认学习效果。培训内容主要为赋能学员领导力，解决学员面临的领导力挑战与困难，培养具备客制化解决方案能力的高效协同经营管理团队。

高层领导力培训——领丰计划

领丰计划通过开展线下学习交流班的形式，交流学员之间的管理与业务心得，发掘业务痛点与机遇点，促进各业务组织间的互相理解及能力融合，使高层管理人员在日益激烈的竞争中保持领先的市场洞察与客户理解能力。

学历提升培训

随着社会日新月异的发展，学历提升与技能认证成为提升个人竞争力的有效途径。为帮助员工与企业实现共同的可持续发展，顺丰积极推动公司内部人才能力优化，鼓励在职员工参加学历教育与技能认证，提升员工的满意度与归属感。

再教育学历提升——“我在顺丰上大学”

自2016年开始，顺丰开展了“我在顺丰上大学”再教育学历提升项目，员工可以选择MBA、自学考试、成人高考、国家开放大学等方式进行在职学历提升。取得学历认证的员工，可以按照顺丰《外派培训申请流程》的培训费用报销规定，进行一定比例的报销，减轻员工再教育负担。

员工健康与安全目标

杜绝火灾事故发生；杜绝重大伤亡事故发生。以2019年为基准年，2020年人身伤害事故总量下降超过10%，人员安全指数上升超过10%。

培训管理平台

针对知识与培训管理，顺丰建立了知识管理平台（Knowledge Management System，KMS），对顺丰在运营及发展过程中积累的大量有价值的方案、策划、成果、经验等知识进行分类存储和管理，形成顺丰的知识资源库。2019年，顺丰对KMS系统进行了全面升级，加强了知识资产信息的安全智能化管控，提供一体化知识与学习管理方案，实现知识与员工更加匹配。

针对快递收派员时间碎片化、学习设备单一、工作场景固定等特点，顺丰打造了“小蜜丰”学习App，作为快递收派员的主要学习平台。“小蜜丰”App提供的许多培训内容仅需30～60秒即可阅读完成，内容精简、聚焦重点且针对快递收派员的情况进行精准推送。快递收派员也可进行时间较长的技能培训、热点知识及制度学习，如快件安全教育、客户沟通技巧、客户隐私保护制度、员工反腐败制度等内容，助力快递收派员实现职业的可持续发展。

【思考】顺丰的培训有什么特色？对你有什么启示？

四、培训类型

（一）根据培训的对象划分

根据培训的对象，可以将培训分为新职工培训和在职职工培训两类。

1. 新职工培训

这是针对新职工进行的任职前培训，目的是使新职工对即将担任的职务及环境有初步的认识和了解，知道如何去工作。培训内容主要有：介绍企业的历史和产品，使新职工感到在企业工作有前途；讲解企业的有关制度和政策，使新职工知道应该如何去做，以减少违纪违规事情的发生；表达企业对新职工的殷切希望，说明新职工在企业中的地位及重要性，使他们发挥作用，为企业的发展做出贡献。新职工培训有利于新职工迅速适应企业的工作和生活，减少上岗初期的紧张感和焦虑感。

2. 在职职工培训

这是为在职职工适应职务要求进行的培训。这种培训包括：按照工作职责和任职资格的要求进行知识和技能培训，使不符合要求的职工能够胜任工作；向职工传授新知识、新技能、新方法和新观念，以适应职位的新要求；向职工传授相关职位工作的知识和技能，使他们成为一专多能的多面手。这种培训还包括对需要转换岗位、工种或职业的职工进行的岗前培训，对计划晋升职务的职工进行的岗前培训。企业培训主要是在职职工培训。

（二）根据培训的内容划分

根据培训的内容，培训可以分为业务/技术培训和管理培训两类。

1. 业务/技术培训

这是向职工传授完成本职工作所需掌握的业务/技术知识和技能。例如，向学徒工示范如何操作车床，向推销员传授推销技巧。培训对象一般是新职工，或者是技能不熟练的职工，传授的知识和技能具有很强的专业性，难以转移或应用于其他性质的工作。

2. 管理培训

这是向职工传授管理知识、管理观念、管理技能和沟通技巧，以改善当前和未来管理绩效。培训对象是经理人员或后备经理人员，传授的知识和技能具有一般性，与职务没有直接关系，容易转移或应用于其他管理工作。

第二节 新职工培训

新职工培训是向新职工提供企业、职务和职位的有关信息，使其顺利适应新环境的过程。新职工培训可以减少新职工进入企业初期的紧张不安情绪，帮助他们尽快适应新环境，进入新角色。此外，新职工是站在企业边界上的人，处于外部人向内部人过渡的时期，他们会有很大的心理压力，为了减少压力感，他们更容易接受来自企业的影响。因此，新职工培训正在受到越来越多企业的重视。

一、新职工培训的计划与组织

新职工培训计划通常包括培训目的、培训主题、培训项目、培训方式与时间安排等。新职工培训的基本目的是帮助新职工尽快地适应企业的新环境，融入新集体。要做到这些，就要让新职工了解企业，了解职务，了解企业对他们的期望和具体要求。在让新职工接受和认同企业的同时，也让企业的老职工接受和认同新职工。

新职工培训由人力资源部门和部门经理共同完成，各有分工。人力资源部门主要提供有关企业的一般性信息，或者与所有职工都有关的信息。部门经理主要提供与部门和具体职位有关的信息。表 6－1 和表 6－2 分别是由人力资源部门和部门经理提供的信息清单，企业可以根据需要从中选择，或增添其他需要介绍的项目。

表 6－1　由人力资源部门向新职工提供的信息

企业概况	企业的创业和成长历史，未来的发展方向和目标，公司的使命、信念和价值观念，产品与服务，主要客户，生产或服务方式，组织结构与部门设置，组织指挥系统，主要高层经理人员的情况
工资福利	工资，加班和加班费，轮班和轮班工资，工资预支，费用报销，节假日工资，工资支付方式，纳税方式，奖金，养老金，医疗保险，病事假，住宿与用餐，文娱设施，培训机会
安全教育	安全预防措施，火灾预防与控制，事故预防与上报，急救措施，安全设施及使用，危险上报

续表

劳动关系	合同条款，实习期及其要求，任务分配与升职，考勤，职工权利与责任，经理与主管的权力，考核，劳动纪律，处罚，申诉程序，劳动合同终止（辞职、停职、解聘和退休），沟通渠道与方式，携带物品进出手续

表 6-2　由部门经理向新职工提供的信息

部门职能	部门目标，当前重点工作，部门组织结构，主要业务，与其他部门的关系，部门内部各项职务的关系
职务职责	职务内容，职务的意义与重要性，某项职务与其他职务的联系，常见问题与解决方法，绩效标准与绩效评价方法，日工作时间，加班要求，额外工作，规定的记录与报告，工具领取，设备保养与维修，请求帮助的条件与方法
规章制度	与具体职务有关的规章，部门规章，紧急情况的处置，事故与事故苗头报告，安全措施与事故预防，清洁标准与保洁，盗窃过失与处罚，与外部人员的关系，工间休息，工作时间与工时计算，午餐时间，拨打私人电话，物品领取手续，绩效评价，职务竞聘与重新分配，工作用车
部门参观	盥洗室与更衣室，火警报警器与消防设备存放点，打卡钟，衣物柜，进出通道，饮水间，经理办公室，供应与维修部，医务室，保安岗，吸烟室，急救箱

新职工培训方式多种多样，包括口头讲解、观看录像、专题讨论和参观等。有些企业会为新职工派发手册或资料袋，作为口头讲解的补充。这些材料由人力资源部门准备，主要包括以下信息：企业组织图、厂区布局图、政策手册、节假日列表、福利列表、绩效考核表格与程序、其他需要的表格、紧急情况与突发事件的处理程序、企业的内部报纸或刊物、企业关键岗位的联系电话等。文字材料提供的信息应是基本信息，不宜太多。许多企业的实践表明，多种形式结合的培训比简单介绍或发材料让新职工自学的效果要好。

有些企业集中半天或一天进行新职工培训，这种方式难以取得满意的效果，因为让新职工在这么短的时间内掌握大量信息几乎是不可能的。在几天内分散进行多次简短培训，比较有利于新职工对培训信息的理解。

二、新职工培训的跟踪与评价

企业应对新职工培训进行跟踪与评价。跟踪是对新职工掌握培训内容的检查，评价是对新职工培训计划效果的评定。

有些企业在新职工培训结束后对新职工就不再过问了，这种做法是不对的，不应该在新职工出现问题时才介入。告诉新职工“以后有问题来找我”的方法也不太好，因为许多新职工没有足够的勇气主动去找人力资源部门或部门经理。因此，最好的办法是主动跟踪。跟踪由新职工的直接主管和人力资源部门分别进行。直接主管应在新职工工作一天或一星期后进行，人力资源部门应在一个月后进行。对照当初的培训内容，检查新职工是否确实掌握和领会了，对于没有掌握的内容，需要再次解释。

新职工培训的年度评价由人力资源部门主持。主要是评价新职工培训活动是否适当、经济，培训方式是否有趣，培训内容是否配合企业的经营、是否体现了对人的关心、是否易于理解。评价的目的是确定新职工培训计划能否满足企业和新职工的需求，并找到改进计划的方法。

人力资源部门和部门经理对新职工培训计划的反馈信息可以通过以下三种方式获得：

（1）面向所有新职工的问卷调查。

（2）随机挑选少数新职工参加的座谈会。

（3）全体新职工参加的座谈会。

第三节　业务/技术培训

企业培训必须出自实际需要，不能为培训而培训。因此，企业在开展培训项目时，需要认真考虑以下问题：为什么要培训？需要进行什么培训？哪些人需要接受培训？谁来提供培训？如何评价培训效果？

一、培训需求分析

企业培训首先要分析培训的动机，看看现在或者将来企业是否有培训的必要，避免盲目培训而浪费企业的资源。培训的动机应当是绩效差距的矫正，或者是企业发展对新技能的需求。例如，当职工的工作没有达到预期的要求时，要分析是职工能力不够、缺乏培训造成的，还是职工努力不够、缺乏激励造成的，前者可以通过培训来解决，后者就不是培训所能解决的了。

培训需求分析必须形成制度，定期展开。培训需求分析可以从组织、任务和人员三个层次进行。

（一）组织分析

组织分析的重点在于确定企业范围内的培训需求，主要是检查企业的目标和资源。分析的内容包括：企业的目标和战略；企业绩效；组织及人事结构变动；外部环境和内部氛围。对培训需求的估计必须和企业要达到的目标联系起来，如果找不出这种联系，培训就可能是件多余的事情。

企业绩效分析通常包括：工作效率、生产进度、产品质量、设备维护、工作方法、生产安全、成本控制、工作流程等。对上述方面存在的问题进行分析，应先看看能否通过其他途径解决，再决定是否需要培训。即使通过其他途径能解决，也可能存在培训的需求。例如，通过改善生产程序、改变操作方法、改进工具设备来提高生产效率时，就需要职工重新接受培训。

组织及人事结构变动分析包括：新设业务、合并业务、调整业务所需要的人才准备工作，因职工退休、离职等产生的职位空缺对人才的需求，职工升职或调动以及新聘职工等，都需要有适当的培训。

内部氛围分析包括：检查职工的思想状况，价值观及对企业的认同和态度；重点分析职工对企业的消极态度、消极观念和错误认识。通过培训使职工形成积极的工作态度，从而提高工作的积极性。

（二）任务分析

任务分析的重点在于确定培训的内容，即职工达到满意的工作绩效必须掌握什么。分析内容包括：一项工作所包含的任务；完成每项任务需要掌握的技能；每项任务应达到的绩效标准。任务分析需要的信息可以通过职务分析、绩效考核和对主管人员的调查获得。

（三）人员分析

人员分析的重点是要回答两个问题：谁需要接受培训？需要接受什么培训？人员培训需求分析可以按下述公式来进行：

培训需求＝标准工作绩效－实际工作绩效

如果职工实际绩效达标，就不需要进行培训。如果职工的绩效低于标准，则需要接受培训。培训可以缩小或弥补实际绩效与标准绩效之间的差距。

对上述分析获得的资料要进行综合分析，以确定培训需求。如果经过分析，确定可以通过培训解决所发现的问题，就应该进一步将培训需求转化为培训目标。培训目标是培训中职工行为改变的内容和方向，一般而言，培训的目标包括更新职工的知识、提高职工的技能和改变职工的行为与态度。培训目标应该是具体的、可以量化的目标，应该详细说明完成培训计划后职工能够做到什么。

二、培训需求分析方法

培训需求分析常用方法有资料分析法、意见征求法、问卷调查法和现场观察法四种。

（一）资料分析法

该方法是利用企业现有文件资料综合分析培训需求。例如，可将企业发展计划、人力资源计划与人力资源信息系统的数据进行对比分析，以确定企业整体培训需求。又如，可将反映任职要求的职务说明与反映职工表现的生产记录（或反映新职工情况的人事档案）进行对比分析，由此确定在职职工（或新职工）的培训需求。

（二）意见征求法

该方法是通过征求有关人员的意见来确定培训需求。职工在工作中会与周围的人发生工作联系，这些人对该职工的能力最为了解。因此，可以通过征求相关人员的意见的办法，评估某个职工的培训需求。该方法特别适用于经理人员的培训需求分析。

（三）问卷调查法

该方法是利用问卷调查职工的培训需求。调查表的评估项目是依据职务说明中规定的任职条件列出的，由被调查者对每个项目的重要性和任职者的培训需求进行等级评估。表 6－3 是培训需求调查问卷的一个例子。

表 6-3　培训需求调查问卷举例

<table>
<tr><td colspan="3">职务名称</td><td colspan="3"></td><td colspan="3">任职者</td><td colspan="3"></td></tr>
<tr><td colspan="3">填表人</td><td colspan="3"></td><td colspan="3">填表日期</td><td colspan="3"></td></tr>
<tr><td colspan="4">工作技能</td><td colspan="4">重要程度</td><td colspan="4">培训需求</td></tr>
<tr><td colspan="4"></td><td colspan="4"></td><td colspan="4"></td></tr>
<tr><td colspan="4"></td><td colspan="4"></td><td colspan="4"></td></tr>
<tr><td colspan="4"></td><td colspan="4"></td><td colspan="4"></td></tr>
<tr><td colspan="4"></td><td colspan="4"></td><td colspan="4"></td></tr>
<tr><td colspan="12">填表说明：
1. “重要程度”一栏填写该项技能对于履行职务的重要性，按三级评估：1——很重要；2——一般；3——不重要。
2. “培训需求”一栏填写您本人或您对任职者培训需求的评估，按三级评估：1——不需培训；2——需要培训；3——急需培训。</td></tr>
</table>

（四）现场观察法

该方法是通过在工作现场直接观察任职者的实际工作行为来评估培训需求。观察者应是熟悉职务情况的专家，观察的内容包括操作的熟练与准确程度、工作速度、工作质量、工作数量、操作技能等。观察时间视工作特点而定，通常要观察一个工作周期，这样才能完整地了解任职者的工作行为。在观察过程中，观察者应做详细记录。该方法比较适用于操作工的培训需求分析。

上述四种分析方法各有利弊，选择哪种方法应根据实际需要、工作性质与特点决定。

三、培训方式

根据培训与职务的结合程度，可以将培训分为在职培训和脱产培训两种方式。

（一）在职培训

在职培训是让职工在工作中学会做某项工作。一般地说，在职培训适合所有类别的人员，但比较而言更适合于技术性岗位的技能培训。

在职培训的优点是：培训是在真实的工作环境和工作条件下进行的，并由经验丰富的人进行指导，能够使受训人直接掌握工作技能和提高工作能力；由于是通过实干来学习，受训人能够快速得到反馈；培训的成本较低。

在职培训的局限性是：在职培训有时可能会打乱正常工作流程，引发生产问题；正常的生产流程可能会限制在职培训活动，无法为受训人提供理想的培训环境。

在职培训通常是安排（新）职工跟着有经验的人边干边学，由这些经验丰富的人来实施培训。其培训的方式有：

（1）学徒培训。这是由经验丰富的技工以师傅带徒弟的方式向新职工传授技艺。这是一种传统的培训方式，现在一般在需要手工技艺的工作中才使用这种培训方式，如管道工、理发师、印刷工、木匠、机修工等。培训期限取决于技艺要求。比如，机修工的学徒期为四年，模具工为五年。学徒培训效果取决于师傅的技艺水平、传授方式和是否愿意把手艺传给徒弟。这种手工业式的传帮带培训不能满足现代社会对人才的大量需求。

（2）教练。这是由有经验的工人或直接主管在工作岗位上对职工进行培训。教练的特点是一个对一个，一步一步地教。许多工作都可以分解成一系列有逻辑顺序的步骤，可以按部就班地进行学习。教练的过程通常是先向职工讲解，再做示范，然后让职工练习，观察职工的表现并纠正其中的错误。这种培训方式可以用于经理的培训。

在职培训是企业培养人才的重要途径之一，但有不少主管人员没有将培训下属看作一项重要的管理职责，更没有养成对下属进行在职培训的习惯，他们或者偶尔为之，或者将培训责任推给人力资源部门或职工本人，自己埋头工作。企业应该将在职培训纳入管理系统，为主管人员提供资源及创造条件，安排他们接受训练技巧的培训，并将在职培训的表现列入绩效考核。那些在培养人才方面做出成绩的主管人员应得到企业的承认。

（二）脱产培训

脱产培训是让职工暂时离开工作岗位，集中一段时间学习的一种培训。培训的目的在于让职工掌握新知识和新技能，以选拔人才，或者是适应企业新业务的开展。脱产培训的特点是培训时间集中，主要通过教学手段和其他方式进行强化学习。根据培训的地点可以把脱产培训分为：企业内部的脱产培训，指在企业设立的培训中心等机构进行培训；企业外部的脱产培训，指选送职工到国内其他大公司或学校培训和学习；出国培训，指选派职工到国外大公司或学校培训、学习和考察。

脱产培训的方式有：

（1）技校培训。主要用来培训技能，指不在真正的生产岗位上，但使用与生产过程完全相同的设备进行的培训，例如，职工在培训中心学习车床的操作。这种培训方式可以使职工从一边生产一边学习的压力中解脱出来，最能适应那些需要在岗培训，但让职工在实际岗位上接受培训又太危险或成本太高的培训要求。这种方法对培训在流水线上作业的职工也很有效，因为直接将新手安排在岗位上培训可能会降低生产率。

（2）模拟培训。与技校培训十分相似，区别是使用的不是真实的设备而是模拟设备，包括从简单的机械装置的纸模型到企业整个环境的计算机模拟。例如，汽车、飞机的模拟装置等。虽然模拟培训在某些方面的价值不如在职培训，但它有不少优点，如安全、学习效率高和培训成本低。

四、培训技术

常用的培训技术有课堂教学、程序教学、视听教学、移动学习。

（一）课堂教学

课堂教学是由教师在教室中讲解某些概念、知识和原理。优点是可以在较短时间内向参加培训的人员传递大量信息，在时间、财力、物力、人力等方面比较经济。缺点是单向沟通，参加培训的人员被动地接收信息，参与程度不高。如果企业不能提供这类培训，也可以利用社会上的专业培训机构或高等院校提供的培训课程。职工参加企业外部的培训，除能学到知识外，还可以接触到其他企业的职工，增加对其他行业的认识，开阔眼界。

（二）程序教学

程序教学是事先把教材划分成若干个单元，每个单元都有自我测验题，在没有教师介入的情况下，参加培训的人员按顺序学习每个单元，并回答问题，回答会得到及时反馈。如果回答正确，则进入下一单元的学习；如果回答错误，则要重新学习。这种方法的优点是参加培训的人员可以根据自己的能力安排学习进度，程序教学的工具可以是一本书，也可以是电子计算机。

（三）视听教学

视听教学是将要讲授的内容或示范的技术制作成录音带、影片、录像带或光盘，通过视听的感官刺激，使参加培训的人员留下深刻印象。视听教学比课堂教学成本高，但也有其优势。例如，视听手段的暂停、重复、快速或慢速播放功能，会增强教学效果。

（四）移动学习

课堂教学方式受场地及时间限制，常常出现职工想参加培训但没有时间或没有名额的问题。移动学习以高度的灵活性和普及性解决了这一问题。移动学习是指借助智能手机、平板电脑、电脑等个人终端，以互联网远程方式通过与教师、其他学习者之间的互动来完成的一种自主培训方式。它的突出特点是提高了职工学习的自主性，可以随时随地学习，还可以与其他学习者交流、互动、分享学习内容。例如，中国平安在改造平安大学时引入了移动学习培训方式，打造了中国平安知鸟移动学习平台（简称“知鸟”）；顺丰打造了“小蜜丰”学习 App，作为快递收派员的主要学习平台。

五、培训项目评价

培训项目完成后，必须对培训效果进行系统分析，对该项目作出评价。培训效果是指职工回到岗位后究竟干得怎么样，他们的行为与企业的目标是否一致。培训项目评价是获得培训项目的效果信息，并根据这些信息分析培训价值的活动。对培训项目进行评价，实际上是回答下列问题：职工的行为有没有发生变化？这些变化是不是培训引起的？这些变化是否有助于企业目标的实现？如果对另一批职工进行相同的培训，是否还能发生类似的变化？

培训效果可以从反应、考核、行为和绩效四个环节来衡量。

（一）反应

反应指参加培训的人员对培训项目的感觉，可以提出这样的问题：他们是否喜欢培训项目？他们认为培训项目是否有价值？目的是使参加培训的人员作出积极的反应，乐于参加培训。可以在培训结束时通过谈话或问卷调查来评价，也可以根据参训人员参与培训的表现来评价。

（二）考核

考核指参加培训的人员是否学有所获，可以提出的问题有：对于培训内容，他们究竟掌握到什么程度？他们是否在运用培训时教给他们的原理、技能和知识？可以在培训之后通过书面考试或实际操作测试来评价，也可以在返回工作岗位后，根据参训人员的工作表现来评价。

（三）行为

行为指参加培训人员的工作行为是否有所改进，可以提出的问题有：他们的工作行为发生了哪些变化？是否因为培训才使他们的工作行为有所改变？评价应在培训结束至少三个月后进行，以使参训人员有机会将所学的东西付诸实践。

（四）绩效

绩效指企业绩效是否有所改善，可以提出的问题有：生产率提高了吗？产品质量改进了吗？事故减少了吗？目的是了解参训人员的行为对企业绩效的影响，如产量增加、成本降低、错误减少等。这方面的评价非常重要。

上述四个评价环节构成一条锁链：如果参训职工对培训项目没有好感，很难期望他们学到什么；职工通过培训没有学到知识，很难期望他们的行为有所改进；职工的行为依然如故，企业的绩效自然难以提高。但这个锁链可能在任何环节被打断，参训职工对培训项目虽然反应热烈，但可能并没有学到多少有用的东西；职工也许学到了一些有用的知识，但没有或不能把它用到工作中去；职工的行为也许因为培训有所改进，但企业绩效并没有最终得到改善。对培训的评价可从以上任何环节开始。

在上述四个评价环节中，企业绩效尤其重要。如果培训没有使企业的绩效提高，说明培训项目没有达到预期目标。因此，是否达到培训目标应是评价的最低标准。此外，还要考虑：培训项目付出的代价如何？是否以最有效的方法达到目标？所付出的代价与达到的目标相比较是否划算？用于培训的资源是否得到最佳运用？用于培训的投资与其他投资比较是否理想？如果把用于培训的投资用于发奖金、引进技术等，效益是否更好？全面评价培训项目并不容易，因为有许多培训项目无法单纯用经济方面的尺度来衡量。

第四节　管理培训

管理培训的基本目的是为企业提供合格的管理人才，满足企业对管理人才的需求。据一项对 84 家美国企业的调查，约有 90%的主管人员、73%的中层经理人员和 51%的高层经理人员是从内部提升的。这个事实说明了管理培训的重要性。此外，通过培训，职工胜任更高的职务也实现了企业发展的连续性。

一、管理培训的过程

在确定管理培训计划时需要考虑以下三种要求：

（1）企业本身的要求，包括企业的目标、经理人员的供给和流动率。

（2）与企业经营和职务本身有关的要求，可以根据职务内容和绩效表现来确定。

（3）有关个人培训方面的要求，这些情况可以从绩效考核、面谈、测验、调查和个人职业生涯计划中获得。

管理培训需求可以从现任职务、下任职务和未来要求三方面进行分析。

（一）现任职务分析

管理人才的培养必须以对职务要求的分析为基础。现任职务分析可以通过实际绩效与目标绩效的对比进行。如果某个经理的实际绩效与目标绩效之间存在差距，则表明他的工作有改进的余地，应进一步分析引起差距的原因，找出他缺乏的知识和技能，有针对性地制订培养计划。

（二）下任职务分析

确定下一任职务的培养要求时也采用类似的过程，特别是把目前的能力与下一任职务所要求的能力相比较。例如，如果考虑让一个搞生产的人去担任项目经理的职务，可能需要对他进行工程、销售，甚至财务方面的培训。在任命之前，对候选人进行系统的培训，与简单地把一个人不加培训就安插到一个新岗位相比，肯定是一种更专业的做法。

（三）未来要求分析

优秀企业在培养方面会做得更加深入，为更长远的将来做好准备。这需要预测由于生产技术和工作方法的更新而对工作能力将提出什么新要求，这些由于外部环境变化而产生的新要求必须与企业当前和今后的培养计划相结合。管理人才的培养计划可以是面向整个组织的，也可以是专门为某个具体职务而设计的。

二、经理人员的在职培养方式

经理人员的在职培养可以使受训人在学习的同时为企业做出贡献。不过这种方式需要由经验丰富、能力强的经理来担任教师和进行指导。有计划的提升、职务轮换、设置助理职位、临时提升、参加委员会和辅导，是在职培养的六种主要方式。

（一）有计划的提升

有计划的提升是让受训者清楚地了解他的发展道路，他目前所处的位置，他将来可以达到的目标。受训者就知道为了提升需要具备什么知识，为了获得所需知识要采取什么措施。这实际上是一种循序渐进的方法，要求受训者在每个管理岗位上都很好地完成任务。

（二）职务轮换

职务轮换的基本目的是扩大经理人员的知识领域。受训者轮换到不同岗位上，可以学到企业各种不同的管理知识。职务轮换的形式包括：担任业务职务；考察；在经理人员的各种培训职位之间轮换；担任中层副职；不固定地轮换到各种不同的管理职位上。

职务轮换从理论上讲是很好的，但在实际操作时存在许多困难。在某些职务轮换计划中，参与轮换的经理人员实际上并没有管理的权限。他们只是观察或协助直线经理人员工作，没有真正承担管理的责任。即使轮换到管理职位上，由于时间不长，也很难证明他们在以后的工作中会有什么样的效率。此外，当轮换计划结束时，可能没有合适的职位来安排他们。

（三）设置助理职位

设置助理职位是让受训者和有经验的经理人员一起工作，后者对前者的发展需要给予特别关注。这种办法可以开阔受训者的眼界。经理人员从许多工作中挑选一些分派给受训者去做，以测试他们的判断能力。与职务轮换一样，采用这种方法要求担任指导工作的经理人员必须是合格的教员，能够指导与培养受训者，直到他们可以担当经理人员的全部职责。

（四）临时提升

临时提升是指在现职经理人员休假、生病、出差，或者在某个职位空缺时，由受训者代理其职务，等到现职经理人员回到岗位，或者在空缺职位找到了合适人选后，再将职务交回给对方。如果受训者在代理期间能够做出决策和承担全部职责，那他就能取得非常宝贵的经验。相反，如果他只不过是挂个名，不做决策，不是真正进行管理，他能得到的经验是很有限的。临时提升不仅是一种培训方法，还是企业在遇到职位临时空缺时的一种“应急措施”。

（五）参加委员会

委员会也可以作为培养经理人员的工具。让受训者参加委员会，可以使受训者有机会和有经验的经理人员接触，从中学到一些知识和经验。此外，受训者能够熟悉涉及整个组织的各种事务，可以了解各个部门之间的关系，以及这些部门在相互接触中引起的问题。让受训者参加委员会，可以使受训者有机会向委员会提出报告，以显示他们的分析和归纳能力。

（六）辅导

辅导下级工作应该是每个上级的职责。要使辅导有成效，上下级之间必须建立信任关系。在辅导过程中，上级要有耐心，要明智，能够向下授权，在下级工作表现出色时要给予肯定和表扬。有效的辅导能够发挥下级的长处和潜力，并帮助下级克服缺点与不足。辅导确实需要花费时间，但如果做好了，也能节约时间和金钱，减少因下级犯错误而付出的高昂代价。从长远来看，这对上级、下级和企业都有利。

三、经理人员的脱产培养方式

听报告会和参加大学管理课程学习是经理人员脱产培养的两种常见方式。

（一）报告会

该方法既可用于企业内部培训，也可用于企业外部培训。这一方法是让现任和后备的经理人员听取专家的演讲，了解专家对某些问题的看法。报告会的主题可能非常广泛。如果周密安排，这些报告会能够满足培训工作的需要，还是很有价值的。如果能组织讨论，将报告会变成研讨会，效果会更好，因为通过双向沟通，与会者可以掌握他们特别关心的问题。

（二）大学管理课程

现在许多大学除了提供本科和研究生的工商管理教育之外，还举办各种培训经理人员的课程，培训方式多种多样，有短期培训班、课程进修班、讲座、报告会、讲习班等。教学形式也很灵活，可以安排在周末上课，也可以安排在晚间上课，有些短期课程甚至可以全脱产住校学习。大学举办的培训课程可以使经理人员学到比较系统的管理理论，了解管理理论发展的最新动态，还可以促进经理人员之间交流经验，扩展社会关系网络。

一般来说，经理人员的培养目标包括：增长知识；转变态度；获得技能；提高管理绩效；达到企业目标。

四、培训与职业开发

培训并不是企业单方面的问题，那种认为可以根据企业需要任意塑造和安排职工，认为经过培训任何人都可以成为企业所期望的人才的看法，是错误的。因为每个人都有自己的事业目标，有人希望能在企业里逐步升迁到高层管理职位，也有人希望找份安定的工作，并不看重职位高低。因此，培训项目必须考虑职工的个人因素。

培训需要考虑三个因素：一是客观地分析各种职位的性质和所需要的能力与行为；二是分析培训对象的自身条件，以便决定能否通过培训使其具有职位要求的能力与行为；三是考虑培训对象的事业目标和个人需求，是否愿意向企业所期望的目标努力和发展。有些企业的培训项目没有获得预期效果，其中一个很重要的原因是没有考虑上述三个方面的结合，尤其是与职工的职业计划和个人需求的配合。

职业开发是使职工既能满足企业现在的需要，又能满足未来需要的任何准备活动。职业开发的目的是将职工的需求、能力和职业目标与企业当前和未来的机会与挑战相匹配，确保企业在需要时可以获得具备合适资格和经历的人才。职业开发包括正式和非正式的手段。职业开发项目可以在企业内部进行，也可以依靠外部组织进行。

本章提要

1. 培训是以提高企业绩效为目标，改变职工行为的活动。培训的必要性来自环境的变化，这些变化包括：技术进步；学习型组织；团队工作方式；组织重组；参与管理。培训需要考虑五项影响因素：高层领导的支持；人力资源经理作用的发挥；行为科学知识的传播；学习原理的运用；法律要求。

2. 根据培训的对象，可以将培训分为新职工培训和在职职工培训。前者是针对新职工进行的任职前培训，后者是为在职职工适应职务要求进行的培训。企业培训主要是在职职工培训。根据培训的内容，培训可以分为业务/技术培训和管理培训。

3. 企业在开展培训之前，要先分析培训需求。培训需求分析必须形成制度，定期地在组织、任务和人员三个层次上全面展开。组织分析的重点在于确定企业范围内的培训需求，任务分析的重点在于确定培训的内容，人员分析的重点在于确定需要接受培训的人员。

4. 培训项目评价是指获得培训项目的效果信息，并根据这些信息分析培训价值的活动。培训效果可以从反应、考核、行为和绩效四个环节来衡量。

5. 管理培训的基本目的是为企业提供合格的管理人才，满足企业对管理人才的需求。确定管理培训计划不仅需要考虑企业的要求、企业经营和职务的要求，还要考虑受训人的个人要求。管理培训需求分析包括现任职务分析、下任职务分析和未来要求分析。

复习题

1. 什么是培训？如何认识培训的重要性？
2. 影响培训的因素有哪些？
3. 学习的基本原理有哪些？
4. 如何分析业务/技术培训需求？
5. 业务/技术培训有哪些类型和方式？
6. 如何评估业务/技术培训项目的效果？
7. 如何分析管理培训的需求？
8. 经理人员的培养有哪些方式？

练　习

练习 6-1：培训项目计划练习

为了培养当地技术人才，一家外商独资企业先后两次派人到公司总部所在国培训。

第一次外派技术人员出国培训是 2019 年年底。设备安装调试刚刚完成，公司派出 6 名工程师（生产、工程、质量）前往公司总部所在国学习，目的是了解总部的工程师怎样设计工艺。为期一个月的培训结束后，公司发现培训效果并不理想。分析原因，是这些人没有任何生产经验，没有明确的需要解决的具体问题，培训使他们增长了见识，开阔了眼界，带回了一些生产工艺资料，但遇到稍有不同的实际问题就不会解决了。公司得出结论，培训时机早了，下次派员工培训必须先参加生产一段时间，带着具体问题出去，并且要动手操作。

第二次培训是 2021 年年初。2020 年，生产过程是在外籍专家的指导下进行的，培养了一批懂得开机的操作工人。为了进一步培养他们独立工作的能力，公司决定派他们出国进行一个半月的强化培训。公司要求受训人带着一年来操作实践中发现的问题参加培训，并通过培训找到解决问题的办法。此次派出 18 名工人，采用师傅带徒弟的方法，每个学员跟一个师傅，上班一起生产，下午提前一小时结束生产，集中课堂答疑，由总部的工程师解答疑问。学员要总结当天学到的技能，晚上回到宿舍要完成师傅布置的作业。此次培训效果非常好，这些学员回国后很快就担任机台长，生产率与成材率都有显著提高。2020 年，生产率为 20 米/人·小时，成材率为 30%。培训当年，生产率上升到 60 米/人·小时，成材率达到 50%。2022 年，生产率达到 100 米/人·小时，成材率达到 80%。

要求：

分析该公司两次培训的培训目的、培训目标、培训内容、受训人员和培训方式（填入表 6-4），并讨论培训项目计划对培训效果的影响。

表 6-4　两次培训项目计划的比较

培训项目计划	第一次培训	第二次培训
培训目的		
培训目标		
培训内容		
受训人员		
培训方式		

练习 6-2：培训需求分析练习

某公司的培训需求来源于以下四个方面：

（1）年终绩效评估。首先是上年度目标的完成情况。每年的 12 月中旬，各级主管要与下属进行绩效面谈，讨论上一年制定的工作目标和培训计划的完成情况。面谈前，双方单独打分，然后花一小时交流，讨论下属在知识、技能、工作质量、工作效率、安全意识、成本节约意识、工作态度、客户服务意识、沟通与合作、遵纪十个方面离上一年制定的目标的差距，确定得分（90～100 分评分等级为优秀，80～89 分为良好，70～79 分为胜任，60～69 分为待提高，59 分以下为不可接受），对比评分等级，对于列入“待提高”等级的，主管要与下属具体分析是哪些问题、如何提高，确定培训需求，填写培训需求表。例如，某人的工作质量评分为 67 分，属于待提高等级，主管会和他讨论培训需求并填写培训需求调查表。

其次是下年度工作和培训目标。主管会与下属讨论公司下年度的业务发展目标与本部门的分解目标，为了达到目标，下属在哪些方面需要补充和提高。例如，下年度公司计划通过 ISO9000/14001 整合体系认证，需要一批持证内审员，配合这个目标，要安排内审员考证培训项目。

最后是个人职业生涯发展目标。主管也会和下属讨论下属的职业发展，分析下属目前在公司职业生涯发展路径上的位置和将来的发展，讨论什么培训能够帮助下属提高职业发展所需的相关能力。

（2）环境变化。由于客户的需求变化、技术和知识更新、新法律颁布等环境的变化，新的培训需求会经常产生。例如，某个新客户对某种金属管的清洁要求与众不同，工艺人员必须尽快设计出相应的满足要求的新润滑油的技术指标，供采购部外购，买回后在量产前的试制时，要组织相关人员学习该产品的操作指导书，并现场练习如何使用。

（3）观察/面谈。某个培训项目开展前两个月，人力资源部会下发观察/面谈记录表给部门主管填写，选择参加培训的人选。主管事先不知会下属，在工作和谈话中就表中的问题观察下属的表现，如实填写记录表。

（4）问卷调查。通常是培训前一个月，由人力资源部与讲师共同拟订一份问卷，发给部门主管，由他们发给准备参加培训的学员填写，在三天内收齐交回，供讲师备课。调查问卷是围绕课程内容设计的，主要是帮助讲师了解学员的情况，确定培训重点，丰富讲课内容。

要求：

分析该公司的培训需求来源哪些是组织分析，哪些是任务分析，哪些是人员分析。

课外实践

1. 协助一家公司分析其自身的培训需求，编制培训计划。
2. 协助一家公司制定培训制度或修改公司的培训制度。
3. 协助一家公司评估其自身的培训项目，并撰写评估报告。

第七章
绩效考核

知识与能力目标

通过本章的学习，你应该：

- 了解什么是绩效考核，为什么要进行绩效考核
- 理解绩效考核基础
- 掌握绩效考核方法
- 掌握绩效考核信息的来源
- 掌握绩效考核制度
- 掌握绩效考核实施程序
- 了解绩效考核的常见问题及改进措施

素养目标

理解企业绩效考核的重要性，对员工进行爱国主义、集体主义教育，帮助企业管理者坚持正确的政治立场，不断激发员工发展企业、建设国家的主人翁精神。

引导案例

制度的力量

18 世纪末期，英国政府决定把犯了罪的英国人统统发配到澳洲去，这些犯人乘船到澳洲，英国政府按上船的犯人数支付船主费用。一些承包了大规模运送犯人工作的私人船主为了牟取暴利，在英国尽可能地多装人，而对于这些人能否远涉重洋活着到达澳洲就不管不问了。有些船主为了降低费用，甚至故意断水断食，结果导致运往澳洲的犯人在船上的死亡率高达 12%。为此，英国政府想了很多办法，但不管是派政府官员监督、提高犯人生活标准，还是派医生上船为犯人治病，都没有把死亡率降下来，相反，有的监督官员和医生因为不与黑心船主同流合污而被杀害。政府支出了高昂的费用，却无法改变犯人死亡率居高不下的现象。

后来，一位英国议员建议政府以到澳洲上岸的人数为准计算报酬，即不论在英国上船装多少人，都以到澳洲上岸时的人数来支付报酬。问题立刻迎刃而解。船主主动请医生跟船，在船上准备药品，改善犯人生活，尽可能地让每一个上船的人都健康地到达澳洲。自此，船上的死亡率一下子降到了 1%以下。有些运载几百人的船只经过几个月的航行竟然没有一个人死亡。

绩效考核是人力资源管理的重要环节。如果考核结果准确的话，绩效考核可以帮

助我们分析企业在人力资源上的优势和劣势，可以验证招聘和选拔决策的正确性，可以指出职工在哪些方面需要接受培训，可以评价职工的优缺点和发展潜力，进而帮助他们制订个人职业计划，可以为加薪、晋级、降级、撤职、解雇和调动等人事决策提供依据或信息。如果企业缺乏人才，那可能是招聘或培训出了问题；如果企业有人才而不能用其所长，那可能是任用不当；如果用其所长而不能有所表现，则是缺乏激励或考核不当的结果。

在本章，我们首先解释为什么要进行绩效考核，绩效考核有哪些目的和用途，在这方面人们的认识并不一致。任何考核活动都需要明确考核标准和方法，所以接下来我们会讨论如何选择考核基础，如何选择考核方法和考核制度。世上没有十全十美的考核方法和制度，我们会讨论如何避免在绩效考核过程中容易犯的一些错误。

第一节　绩效考核的意义和目的

绩效考核是帮助职工寻找并缩小实际绩效与标准绩效之间差距的过程。在这里，绩效可以是职工的工作行为和表现，也可以是职工的工作结果，要全面认识绩效考核。绩效考核是提高职工个人和企业绩效水平的手段，其本身并不是目的。影响绩效水平的因素，有些是职工不能控制的制度因素。

一、为什么要进行绩效考核

绩效考核是人力资源管理领域最棘手的任务。一项研究显示，80%以上的职工对所在公司的考核制度不满意。甚至有专家认为，绩效考核由于受到职工无法控制的偶然因素的影响而缺乏客观依据，不仅没有好处反而会对企业目标造成伤害，主张彻底取消对职工的绩效考核。经理人员也不愿意考核下属，担心得罪人。

既然绩效考核被看作是一项消极的、令人不满的活动，为什么企业又不放弃它呢？这是因为，绩效考核是一项重要的管理活动。

（1）企业必须对职工的晋升、加薪、奖励、解雇、转岗、培训等做出决策，而绩效考核是这些决策的重要依据之一。

（2）绩效考核反映了企业和职工对公正、公平的需求。

（3）绩效考核可以为上级检查下级的工作提供依据和机会。

因此，问题不是要不要绩效考核，而是如何建立有效的绩效考核体系。经理人员必须坚定地、尽可能公正客观地评价下属的表现。可以说，所有的集体活动都存在某种形式的对其成员表现的评价。大多数人（特别是能力强的人）都想了解自己的表现。职工对绩效考核的疑虑和失望，是使用的考核标准和衡量方法不当引起的。如果使用正确的、适当的、客观的衡量标准和方法，可以减少或消除职工的不满和抵制。

二、绩效考核的目的和用途

企业进行绩效考核有多重目的和用途，包括薪酬决定、晋升决定、工作评估、工作改进、人员计划、人才培养和信息反馈等。一项调查研究显示，绩效考核的某些目的和用途必须分开。这是因为，在考核目的不同的情况下，经理人员担任着不同的角色。绩效考核为决定薪酬时，经理人员常常担任法官的角色；绩效考核为培养下属时，经理人员需要充当顾问和导师的角色。因此，企业需要针对不同需要开发不同的绩效考核体系。例如，美国伊士曼化学公司为培训、薪酬和选拔开发了三个评价体系。

淡化绩效考核的控制、分配和激励的功能，强化其沟通、开发和反馈的功能，是人力资源管理发展的趋势。

第二节　绩效考核基础与方法

绩效考核与其他评价活动一样，首先需要选择考核内容和设计考核指标，否则无法进行比较和衡量。

一、绩效考核基础

绩效考核内容和考核指标的建立基础有个人品质、工作成果和行为。

（一）个人品质

个人品质指根据一个人具备某些品质的程度来判断他的绩效，它假设绩效高的人具备某些优秀品质。常用的考核项目有与人相处的能力、勤勉程度、合作性、判断力、创造性、自主性、领导能力、社会性、热心、勇气、忠诚、可靠性、进取心、自信心等。有时也包括一些与职务有关的特征，如业务知识、完成任务的能力、实施计划的能力等。

在以个人品质作为考核基础时，需要清楚地说明每项品质的含义。例如，在将判断力作为考核项目时，要给出判断力的明确定义——“在得出正确结论的过程中，识别重要和次要因素的能力”。同样，每个评定等级也要给出明确定义。以判断力为例，将“杰出”定义为“在估计形势和作出决定时异常敏锐”。

品质考评简单易行，对某些行为的激励也有一定帮助，因此在实际工作中得到广泛应用。

（二）工作成果

工作成果指根据一个人完成预期产出和做出贡献的大小来判断其绩效。它以可考核的目标为量度核心，促使职工完成企业所交付的任务。常用的考核项目有利润、废品率、净销售额、销售成本、维护费用、应收账款的平均天数、投资回报率等。依靠这些项目制定目标，并根据完成目标任务的程度对下属的绩效作出考核。

以工作成果作为考核基础的优点是客观和切实可行，根据实际成果衡量一个人的工作完成得怎样，考核的对象可以测量，减少了考核中的纯粹推断成分。

其缺点主要是：

（1）人们达到或没有达到目标可能不是由于自己的功劳或过错，运气常常在绩效中起着一定作用。要在考核过程中把不可控制的因素考虑进来是困难的。

（2）容易产生只看结果不问手段、片面追求短期利益等倾向。

此外，并非企业所有部门的绩效都可以用直接成果来衡量。企业中可以运用直接成果评价绩效的领域较多地集中在生产和销售部门，一些行政支持性部门难以使用直接成果考核，这些部门的绩效无法单独衡量，也难以量化。

（三）行为

行为指以职工的工作行为作为考核的依据。常用的考核项目有服从指挥、遵守纪律、按时出勤、及时报告、提交建议等。

在完成工作的行为方式对企业目标的实现非常重要的情况下，以行为为基础的绩效考核特别有效。这种考核方法能够为职工提供有利于改进工作绩效的反馈信息。以行为作为考评基础的困难之处在于建立一套考核行为的尺度。如果能建立一套考核行为的尺度，那么根据这个尺度考核职工的工作行为的可靠性和有效性都会提高。以行为为基础的考核比较适合于绩效难以量化考核的工作，如经理人员和专业技术人员的工作。

以上三种考核基础的区别在于：个人品质考核着眼于被考核者“是个什么样的人”；工作成果考核着眼于被考核者“干出了什么”；行为考核着眼于被考核者“干了什么”。

二、绩效考核方法

常用的绩效考核方法有等级排列法、强制分布法、考核量表法、关键事件法和行为锚定量表法五种。

（一）等级排列法

将企业全体职工按照总体工作表现从最好到最差依次排列。例如，将工作表现最好的职工排在最前面，最差的排在最后面。如何排列职工的顺序是等级排列法的关键。除直接排序外，配对比较和交替排序也很常用。

如表 7－1 所示，配对比较法是将职工两人编成一组，根据考核要素轮流编组进行比较。考核者只需在每组中选出较优者，较优者得 2 分，较差者得 0 分，如果两人不分上下，则各得 1 分。最后，将每一位职工得到的分数相加，就能够排出顺序。

表 7－1　配对比较法

比较对象	被评价人员				
	张弘	李剑	王韬	刘祺	赵敏
张弘		2	1	0	0
李剑	0		0	0	0
王韬	1	2		2	0
刘祺	2	2	0		2
赵敏	2	2	2	0	
评分	5	8	3	2	2

如表 7－2 所示，交替排序法首先列出所有被考核职工的名单，然后根据考核因素从中挑选出最优者和最差者，将最优者列于榜首，最差者列于榜尾。在其余的职工

中挑出次优者和次差者，分别置于第二和倒数第二，以此类推，直到将所有职工考核排列完毕为止。一般来说，反差越大，越容易区别。从一群人中挑选出最好的和最差的要比绝对地对他们进行考核容易很多。

表 7－2　交替排序法

评价最高的员工	
1. ______	6. ______
2. ______	7. ______
3. ______	8. ______
4. ______	9. ______
5. ______	10. ______
	评价最低的员工

等级排列法简单易行，但不能准确衡量评价因素与工作表现的相关程度，也难以确定排序所依据的客观事实，主观性较强。采用这种方法的限制是，如果被考核的人很多，或者绩效水平相近，将难以进行排列。因此，这种方法只适用于人数不多的情况。

（二）强制分布法

强制分布法指按预先规定的比例将被考核者归并到各个绩效类别上去。这种方法是根据统计学的正态分布理论提出来的，特点是两极者居少，中间者居多。例如，一个企业的考核分为优秀、良好、称职和不称职四个等级，被考核者则可以按以下比例分配：优秀的人数不得超过被考核者的 15%，良好的人数不超过 30%，称职的人数不超过 50%，不称职的人数不少于 5%。

采用强制分布法可以防止滥评优秀或被考核者的得分十分接近以至于分不出优劣的弊端发生。这种方法的问题来自这一方法的假设，即所有部门中都有相同的绩效类别分布。例如，在一个只有 5 个人的部门里，要求将他们分布到 5 个绩效考核类别显然是不实际的。如果在考核过程中人们的相互不信任感很强，并且这种考核涉及重大的人事决策，这时应使用强制分布法。严格来说，强制分布法并不是一种考核方法，而是一种限制考核分数的方法，通常和其他方法结合使用。

（三）考核量表法

采用考核量表的过程如下：

（1）确定若干因素作为评价项目。这些因素可以是与工作相关的因素，如工作数量和工作质量，也可以是与个人品质相关的因素，如创造性、依赖性、积极性等。国内企业通常习惯从德、能、勤、绩四个方面来确定评价项目。

（2）将考核项目划分成若干个等级。例如，将“工作主动性”划分为特高、高、平均、低、特低五个等级。不同考核项目划分的等级及数目可以不一样。

（3）建立评价尺度或量表。量表可以是不连续的，也可以是连续的。不连续的量表其等级与分数一一对应，不能给两个等级之间的分数。以上面提到的工作主动性的五个等级来说，可以分配给特高 5 分，高 4 分，平均 3 分，低 2 分，特低 1 分，评价时不能选择 3.5 分或者 4.8 分。连续的量表其每个等级对应一个分数范围，再以工作主动性的五个等级为例，可以分配给特高 9～10 分，高 6～8 分，平均 4～5 分，低 2～3 分，特低 0～1 分，评价时可以范围之内的分数，如 7 分或 4.5 分。

（4）定义评价因素和评价等级。例如，“工作主动性”可定义为“完成工作时不需要监督和只需要很少监督的程度”；“特高”可定义为“完成工作时从不需要监督，工作总能让人放心”，或者定义为“在无人监督时，工作效率和质量依然能保持高水平”。

进行绩效考核时，考核者根据被考核者的实际情况，从每项评价要素中找出符合其绩效状况的分数，将各个考核要素所得分数加起来就是其最终的考核结果。表 7－3 是考核量表的一个样本。

表 7－3　考核量表举例

姓名：　　考核期： 岗位职务：　　部门：	优秀	良好	称职	基本称职	不称职
	5	4	3	2	1
1. 工作质量					
工作成果的可用性 遵守规定和说明 正确使用设备器材 工作有条理 工作熟练程度 专业知识 返工/职责					
2. 工作数量					
完成无差错工作耗费的时间 持久性 超负荷能力 遵守期限					
3. 工作行为					
经济观念 可靠 合作 主动性/改进建议 承担不同工作的能力 勇于负责					
4. 管理行为（适用于经理人员）					
计划/安排/授权 监督/控制 获得成果/激励部属 信息 培养部属/考核公正 与同级干部的协作					

注：只对与本岗工作有关而且重要的从属指标进行考核。1 至 4 项主要指标的综合考核不要求一定是其从属指标考核结果的算术平均值。

考核量表的优点是评价时有比较确定的范围和具体描述作为依据。由于所有被考核者都用同一尺度考核，故比较公平。考核结果可以量化，操作方便。这种方法的困难之处是如何保证考核量表的可靠性和有效性。评价项目不能过多也不能过少，否则会有重复或遗漏的可能性。考核者对考核项目和等级定义的理解与解释不完全相同时，可能会造成宽严不一的情况。此外，考核量表的内容是预先拟订好的，考核者受其限制不能完全表达自己的真实意见。因此，考核量表容易产生评价偏差。

（四）关键事件法

通过列举一些事例来证明职工实际工作表现。这种方法考核具体的工作行为，而不是个人品质。采用这种方法时，要求考核者平时将被考核者的一些与日常工作有关系的重要或特殊事件记录下来，这些事件是被考核者获得工作绩效的关键。绩效考核时，考核者运用这些记录和其他资料对被考核者的绩效进行评价。表 7－4 是运用关键事件法进行绩效考核的一个例子。

表 7－4　工厂助理的绩效评价表（基于关键事件）

工作职责	目标	关键事件
安排工厂生产计划	对工厂和机器设备的利用率达 90%；及时发布各种指令	制订新的生产计划；上个月的指令延误降低了 10%，上个月机器设备利用率提高了 20%
监督原材料采购和库存控制	在保证充足的原材料供应的前提下，使原材料的库存成本最小	上个月原材料库存成本上升了 15%；5%部件的订购超标 20%；10%部件的订购短缺 30%
监督机器的维修保养	不能出现因机器故障而造成的停产	制定了一套新的机器维护和保养系统；由于及时发现机器部件故障而避免了一次机器设备的崩溃

这种方法的优点在于可以为考核提供一些确切的事实根据，可以使考核依据的是职工的一贯表现，而不是近期的一时表现。不过，记录关键事件要花费时间。这种方法常常与其他考核方法结合使用，它在认定职工特殊的最佳表现和最差表现方面十分有效，能起到补充作用。关键事件法很少单独使用，因为在评价涉及加薪、升职决策时，它的用处不大。

（五）行为锚定量表法

行为锚定量表法是考核量表法与关键事件法的结合，吸收了两者的优点。通常的做法是，首先由熟悉工作的职工描述可以用来考核工作表现的关键事件，然后将这些关键事件按性质分类，并编制成量表，量表上标记一些特殊事件。例如，考核要素是“对待顾客投诉的处理态度与方式”，量表分 9 个等级。等级 3 的事件为：“某顾客要求将已购商品更换成另一式样的商品，予以拒绝，态度粗鲁，顾客悻悻而去。”等级 9 的事件为：“某女顾客拿着在本公司另一分店所购女式衬衫，要求更换成另一种款式，圆满解决此事后顾客很感动，当场购买了三件衬衫和一条裙子。”编制行为锚定量表花费较多时间。表 7－5 是运用行为锚定量表法进行绩效考核的一个例子。

表 7－5　客户迎宾工作的考核

职位：××银行总行大堂迎宾小姐
指标定义：做好总行行政大楼和营业部大厅的客户迎宾工作，为他们提供微笑迎宾、业务办理引领和本行介绍。
评价等级：

最好（10 分）	较好（8 分）	好（6 分）	较差（4 分）	差（2 分）
不仅能够做好引导工作，还能向客户介绍各项业务办理的地点并主动介绍××银行的基本情况	不仅做好引导工作，还能引导客户办理业务	能够做好微笑迎宾工作，有时能够解答客户关于业务办理的问题	能够做好迎宾工作，但是基本不能较好回答客户业务办理的问题	仅仅能够做到微笑迎宾

这种方法比其他考核方法准确和可靠，考核标准更加清楚，但花费的时间更多。使用行为锚定量表法时应注意做好工作记录。行为锚定量表偏重于描述工作行为而不是评论工作行为，考核结果容易理解。

上述考核方法各有利弊，适合于不同的条件。选择哪种方法取决于企业考核的目的，例如，如果考核是为了晋升、提薪、奖励和培训，等级排列法和强制分布法比较合适。企业也可以将几种考核方法结合使用，例如，将考核量表法和关键事件法结合使用。

三、绝对标准考核和相对标准考核

绩效考核方法可分为绝对标准考核和相对标准考核两类。

（一）绝对标准考核

绝对标准考核指所有职工都与某个固定标准比较，如考核量表、行为锚定量表。对于职工人数较少而且绩效水平接近的部门，采用绝对标准可以避免考核上的困扰。缺点是存在考核者给每个人都打高分的倾向。

（二）相对标准考核

相对标准考核指职工与职工之间相互比较，如等级排列法和强制分布法。相对标准可以克服绝对标准评分高的情况。如果一个部门有 7 位职工，以相对标准考核时只要将他们彼此比较，就可以排出优劣顺序。但这也是相对标准考核的缺点所在，即当考核的人数少或彼此差别小时，可能使考核结果不切实际。一个表现平平的职工也许会得到很高的评价分数，因为他是“差中之好”。相反，一个表现优秀的职工在激烈的竞争下，评价分数也许很差，但是如果以绝对标准来衡量，他也许属于“绩效突出”的一类。

采用绝对标准和相对标准相结合的考核法，可以使两种方法的缺点降到最低程度。可先以绝对标准，然后再用相对标准评分，这样可以避免考核者给的分数过高或过低。

第三节 绩效考核制度

从哪里获得绩效信息？对职工的绩效进行考核的责任应该由谁来承担？绩效信息的来源不同，考核的责任由不同的人员来承担，构成了不同的绩效考核制度。

一、绩效考核信息的来源

职工的绩效应该由最了解职工工作情况的人来进行考评。职工的直接上级、下级、同事，甚至职工本人都可以承担绩效考核责任。

（一）直接上级考核

一般来说，职工的直接上级跟职工接触最多，对职工的工作表现最了解，由直接上级进行考核显得自然和符合逻辑。不过，在有些情况下上级看不到下级的工作，对下级的工作表现是听来的。因此，让其他了解情况的人参与评价，听取他们的意见就显得十分必要了。

（二）下级评价

许多企业让下级以匿名的方式参与对他们直接上级的评价。下级评价是一种自下而上的信息反馈，这种做法的根据是下级所处的位置有利于他们观察直接上级的领导效果。有学者认为，让下级参与评价可以使企业的高层管理者对企业的管理风格进行诊断，发现企业中存在的潜在人事问题，可在必要时采取相应的纠正措施。下级评价存在的问题是下级职工可能担心指出上级主管的不足会遭到报复。因此，要使这种做法成功就需要保守秘密，不能将评价者的姓名泄露给被评价者。如果能够轻易地从评价材料中辨认出谁是评价者，则保密是一件非常困难的事情。如果评价是为了开发经理人员的能力而不涉及人事上的安排，下级评价的做法可能更加有用。

（三）同事评价

同事评价可以取代或补充直接上级考核。职工的同事从与直接上级完全不同的角度观察某个职工的绩效，因此他们经常能以一种不同的、更加现实的眼光看待职工的表现，因为人们在上级在场与不在场时的表现是有所不同的。

同事评价的优点主要在于：同事之间对彼此的绩效要比任何局外人更加了解，因此有可能作出更准确的评价；同事参与评价带来的压力会促进职工改善绩效和人际关系；可以听到各种不同的观点。

同事评价所带来的问题主要是：利益冲突，即给别人高分可能会使自己失去晋升机会，这时同事的评价可能有失客观；人际关系的影响，即一个人可能担心给同事低分会伤害相互之间的友谊或集体的凝聚力。另外，有些人的评分会受对被评价人的好恶的影响；或者相互吹捧，大家串通好，相互给对方打高分，使评价失去意义。在推行自我管理的组织中，同事评价比较受欢迎。此外，参与的文化氛围是保证同事评价成功的重要因素。

（四）集体评价

集体评价，即两个或两个以上了解职工情况的经理共同对某个职工进行绩效考核。例如，销售部的某个职工经常与市场部经理一起工作，那么销售部经理就可以和市场部经理一起对这个职工的绩效作出评价。集体评价的优点在于通过第三者参与增加了评价的客观性。由于存在各种偏差，每个评价者都可能会得出不确切的结论，但综合每个人的评价得出的结论应该比一个人的评价结论更加可信和公正。集体评价有助于消除一个人评价时容易出现的偏见和晕轮效应。集体评价的不足之处是削弱了直线经理（上例中的销售部经理）的作用。把工作繁忙的经理们召集在一起，时间安排也是需要克服的困难之一。

（五）服务对象评价

职工的服务对象不仅包括企业外部的客户或消费者，还包括企业内部接受服务的部门和具体对象。服务对象考核有助于职工更加关注自己的工作态度和工作结果，提高工作的质量。它的缺点是：服务对象更侧重于职工的工作结果，不利于对员工进行全面的评价；此外，有些职位的专业性和技术性较强，服务对象较难作出评价。

（六）自我评价

有些企业使用自我评价作为上级考核的补充。有些学者认为，职工处于评价自己绩效的最佳位置，因为他们理解期望目标和评价标准，他们比别人更加了解自己在工作中哪些方面做得好、哪些方面需要改进，只要给他们机会，他们就能够客观地评价自己的绩效，并采取必要措施加以改进。自我评价存在的问题是自我评价普遍比由上级或同事作出的评价更有利于职工。一项研究显示，当要求职工自我评价时，有40%的人将自己评为优秀，余下的人绝大多数不是将自己评为良好，就是将自己评为称职，只有1%～2%的人将自己评为基本称职或不称职。那些给自己很高评价的职工，其绩效往往低于一般水平。因此，有学者认为，自我评价作为一种考核工具可能并不有效。不过，自我评价用于职工开发还是有效的。自我评价对那些重视职工参与和开发的经理具有很大吸引力。综合来讲，自我评价应当审慎使用。在要求职工自我评价时，经理人员应该清楚，由他们作出的评价和由职工作出的自我评价可能会有很大差异。此外，在不要求职工自我评价的情况下，职工也会带着对自己的评价参加到考核过程中来，而且他们对自己的评价总是高于直接上级对他们的评价。

二、具体的绩效考核制度

在绩效考核过程中，选择不同的信息来源，形成了不同的绩效考核制度。除了传统的绩效考核制度，管理实践中采用的绩效考核制度还有目标管理和360度绩效考核。

（一）传统的绩效考核制度

绩效考核的传统做法是由上级考核下级，一级考核一级，这种做法是大多数企业绩效考核制度的核心。由直接上级进行考核，主要出于以下几方面的考虑：第一，直接上级在观察下级的工作绩效上处于最佳位置，由直接上级考核相对容易。第二，直接上级对所管辖的部门负有管理责任，考核下级的工作是直接上级的职责所在。如果将考核下级的任务交给其他人，直接上级的威信可能会被削弱。第三，下级的培训和发展是上级管理工作中的重要环节，考核与培训和发展直接相关。

由直接上级进行考核也可能存在某些问题：首先，直接上级可能会强调职工绩效的某一方面而忽视其他方面。其次，直接上级有可能操纵考核，在作出加薪或晋升等决策方面提供有利于（或不利于）某些职工的依据。最后，在采用项目或矩阵形式的组织中，职能部门的经理可能没有观察下级表现的足够机会，在进行考核时缺乏充足的事实依据。不过，在大多数情况下，绩效考核的主要责任仍由直接上级来承担。

（二）目标管理

目标管理不仅是一种管理方法，也是一种有效的绩效考核制度。这种方法的做法是，评价期初，上级要单独会见每一位下属，共同讨论下属的工作范围、职责和以往的工作表现，并一起为下属明年的工作建立目标，制定考核下属表现的标准，同时在如何达到目标方面授予下属充分的自主权。考核期间，上级要定期与下属开会，评价下属的表现，并提供指导。考核期结束时，上级和下属举行一次评价会谈，检查当初制定的目标是否达到，并为下一阶段的工作制定目标，开始新一轮的考核过程。

目标管理与传统的绩效考核制度存在非常大的区别。在传统的绩效考核制度中，常常使用个人品质作为考核绩效的基础，考核者像一个法官。采用目标管理进行考核，绩效考核的基础不再是态度而是成果，考核者由法官转变为顾问，职工也成为积极的参与者。下级参与目标的制定和考核过程是目标管理与传统做法的本质区别。

采用目标管理进行考核的优点在于加强了上下级之间的沟通，将下级个人的工作绩效与企业目标联系起来，能够使下级对直接上级负责。此外，它还能促进职工的参与，提高职工的工作自主性和工作意愿。如前所述，这种制度的局限性在于，它不能完全消除无法控制的因素对工作成果的影响，一个人完全可能由于不是自己的功劳或过失而达到或达不到目标。运气往往在目标的达到过程中起着部分作用，以至于一个人达到目标与否可能与他个人的努力无关。改进的办法是在评价目标的完成情况时充分考虑那些无法控制或意外因素的影响。如果可以获得客观的工作情况资料，目标管理是一个不错的选择。

（三）360 度绩效考核

360 度绩效考核又称全方位绩效考核或多源绩效考核，是指从与被考核者发生工作关系的多方主体那里获得被考核者的信息，以此对被考核者进行全方位、多维度的绩效评估。这些信息的来源包括：来自上级自上而下的反馈，来自下属自下而上的反馈，来自平级同事的反馈，来自企业内部的支持部门和供应部门的反馈，来自公司内部和外部的客户的反馈，以及来自本人的反馈。

360 度绩效考核采用匿名形式，避免考核主体担心被打击报复或破坏人际关系；360 度绩效考核的考核者不仅来自各个不同层次，而且每个层次都是若干名考评者，考评结果取其平均值，因此，收集的信息更加全面，考评结果减少了个人偏见和评分误差，更加客观、可靠。被评价者获得来自更多层面的人员对自己绩效、能力方面的评价，能全面客观了解自己，为改进不足、不断提升提供了参考。

第四节　绩效考核实施程序

绩效考核的实施程序包括三个阶段，即准备阶段、考核阶段和处理阶段。

一、准备阶段

绩效考核的准备阶段包括组建考核机构、制定考核方案、编制考核表格、确定考核人员与动员等项预备工作。

（一）组建考核机构

考核机构（考核委员会或考核小组）由企业高层经理、部门经理、人力资源部门有关人员、工会代表等组成。考核机构的主要工作包括制定绩效考核方案及实施办法、编制绩效考核表格、确定考核人员、组织考核面谈、处理考核结果等。

（二）制定考核方案

考核方案是根据考核的目标和要求对有关考核事项的规定，主要内容有：

（1）规定考核的对象范围，划定列入考核的人员层次和类别。

（2）规定考核的基本内容。

（3）规定考核的期限（通常为年度考核）。

（4）规定考核的方法、实施程序与进度安排。

考核方案应公布于众。

（三）编制考核表格

考核表格是考核必不可少的工具。编制考核表格需要注意表格项目的设计要科学；表格栏目与封皮设计要标准化；填表说明用语要准确、简洁，无诱导回答的暗示；标记格式要简便易行，便于填写和计算机处理。

（四）确定考核人员

确定考核人员应遵循如下原则：

（1）与被考核人有工作上的联系。

（2）了解和熟悉被考核人。

（3）与被考核人无个人恩怨。

（4）考核人具有代表性。

（五）动员

动员是一项必不可少的考核准备工作。在动员会上，应由企业高层或考核机构的负责人讲解考核的目的、意义与必要性，讲解考核方案的有关事项，如考核的内容、方法、程序与进度安排等。动员的目的是提高大家对考核工作的思想认识和重视程度，消除被考核人与考核人的思想顾虑，使全体参与人员以认真、负责、积极的态度参加考核活动。

二、考核阶段

考核阶段的主要工作是被考核人述职、访谈和考核人评价。

（一）被考核人述职

考核阶段通常由被考核人述职开始，即被考核人对考核期内的工作进行总结并作出自我评价。述职有两种形式，一是填写述职表，二是在述职会上作述职陈述。前者适用于上级对下级的考核，后者适用于一般考核。述职内容包括以下部分：

（1）任职陈述，简要说明自己的工作职责与承担的主要工作任务。

（2）尽职陈述，对自己在考核期内履行职责和完成工作任务的情况作出正面总结。

（3）缺欠陈述，实事求是地陈述工作中存在的问题，并分析其原因。

（4）自我评价，按照考核指标与标准作出总体自我评价。

尽职陈述是述职的主要部分，陈述既要全面，又要重点突出，要列出工作实绩，用事实和数据说话。在述职中也可以提出今后改进工作的设想。

（二）访谈

在考核过程中，为了全面了解和评价被考核人，考核人或考核机构应对有关人员进行访谈。访谈对象包括被考核人，也包括被考核人的上级、同事、下级和其他了解被考核人情况的人员。访谈人数视考核要求而定，对工作联系较广泛或职务较高的人员的考核，访谈人数应多一些。访谈前应注意的问题有：

（1）预先了解被考核人的情况，可查阅人事档案等有关材料。

（2）确定访谈目的与访谈提纲，如补充了解某方面情况、核实有歧义的问题等。

（3）与被访谈人商定访谈时间和地点，尽量不要单方面指定。

（三）考核人评价

考核人综合获得的信息，对被考核人在考核期的工作表现作出实事求是的评价。考核结果是否客观公正，很大程度上取决于考核人的思想素质、能力和心理素质。

三、处理阶段

处理阶段的主要工作是考核结果统计和考核结果信息反馈。

（一）考核结果统计

对于考核量表，需组织人员对考核数据进行统计，分别统计每位被考核人的项目得分和总评得分。统计结果可以用以下三种方式来表示：

（1）评语，即考核机构根据统计结果与其他有关材料以文字形式对被考核人的表现作出评价。这是一种定性描述，可以使看过评语的人对被考核人形成总体印象，但容易出现大家的评语雷同化的现象。

（2）表格，即以统计表的形式表示被考核人的考核结果。这是一种定量描述，便于在被考核人之间进行横向比较。表 7－6 是考核结果统计表的一个例子。

（3）图形，即以几何图形来表示被考核人的考核结果。这种形式也是一种定量描述，且直观性更强。具体图形可以采用直方图，也可以采用曲线图。前者以直方条的长短，后者以曲线走势，来表示考核项目的得分。

表 7-6 考核结果统计表举例

考核项目	序号	考核指标	指标得分					项目得分
			上级	同事	下级	本人	得分	
	1							
	2							
	3							
	4							
	5							
	6							
	7							
	8							
	9							
	10							
	11							
	12							
总计得分								

（二）考核结果信息反馈

考核结果应该反馈给被考核人。这不仅是因为被考核人有知道考核结果的权利，还因为向被考核人反馈考核结果信息，可以使被考核人更好地了解自己，有利于其改进工作，这正是考核的目的之一。除了被考核人外，也应该以某种恰当方式向参与评价的其他人员反馈考核结果。反馈方式通常采用面谈形式，由考核机构成员或直接上级与被考核人面谈，将考核结果告知对方。被考核人如果对考核结果有异议，可在规定期限内向考核机构申请复议。考核结果应存档，并作为日后人事决策的依据。

第五节 绩效考核的常见问题与改进

许多人都知道考核制度会产生不公平。例如，有些考核者给分比较松，常常给出比其他人都高的分数。有些人与上级相处得很好，或者是上级的朋友，无论他的实际表现如何都能得到高分。诸如此类的事情可能会破坏绩效考核制度，它们不但会导致考核无效，而且是不公平的。一旦出现绩效考核制度不公平的情况，企业就会陷入比没有考核制度更糟糕的境地。因此，对在绩效考核过程中容易出现的问题进行探讨是完全有必要的。

一、绩效考核的常见问题

绩效考核过程中容易出现的问题可以分为两类，一类与考核内容、考核标准有关，另一类与考核人有关。此外，企业的环境对绩效考核可能产生负面影响，例如，对表现好的职工缺乏适当的激励，对个别职工缺乏及时的反馈与培训等。

（一）与考核内容、考核标准有关的问题

1. 考核标准含糊不清

如果不同的人对绩效标准给出不同的理解或解释，那就说明考核标准含糊不清。使用含糊不清的考核标准就可能会导致不公正的评价。

2. 考核内容不够完整

用几项考核内容去衡量一个人的工作表现，如果不能涵盖他所有的工作范围和职责，那就说明考核内容不够完整。使用不完整的考核内容自然不能全面地评价出一个人的工作绩效。

3. 考核内容与工作无关

考核内容不够完整是指遗漏了一些与工作有关的考核内容，而这一点则是指包括了一些与工作无关的考核内容。为了提高考核内容的有效性，应当依据职位说明书的内容来确定考核内容。

（二）与考核人有关的问题

1. 晕轮效应

晕轮效应指考核人因为职工某一方面评价的好坏而影响到其他方面或整体的客观评价。这种问题最容易发生在那些与上级特别亲密（或者疏远）的职工身上。例如，一位对上级不太友善的职工不仅会在“与人相处的能力”方面得分较低，而且在其他方面的得分也会较低。要防止这种现象发生，关键是让考核者本人认识到这一问题的严重性，可以对他们进行短期培训，告诉他们应尽量避免这种事情发生。

2. 宽松/严格倾向

宽松/严格倾向指给予的评价过高或过低。出现这类错误的原因主要是每个人判断的标准不相同，评分没有一致的标准。在使用主观性很强的考核标准，并要求考核者与职工讨论考核结果时，最容易出现宽松倾向，考核者不愿意因为给下属过低的评价而招致下属的不满，使他们在以后的工作中变得不合作。当考核者采用的标准比企业制定的标准更加苛刻时，会出现严格倾向。无论是宽松还是严格，都会给企业带来问题，特别是在加薪、提升和解聘职工方面。宽松/严格倾向在使用考核量表时表现得尤为突出。使用等级排列法或强制分布法可以避免这类错误发生，因为考核者必须对下属的工作表现排出等级。

3. 居中趋势

居中趋势指给所有人接近平均或中等水平的评价。考核者不愿意给优秀、很差的极端的评价，于是一视同仁，无论实际表现如何，统统给中间或平均水平的评价。考核者这样做可能是因为对下属的工作表现不甚了解，也可能是想避免发生争议或招致批评。居中趋势同样不利于企业作出加薪和提升方面的决策。采用等级排列法可以避免发生居中趋势。

4. 近因效应

近因效应指考核人以被考核人近期的表现而不是全年的表现作为考核的依据。发

生这种情况通常是因为考核者对被考核者近期的表现印象较为深刻，记忆较为清晰。同时，被考核者也会在临近考核前有意（也可能是无意）表现自己，从而给上级留下较佳印象。

5. 个人偏见

个人偏见指因被考核者之间的个人差异造成的评价偏差。被考核者之间在年龄、性别、籍贯、过去的表现等方面的个人差异，有时会影响他们所得到的评价，甚至使他们得到的评价远远偏离他们的实际工作表现。例如，有些考核者不喜欢上了年纪的人，在考核时无论他们的表现多好，评价分数都会偏低。又如，即使有客观的绩效标准，表现特别好的女性得分往往比同样表现的男性高（或者低）。由个人偏见引起的评价偏差，有时对被考核人有利，有时则不利。职工个性软弱也会成为造成考核偏差的原因。有些职工因为不会找上级"麻烦"而得到比实际表现低的评价，而那些信奉"会哭的孩子有奶吃"的职工则有可能得到比实际表现高的评价。

法治护航

员工绩效考核不合格，公司是否可以调岗、降薪、辞退？

绩效考核制度是对员工的工作任务完成情况、工作职责履行程度和员工的职业发展情况等的评定，最终目的是改善员工的工作表现，以达到企业的经营目标。

原本对员工和企业都有利的一项制度，在现实中一些企业把它变成了变相克扣工资、迫使员工离职的工具，从而引发了很多劳动争议，并且企业的败诉率很高。

怎样的绩效考核制度才合法合规？

绩效考核制度是规章制度的一种，应该满足劳动法律中对规章制度的规定。

《劳动合同法》第四条　用人单位应当依法建立和完善劳动规章制度，保障劳动者享有劳动权利、履行劳动义务。

用人单位在制定、修改或者决定有关劳动报酬、工作时间、休息休假、劳动安全卫生、保险福利、职工培训、劳动纪律以及劳动定额管理等直接涉及劳动者切身利益的规章制度或者重大事项时，应当经职工代表大会或者全体职工讨论，提出方案和意见，与工会或者职工代表平等协商确定。

在规章制度和重大事项决定实施过程中，工会或者职工认为不适当的，有权向用人单位提出，通过协商予以修改完善。

用人单位应当将直接涉及劳动者切身利益的规章制度和重大事项决定公示，或者告知劳动者。

所以，企业绩效考核制度应该满足以下规定和流程：

1. 内容合法合理，不能违反《劳动合同法》的规定，不得损害劳动者权益。
2. 制度制定要经过工会或职工代表大会通过。
3. 要对员工进行培训、公示、签字确认。
4. 考核结果应经过员工本人确认。

5. 考核指标、考核依据、考核方式、考核结果、处理方式等约定明确。
6. 绩效考核结果应该公示，员工如不认同或不确认，公司需提供对应的证据。

绩效考核不合格不能直接辞退

《劳动合同法》第三十九条规定了用人单位可以单方解除劳动合同的情形，其中包括“劳动者严重违反用人单位的规章制度的”。

虽然绩效考核制度属于公司制度的一种，但绩效考核不合格，不能算作严重违反规章制度，绩效考核不合格只能算作不能胜任工作岗位。

用人单位以员工不能胜任工作岗位为由辞退员工，还需要做到：

1. 对于单次考核不合格员工，公司应给予相关的培训，以提升员工的能力；
2. 或对员工进行培训后，再合理调岗；
3. 若之后员工绩效考核仍然不合格，公司则可与员工解除劳动合同，但需要支付经济补偿金。

二、绩效考核的改进措施

通过采用与工作相关的考核内容、让了解情况的人参与评价、对考核者进行培训、选用具有可靠性和有效性的考核方法、掌握充分的事实材料、让职工了解考核过程和结果、设置申诉程序等措施，可以减少绩效考核中的偏差。

（一）采用与工作相关的考核内容

用来评价绩效的考核内容必须是与工作相关的，应当依据职务说明书的内容来确定全面、具体的考核内容。考核的标准应当明确具体，并且适度。

（二）让了解情况的人参与评价

评价职工绩效的责任应当由能够直接观察到职工工作的人来承担，或者说应当由最了解职工工作表现的人来承担。一般来说，绩效考核的责任是由职工的直接上级来承担的。但是，直接上级并不能保证其全部的时间都和下属在一起工作，或者能够看到下属的工作，这样他在考核下属的工作时，可能会强调下属绩效的某一方面，而忽视其他方面。这种情况在采用矩阵组织结构的企业里更加突出。此外，会出现经理操纵评价的现象。除职工的直接上级外，可以承担绩效考核责任的人选包括职工本人、职工下属、职工同事。如果运用得当，吸收这些人参与评价，会提高考核的有效性。

（三）对考核者进行培训

考核培训首先要使考核者认识到，绩效考核是每一个经理工作的重要组成部分，经理的首要任务是确保下属了解对他们的期望是什么（必须提前向下属说明对他们的绩效期望，使用下属事前一无所知的标准考核他们的工作是不合理的）。此外，还要使考核者正确理解评价项目的意义和考核的标准，掌握考核的方法。通过培训，要使考核者清楚地了解在绩效考核过程中最容易出现什么问题，出现这些问题会带来什么样的严重后果，如何避免这些问题的发生。实践证明，对考核者进行如何避免晕轮效应、宽松/严格倾向和居中趋势等问题的培训，有助于减少这些问题的出现。

（四）选用具有可靠性和有效性的考核方法

每一种考核方法都有优点和缺点。考核量表可以量化评价结果，但考核标准可能不够清楚，容易发生晕轮效应、宽松/严格倾向和居中趋势等问题。等级排列法和强制分布法虽可避免宽松/严格倾向和居中趋势等问题，但在所有职工的绩效事实上都较为优秀时也会造成另一种不公平。关键事件法有助于帮助考核者确认什么绩效有效，什么绩效无效，但无法对职工之间的相对绩效进行比较。不论选择哪一种考核方法，都应使考核者能公平地区分不同表现的职工。

（五）掌握充分的事实材料

考核者对每一项考核因素的评价都必须掌握充分的事实材料，列举职工的具体事例来说明和解释评分的理由，这样做可以避免单凭主观印象和晕轮效应所产生的问题。

（六）让职工了解考核过程和结果

大部分职工都希望知道自己的表现如何，因此，绩效考核必须配合考核面谈，由上级与下级逐一面谈，反馈考核结果，了解下级工作中的问题及意见。绩效考核的目的是提高绩效，如果不把考核结果告诉职工，则这个目的是很难达到的。职工不知道考核结果，也就不知道自己究竟干得是好还是坏，是完成了工作还是没有完成工作，也就无法改进工作。将考核结果反馈给职工，可以使职工发现自己工作中的错误和不足。对绩效考核结果保密只会导致职工的不信任和不合作。

（七）设置申诉程序

应当设置申诉程序，来处理当职工认为对他的评价结果不准确或不公平而提出的申诉。当职工不满意考核的结果时，可以按一定的程序和途径提出申诉。

本章提要

1. 绩效考核是帮助职工寻找并缩小实际绩效与标准绩效之间差距的过程。绩效考核是一项重要的管理活动，是企业人事决策的重要依据之一。淡化绩效考核的控制、分配和激励的功能，强化其沟通、开发和反馈的功能，是人力资源管理发展的趋势。

2. 绩效考核有个人品质、工作成果和行为三项基础。常用的绩效考核方法有等级排列法、强制分布法、考评量表法、关键事件法和行为锚定量表法。每种评价方法各有利弊，适合于不同的情况，结合使用可以避免采用单一方法带来的弊端。

3. 绩效评价应该由最了解职工工作情况的人来进行。职工的直接上级、下级、同事、服务对象、职工本人都可以承担此责任。不同的信息来源形成不同的绩效考核制度。如果是为了做出人事决策，应采用传统的绩效考核制度。如果是为了发现和培养人才，目标管理和360度绩效考核比较合适。

4. 绩效考核的实施程序包括准备、考核和处理三个阶段。准备阶段包括组建考核机构、制定考核方案、编制考核表格、确定考核人员与动员等项预备工作。考核阶段的主要工作是被考核人述职、访谈和考核人评价。处理阶段的主要工作是考核结果统计和考核结果信息反馈。

5. 绩效考核过程容易出现的问题通常与考核内容、考核标准和考核人有关。与考核内容标准有关的问题主要是：考核标准含糊不清、考核内容不够完整、考核内容与工作无关。与考核人有关的问题主要是：晕轮效应、宽松/严格倾向、居中趋势、近因效应和个人偏见。

复习题

1. 什么是绩效？什么是绩效考核？如何认识绩效考核的目的和用途？
2. 为什么要对绩效进行考核？
3. 建立绩效考核项目和评价指标的基础有哪些？
4. 常用的绩效考核方法有哪几种？各有什么优点和缺点？
5. 获得绩效考核信息有哪些来源？
6. 绩效考核制度有哪几种？各有什么优点和缺点？
7. 绩效考核的实施程序包括哪几个阶段？每个阶段的主要工作是什么？
8. 绩效考核中的常见问题有哪些？如何减少绩效考核中出现的偏差？

练　习

练习 7－1：个人考核权重与评分练习

表 7－7 至表 7－9 分别是某公司客户服务中心人员工作业绩、工作能力和工作态度的考核标准。

表 7－7　工作业绩考核标准

考核指标	权重	衡量标准	评分
(1)	(2)	(3)	(4)
部门目标完成率		部门目标完成率 86%～100%	
		部门目标完成率 70%～85%	
		部门目标完成率 60%～69%	
		部门目标完成率低于 60%	
部门工作质量		严格遵守公司规章制度；按时出勤，无迟到早退；处理客户需求过程中没有收到客户投诉	
		遵守公司规章制度；偶有迟到早退；处理客户需求过程中没有收到客户投诉	
		遵守公司规章制度；偶有迟到早退；处理客户需求过程中收到客户投诉不超过 2 次	
		经常迟到早退；处理客户需求过程中收到客户投诉超过 2 次	

表 7-8　工作能力考核标准

考核指标	权重	衡量标准	评分
(1)	(2)	(3)	(4)
解决问题的能力		遇到问题时能认真思考，收集信息，找出解决办法，独立解决问题	
		遇到问题时会认真思考，尝试找出解决办法，有时需要他人协助	
		遇到问题时会思考，尝试找出解决办法，较多地需要他人协助	
		遇到问题时缺乏独立思考，独立解决问题的能力较弱，经常需要他人协助找出解决办法	
沟通与学习能力		积极学习新知识，有很强的理解能力，很快掌握新知识与技能，并积极与他人分享，清晰表达个人意见与看法	
		学习新知识的愿望强烈，理解能力较强，愿意与他人分享，能比较清晰地表达个人意见与看法	
		有学习新知识的愿望，但有时未能较好地理解，需要较长时间掌握新知识和技能，需要加强与他人的沟通	
		不太愿意接受新知识，理解能力较弱，需要很长时间才能掌握新知识和技能，未能很好地与他人沟通	
专业技能		以客户为中心，充分了解客户的需求，与客户建立了良好的关系，很好地掌握通信技术基本知识	
		能注意与客户建立良好的关系，了解客户的需求，较好地掌握通信技术基本知识	
		开始留意了解客户的信息，关注客户的需求，基本掌握通信技术基本知识	
		对客户信息关注不够，未能了解客户的需求，未能掌握通信技术基本知识	

表 7-9　工作态度考核标准

考核指标	权重	衡量标准	评分
(1)	(2)	(3)	(4)
积极主动性		工作积极主动，主动承担工作，对中心的工作提出改进建议并采取改进措施	
		工作较积极主动，愿意承担工作，对中心的工作提出改进建议，但缺乏改进措施	
		愿意承担工作，但在对中心的工作提出改进建议和采取改进行动方面需要加强	
		接到任务分配后愿意承担工作，但未能对中心的工作提出改进建议并采取改进行动	

续表

考核指标	权重	衡量标准	评分
(1)	(2)	(3)	(4)
团队合作精神		与同事和领导的工作关系好，为团队绩效做出主要贡献，坦诚分享自己的想法与意见	
		与同事和领导的工作关系好，听取他人的建议并不断改进工作，为团队绩效做出贡献	
		与同事和领导的工作关系好，但沟通不够充分，未能充分表达自己的想法与意见，为团队绩效做出一定贡献	
		与同事和领导的工作关系一般，未能听取他人建议改进工作，较少为团队绩效做出贡献	

要求：

1. 分别确定表中每项考核指标的权重和评分（满分为 100 分），并说明理由。将确定的权重值和评分值范围填入表 7－7 至表 7－9 中的（2）栏和（4）栏。

2. 综合确定工作业绩、工作能力和工作态度三项考核项目的权重，并说明理由。

练习 7－2：接待员的关键事件

以下是某公司前台接待员的关键事件：

（1）接待员小高在接听电话后，立即将电话转驳到有关部门。她发现有些电话没有被立即接听，而是在等候 30 秒之后才自动转回主线上，不少客人因此感到不快，或干脆挂断。这种情况每天出现多于 20 次。小高不知向谁反映意见，于是她留意电话的转驳情况，若有电话等候了 10 秒仍没有被接听，她会主动抢线，然后为客户写下留言字条，转给有关部门回复。

有一天，行政部经理收到一张留言字条，他觉得这个做法不错，亲自到前台接待处表扬小高的主动性及负责精神。

（2）乙部门的接待员小孙喜欢穿运动鞋上班，有时不穿公司发的有领结的白衬衣，换上普通式样的白衬衣，与其他女同事穿着不统一。有些客户不知道她是公司的雇员，因而不敢向她咨询业务，白白在大堂等候数分钟，后来知道了她的身份，客户感到很不高兴。

（3）甲部门的接待员因病请假，该部门经理与乙部门协商，在当天下午繁忙时间，借用乙部门的接待员 3 小时，以应付频密的电话及一些简单的打字工作。乙部门接待员小李以不习惯工作气氛为理由，拒绝上司的指派，不肯到甲部门协助。后经经理严词要求，小李才不情愿地到甲部门帮忙。

小李接听电话时，必等铃声响了 5 次以上才拿起话筒，然后一言不发，等待客人先开口，继而立即按键转驳，中间没有礼貌用语。同事送来的打字原稿，她放在文件堆上，到了下班时间仍丝毫未动，而且她一声不响地离开，使甲部门的工作不能在当天完成。小李的行为迅速被同事传开了，成了一名到处不受欢迎的人。

（4）接待员小丁接听电话时，如对方说要找陈先生或任何缩略的名字，她会礼貌地要求对方说出全名，或该同事的部门，然后询问来电的性质，才将电话转驳，以确保客户的电话得到妥善处理。同事们对小丁的工作十分满意，大家认为她的做法减少了错误来电及找错人的次数，提高了工作效率。

(5) H公司负责人投诉乙部门一名接待员。当H公司的运输工人来送货物时，接待员高声呼喝那些工人，命令他们立即将货物从大堂搬往货仓，而且不准他们使用手推车，她说手推车会损毁地毯。搬运完成后，接待员不准许工人在办公室等候，强迫他们在没有空调的货运电梯间站立，等待她去盖章交回收货单，等候时间长达30分钟。H公司负责人表示，若乙部门容许该接待员继续这样下去，他们不会再接公司的订单。

(6) 有一天，一名客户走到公司接待处，他不由分说地拿出一件产品，大声说要投诉公司的产品质量问题，引起接待处附近人的注意。

接待员小刘面带微笑，立即邀请客人进入会议室，奉上热茶一杯，简略写下了他的投诉内容，然后用内线电话知会客户服务部同事。在同事到来前，小刘陪客人闲聊；在同事到来后，她立即交上笔记，并且介绍双方认识，交接妥当后，她走回接待处。客人离开时向小刘表示，若公司产品的质量像她的服务一样，他会十分满意。

(7) 推销员王某前一天约客户到公司洽谈，但客户抵达时王某仍未返回公司。接待员小陈查看了出入记录后，立即招待客户在会议室坐下，随即用手机与王某联络，王某表示15分钟内可返抵公司。

小陈认为15分钟不算太长，而且将近午饭时间，于是她没有告诉客户王某的答复，径自去吃午饭。王某回来后不知客户在会议室等待，看见接待处没有人，以为客户不愿等候，已经离开了，于是他也出去就餐。客户等了30分钟后，终于不耐烦了。他走出会议室，发现公司空无一人，心中感到十分愤怒。

客户离开前写了一封便条，放在总经理门前，叙述了整个过程。

(8) 接待员小张遇到推销员上门作“无预约访谈”时，她会先行询问该推销员的目的、产品的性质、可能用得着的部门、其所在公司的正确名称。然后，她会招待推销员在接待处坐下，用内线电话与有关部门联络，看看他们是否需要那些产品的资料。在取得同事许可后，小张才会引领推销员到会议室，跟同事面谈。若同事不愿接见，小张会和颜悦色地告诉推销员，并送上公司的名片，微笑地送推销员离开。

(9) 上月财务部赵某将一公文袋放在接待处，嘱咐接待员交给G公司的林先生。接待员将文件放在办公桌上，与其他公文袋混在一起。林先生来时，接待员取了一个公文袋交予他；林先生即时发现抬头并非G公司，但接待员在没有翻查的情况下，坚持是赵某留下给他的。林先生返回公司后打开公文袋，发现内有B公司的报价副本，于是他致电赵某，质询他为何收取百分之百的差价。赵某不知所措，后来追问才知是接待员弄错了公文袋，导致商业秘密泄露。接待员随后被人事部召见，人事部经理给予她严重警告处分。

(10) 总公司接待员小施对公司组织结构十分熟悉，只要客人提出一个人名，她便能准确地说出该人所属的部门，立即将电话转驳。此外，小施能记住所有内线电话号码的分配，不需翻查电话表，也可即时按键转驳电话。小施在每月一次的迎新会上，协助人事部同事向新员工示范电话系统的使用方法，并且解答疑难。因此，同事们尊称小施为“电话博士”。

(11) 小何是商科毕业生，加入乙部门3个月，任职接待员。她书写电话留言时不喜欢用公司的标准表格，而用背面复印或书写过的废纸代替，她说这样可以节省资源。同事逐渐发觉小何的留言不完整，经常遗漏了一些重要的事项。此外，有些同事误以为废纸是垃圾，不经意地抛入废纸箱，因而错过了回复来电，客户的投诉有上升趋势。

(12) 刚来不久的接待员小杨，昨日在接听电话后，拿出公司的人名表，翻查同事的内线电话号码，她对同事名字的英文和拼音不熟悉，又不敢询问来电的人或同事，因此往往要翻查30秒以上，然后才能成功地转驳电话，使等候时间比往常长了三四倍。同事张某曾提出可以帮忙，但小杨只微笑点头，事后却没有要求张某协助，还是自顾自地工作。

(13) 接待处正面对着电梯门，接待员小冯经常抬起头望着电梯门，看见同事出入便主动地打招呼，对她认识的人还会叫出名字，给人热情的感觉。当陌生人步出电梯时，小冯会立即向来客问好，询问来访目的，招呼客人坐下，然后通知相关同事。

(14) 上周六下午一点半，一名客户打电话到营业部订货，希望赶在下周一提货，但无法与营业部取得联系。电话自动答话机为客户提供了总公司的电话，客户于是致电总公司。

接待员小王正在收拾桌面准备下班，她接听了电话，询问了客户的来电目的。虽然小王也没法与营业部同事联系，但她写下了客户的要求详情，并答应放到营业部经理的办公桌上，让他周一早上立即处理。

客户同意小王的建议，并记下她的名字，在周一向公司反映了她的良好服务。

(15) 两个月前的一个下午，在午饭时间过后不久，一名推销员走进公司。两名接待员正与一名同事闲聊，没留意推销员的动向。

既然没有招待，推销员径自进入办公室，走到总经理跟前自我介绍，坐下与总经理谈了10分钟，后来，总经理托词开会，送走了推销员。

总经理立即叫来两名接待员，严厉斥责了两人，指责她们疏忽，使闲杂人等骚扰同事工作。

(16) 上星期三下午4点左右，一名外国人来到公司，他用英语要求接待员通传。接待员一言不发，跑进了洗手间，在里面待了10分钟才出来。

那名外国人等了一会儿，觉得不对劲，于是向一名路过接待处的职员询问，然后找到了行政部的职员。行政部职员听了该外国人的经历，对接待员的工作很不满意，他特地试打了一个电话到接待处，用英语发问，接待员在没有查询之下，将电话转驳给了总经理秘书。

(17) 上周某个下午，市场部王先生与两名客户回公司开会，抵达公司后，大家一起往接待处取钥匙。接待员小李正埋头阅读，不知三人走近，原来她正在看小说，忘记了招待来客。

王先生干咳了两声，才引起了小李的注意，她立即将小说藏在椅子下，慌张地抬头询问客户来意。两名客户对望微笑，取得钥匙后匆匆走开。

王先生当时没有发作，他在会议后向小李的上司投诉，指其破坏公司形象。

(18) 某部门接待员小宋每次离开接待处时，必先知会办公室同事，然后在桌上放一纸牌，写明会在数分钟内回来，请来客稍作等待，或直接拨一个内线号码，让办公室同事知悉有客户来访。

(19) 昨天上午9点15分，某公司老客户陈先生来找业务部杨先生洽谈业务。接待员小陈见陈先生是熟客，于是请他自己上二楼会议室，陈先生上二楼后转错了地方，进入会计部办公室。只见有几名同事正在一边用早餐，一边看报纸，他们没有看到陈先生。陈先生走到走廊尽头，没有找到会议室，知道是走错了路。他回头之际，碰见会计部经理，经理询问他是何人，为何会在那里，陈先生十分尴尬。后来弄清楚原委，经理带领陈先生到会议室。

要求：

根据上面提供的关键事件，对接待员的工作表现进行维度分类。

练习7-3：绩效考核流程设计练习

某房地产开发公司采用月度绩效考核。原来的绩效考核流程如下：

每月24日，人力资源部下发互评表（下级对上级考核表、同级互评表、经理互评表和工作实绩表）。

25日，各部门将当月工作任务单交人力资源部汇总。

28日，人力资源部下发职工考核表，由部门经理进行考核；人力资源部汇总工作任务单成绩。

29—30日，人力资源部汇总职工当月培训情况、奖惩情况、考勤情况，根据扣分标准核算分数；部门经理上交考核表。

30日，人力资源部汇总各类互评表。

次月1日，人力资源部将汇总考核成绩填入考核表，并累计总分。

2日，人力资源部把全体人员的成绩汇总，交给总经理进行分数调整。

3日，人力资源部公布考核结果。

8日，由人力资源部说明考核分数在B—以下职工的考核情况（考核分数分A+、A、A—、B+、B、B—、C），然后依据绩效考核办法进行薪资调整。对于排名前（后）10%的职工，给予当月10%的加薪（降薪）。只公布排名前（后）10%的人员名单。

该公司人力资源部对绩效考核流程进行了改革，改革后的流程如下：

每月末，由人力资源部统计上个月26日到本月25日的考核数据（包括考勤、行为规范、培训、奖惩、改善提案上交情况），并依据标准打分（人力资源部考核的部分见表7-10）。

次月1日，人力资源部将考核表交给职工自评。

2日，职工将自评后的考核表交给直接主管考核。

3—5日，主管完成考核（职工自评与主管考核的部分见表7-11），并与下级进行绩效考核面谈。

6日，主管将与下级面谈后的考核表交给其上级签阅。

7日，主管将其上级签阅后的考核表交给人力资源部，由人力资源部核发工资。职工对考核结果不满可向人力资源部投诉，由人力资源部调查处理。

表 7-10　考核表中人力资源部考核部分

项目	分值	评分	得分
培训	5 分	培训成绩或培训次数/100×3	
考勤	10 分	事假　天，减　分；迟到早退　次，减　分；旷工　天，减　分	
奖罚	10 分	大功　次，加　分；小功　次，加　分；嘉奖　次，加　分；大过　次，扣　分；小过　次，扣　分；警告　次，扣　分；违反行为规范　次，减　分	
改善提案加分	1 分/条	建议被采纳　条，加　分	
合计			

注：

1. 考核期间，职工若有奖惩情况，考核时按下列规定加减分：大功加 10 分；小功加 5 分；嘉奖加 2.5 分；大过减 10 分；小过减 5 分；警告减 2.5 分。

2. 考核期间，职工出勤调整分数如下：全勤加 1 分；迟到减 1 分；早退减 1 分；旷工减 3 分；事假减 0.5 分；违反行为规范减 1 分。

3. 当月的改善提案经公司采纳的，每条给予加 1 分的奖励。

表 7-11　考核表中职工自评与主管考核部分

考核指标	优秀	良好	称职	基本称职	不称职	自评	复评
工作量	10	8	6	4	2		
工作效率	15	12	9	6	3		
工作质量	10	8	6	4	2		
工作态度	5	4	3	2	1		
合作性	10	8	6	4	2		
主动性	10	8	6	4	2		
服从性	10	8	6	4	2		
学习能力	5	4	3	2	1		
合计							

注：

1. 考核评分分为优秀、良好、称职、基本称职和不称职，评分标准如下：

优秀：工作成果超过现职要求，达到优异程度，并有具体事实说明；

良好：工作成果超过一般人，能按时按量完成主管交办的事项，工作效率高，并有具体说明；

称职：工作成果符合现职要求，并能如期完成所交付的各项任务；

基本称职：工作成果部分符合现职要求，仍有不足，应力求改善；

不称职：工作成果不符合现职要求，有较多不足，无法达到职位要求，影响工作。

2. 考核结果分 A+、A、A－、B+、B、B－、C 七级，考核分数与评级对照如下：95 分以上为 A+；90～94 分为 A；85～89 分为 A－；80～84 分为 B+；75～79 分为 B；70～74 分为 B－；69 分以下为 C。

3. 考核评级的配比如下：A+，5%；A，5%；A－，20%；B+，35%；B，20%；B－，10%；C，5%。

4. 考核结果作为当月工资发放的依据，奖惩标准如下：A+，加薪 10%；A，加薪 5%；B－，减薪 5%；C，减薪 10%。其余不调整。

要求：

比较该公司新旧绩效考核流程，分析该公司在绩效考核制度方面有哪些改变。

课外实践

1. 协助一家公司设计一份考核表（绩效考评量表）。
2. 协助一家公司分析该公司的绩效考评制度，并撰写分析报告。
3. 协助一家公司制定一份年度绩效考评工作方案。

第八章

薪资管理

知识与能力目标

通过本章的学习，你应该：

- 了解什么是薪酬，什么是经济薪酬，什么是非经济薪酬
- 了解什么是薪酬公平及其对职工行为的影响
- 理解影响薪酬水平的因素
- 掌握薪资调查的过程和方法
- 掌握建立薪资结构的基本原理和方法
- 理解岗位工资制的基本原理及特点
- 理解能力工资制的基本原理及特点
- 理解绩效工资制的基本原理及特点

素养目标

1. 对薪资管理有深入认知，对公平理论和按劳分配原则有更深刻的认识。

2. 引导学生深入社会实践、关注现实问题，培养学生经世济民、德法兼修的职业素养。

引导案例

七个和尚分粥

有七个和尚住在一起，生活比较拮据，每天分一桶粥。为了兼顾公平，使每个和尚都基本能吃饱，和尚们想用非暴力的方式解决分粥的难题。

一开始他们实行轮流分粥，每个和尚轮流坐庄负责分粥，每次轮到自己分粥的时候就能吃得很饱，而其他人就会吃不饱。

后来他们开始推选出一个大家公认的道德高尚的人出来分粥。为了能多分到一点粥，大家开始挖空心思去讨好他、贿赂他，搞得整个小团体乌烟瘴气。

然后大家开始组成三人分粥委员会及四人评选委员会，每次分粥时提出方案，讨论审议。常因意见不一，互相攻击扯皮，最后粥吃到嘴里时全是凉的。

他们总结经验教训，想出一个办法，就是每人轮流值日分粥，但分粥的那个人要等到其他人都挑完后再拿剩下的最后一碗。令人惊奇的是，在这个制度下，7 个碗里的粥每次都几乎一样多，就像用科学仪器量过一样。因为每个主持分粥的人都意识到，如果 7 个碗里的粥不一样，他确定无疑将享用分量最少的那碗粥。为了不让自己吃到最少的一碗，每人都尽量分得平均，就算不平均，也只能认了。从此，大家快快乐乐，和和气气。

薪酬受到人们的普遍关切，因为它涉及每个人的切身利益。薪酬也备受企业重视，它对企业建立竞争优势有长期深远的影响。

在本章中，我们首先从内涵和外延两个方面解释什么是薪酬，并分析薪酬对职工行为的作用和影响薪酬水平的因素。接下来我们分析如何通过薪资调查做到外部公平（职务评价和内部公平在第二章已有分析），分析如何进行职务定价。最后讨论工资制度。

第一节　薪酬的作用及影响因素

薪酬既是费用也是资产。薪酬用来反映劳动力成本，在这个意义上它是费用。将薪酬作为激励职工努力工作的驱动力，它就成为一种资产。薪酬对职工的行为有很大的潜在影响，能够成为激励职工提高生产效率的动力和源泉。

一、工作的薪酬

薪酬是企业给予职工个人的劳动回报，包括经济薪酬和非经济薪酬。经济薪酬又包括直接经济薪酬和间接经济薪酬。直接经济薪酬是指职工以工资、薪水、奖金及佣金形式获得的全部货币性收入。间接经济薪酬是指直接经济薪酬以外的其他各种经济回报，例如，医疗保险、健康保险、退休计划、伤病补助、带薪假期等，也就是通常讲的福利。非经济薪酬是指职工对工作本身或工作环境的满足感，例如，有趣的工作、挑战性、责任感、成就感、发展的机会、舒适的工作条件等。非经济薪酬涉及工作的心理与物质环境。

直接经济薪酬分为薪资、津贴和奖金三类。薪资是企业按期付给职工的经济薪酬，其数目通常是固定的，除了晋级外很少变动，也不因企业经营状况或职工工作效率的变化而增减。通常制定有薪资表。职员的薪资称为薪水，如月薪、年薪等。工人的薪资称为工资，如时薪、日薪、周薪等。津贴是因特殊情况而另给的薪酬，如物价津贴、房租津贴、夜班津贴、交通津贴、出差津贴、误餐费等。奖金是为激励职工努力工作所给予的薪酬，如全勤奖、节约奖、年终奖、超产奖、建议奖等。

直接经济薪酬有两个支付基础，即时间和产出。大多数职工根据他们付出的工作时间获取薪酬，如上述的时薪、日薪、周薪、月薪和年薪。职工获取薪酬的第二种基本形式是产出，计件工资制和佣金制是按产出支付薪酬的两种常见形式。

何时采取以时间为基础的薪酬形式，何时采取以产出为基础的薪酬形式？

在下述情况下，企业应该采取以时间为基础的薪酬形式：一是职工无法控制产量或产出（如由机器控制的装配生产线），此种情况下采取以时间为基础的薪酬更合适；二是经常发生工作延误，并且职工无法控制，在这种情况下将工人的薪酬和产出挂钩是不合理的；三是在质量特别重要而成为首要的考虑因素时，按时间计酬更为合适。

在下述情况下，企业可以采取以产出为基础的薪酬形式：一是职工的努力与产出的数量和质量之间的关系明确；二是职务已经标准化，工作流程有章可循，很少或只是偶尔发生延误现象；三是质量的重要性不及产量，或者质量重要但容易衡量和控制。

二、薪酬对职工行为的影响

薪酬对职工行为有重要影响。经济薪酬虽不是唯一能激励人的因素，但它作为一种激励因素是永远都不可忽视的。不论什么形式的经济薪酬，始终是重要的激励因素。对企业来说，公平合理的薪酬是使职工积极工作的重要诱因。对职工来说，薪酬不仅是收入的主要来源，也是体现个人价值、成就、身份、地位以及贡献的重要标志。

薪酬管理最重要的原则是公平。西方经济理论认为，薪酬是企业与职工之间的一项交易。职工为企业做出了贡献和努力，企业以薪酬的形式给予补偿。对企业和职工来说，这是一项公平交易。职工对薪酬是否公平非常敏感。公平是职工被公正对待的感受，衡量薪酬是否公平并无绝对的客观标准，职工认为薪酬低就会有不公平的感受。

公平理论认为，公平是职工将自己的付出和所得与其他地位相当的人比较后的感受。“付出”是指职工认为他对企业做出的贡献和任何对企业有价值的投入，例如，学历、经验、技术、工作成就、工作时间、生产数量和质量等。“所得”是指职工从他的工作中获得的薪酬，例如，薪资、福利、晋升、地位、名誉、成就感、表现的机会等。“其他地位相当的人”是指资历、职位与自己差不多的人，可以是本企业的职工，也可以是其他企业的职工。职工将自己的付出和所得的比值与他人比较，如果他认为自己付出的多、所得的少，便会产生不公平的感觉，并会设法恢复到公平的状态。有些人会要求加薪，有些人会另谋高就，有些人会借故缺勤、怠工、不合作。总之，职工会采取不同的方式平衡心理上的不公平的感觉。

薪酬在吸引、激励和留住人才方面的作用是通过薪酬机制来实现的。企业必须做到薪酬公平，让职工感觉到企业支付给他们的薪酬是公平的。从薪酬的角度来看，公平包括外部公平和内部公平。外部公平是指企业职工所获得的薪酬与其他企业完成类似工作的职工的薪酬相当。薪酬调查可以帮助企业确定其薪酬水平的外部公平程度。内部公平是指在企业内部依照职工所从事工作的相对价值而支付薪酬。职务评价是决定内部公平的首要方法。如果职工感觉到自己得到的薪酬不公平，他就不会尽力工作，甚至会离开企业。无论是哪种情况出现，都会损害企业的整体绩效。从职工的角度看，内部公平可能更重要一些。从企业角度来看，企业为保持持续发展的能力，必须在劳动力市场上具有竞争性，必须始终关注外部公平。

三、薪酬水平的影响因素

薪酬水平的影响因素包括组织因素、职务因素、个人因素和环境因素等。

（一）组织因素

企业的薪酬政策对薪酬水平有着重要影响。企业有以下三种薪酬政策可以选择：

（1）领先政策，指企业支付的薪酬水平高于竞争对手。企业采取这一政策通常是期望能够吸引和留住高素质、高效率的人才，降低单位劳动力成本。如果企业的薪酬水平过高，也可能会因人工成本增加使产品失去竞争能力，盈利水平亦会下降。

（2）尾随政策，指企业支付的薪酬水平低于竞争对手。采取这一政策的公司要么是由于财务能力有限，要么是认为它们不需要能力强的人才。如果是为了降低成本，则可能适得其反。许多人以为付低薪聘用职工会给企业节省开支，实则不然。以低薪聘用职工的企业只是考虑直接的薪资支出，没有考虑间接的支出。由于高流动率、重复招聘和培训、缺勤以及低工作效率等问题引起的损失往往超过了支付低薪而节约的成本。如果企业的薪资水平过低，不仅不能吸引人才，而且难以留住人才。

(3) 同步政策，指企业支付同行业平均水平的薪酬。采取这一政策的企业试图在人才素质与竞争力之间求得平衡。这些企业的工作通常只需要平均水平的人才即可完成。由于工作性质的限制，优秀人才在这儿可能无用武之地。

企业的支付能力也是决定薪酬水平的重要因素。由于薪酬在经营成本中占有较高的比率，因此薪酬水平的确定必须考虑企业的经营状况、利润和绩效。经济效益好、财力雄厚的企业倾向于支付高于市场平均水平的薪酬。不过，经济实力只能确定企业支付薪酬的最高限额，要确定具体的支付水平，企业还需要考虑其他相关因素。

(二) 职务因素

一个人所从事的职务也是他能够得到多少薪酬的重要影响因素，企业根据一个人所从事的职务的价值决定支付什么薪酬。决定职务价值的因素包括责任、工作环境、技能等。用来确定职务相对价值的技术，包括职务分析和职务评价。

薪酬水平不仅要反映职工工作表现上的差异，还要反映工作性质和责任上的差异。绩效考核可以解决前一个问题，要解决后一个问题则需要进行职务分析和职务评价。职务分析和职务评价可以帮助企业确定工作的相对价值。职务分析是职务评价的前提和基础，必须先做好职务分析，使各项工作都有翔实可靠的职务说明和职务规范，职务评价才有可资遵循的依据。职务评价是职务分析的延伸，是在职务分析所得资料的基础上，进一步比较分析每项职务的相对重要性。

(三) 个人因素

职工的个人因素对确定薪酬水平也是非常重要的。与个人相关的因素包括表现、资历、技能、经验、潜力等。

表现、资历和技能都有可能成为决定个人薪酬的因素。有些企业将表现与收入直接挂钩，谁干得好谁就挣得多，不考虑职工的资历。资历是指职工在企业工作的时间长度，职工在企业工作的时间越长越有资历。有些企业将资历与收入挂钩，谁有资历谁就挣得多，不考虑职工的表现。在发达国家的企业，管理阶层倾向于以表现作为薪酬的基础，工会则倾向于以资历作为薪酬的基础。有些企业将收入和技能挂钩，根据职工掌握的技能多寡和熟练程度支付薪酬。

经验对职工能力的提高有很大潜力。如果职工获得的经验是积极的，且与职务相关，经验也可以作为职工获得薪酬的决定因素。有些企业确实是根据职工的潜力来支付薪酬。有些企业用高薪吸引年轻有为的人加入，原因就在于他们有潜力成为主管或经理。看重学历的企业也是以潜力作为支付的依据。

(四) 环境因素

劳动力市场的供求关系会影响职工的薪酬水平。需求大于供给时，薪酬水平会上升；供给大于需求时，薪酬水平则会下降。企业在确定薪酬水平时也需要考虑劳动力市场的薪酬水平，即以劳动力市场平均薪酬水平为基础，权衡其他因素（如企业的地理位置是否可以吸引到必要的人才）来确定企业的薪酬水平。

薪酬水平也受生活水平的影响。在某个时期，物价上涨而薪酬不变，职工的实际收入水平会下降。如果要保持原来的实际生活水平，职工的薪酬应该和生活费用同步增长。为了补偿由于物价上涨增加的生活费用，企业通常需要根据消费物价指数相应调整薪酬。

经济环境无疑会影响企业的经济薪酬决策。萧条的经济环境通常会增加劳动力的供给，从而降低薪酬水平。在大多数经济繁荣的环境下，生活消费水平会提高，薪酬水平也会“水涨船高”。如前所述，这是因为企业通常以生活费用水平作为调整薪酬的依据。

国家法律也会影响企业支付给职工的薪资。我国《劳动法》规定，国家实行最低工资保障制度，企业支付给劳动者的工资不得低于当地最低工资标准。最低工资的确定实行政府、工会、企业三方代表民主协商的原则，主要根据本地区低收入职工收支状况、物价水平、职工赡养系数、平均工资、劳动力供求状况、劳动生产率、地区综合经济效益等因素确定。另外，还要考虑对外开放的国际竞争需要及企业的人工成本承受能力等。当上述因素发生变化时，应当适时调整最低工资标准。最低工资是劳动者在法定工作时间内提供了正常劳动的前提下，其所在企业应支付的最低劳动薪酬。它不包括加班加点工资，中班、夜班、高温、低温、井下、有毒有害等特殊工作环境、条件下的津贴，以及国家法律法规、政策规定的劳动者保险、福利待遇和企业通过贴补伙食、住房等支付给劳动者的非货币性收入等。最低工资保障制度适用于我国境内的所有企业，包括国有企业、集体企业、外商投资企业和私营企业等。

法治护航

加班费支付义务不因单位制度规定而免除

【基本案情】

蔡某于 2019 年 1 月 1 日入职某影院技术服务公司，担任工程师。双方签订期限为 2019 年 1 月 1 日至 2021 年 12 月 31 日的劳动合同，其中约定蔡某的月工资标准为 12 000 元。2020 年 12 月 6 日，蔡某因个人原因离职。离职时，因 2019 年度累计有休息日加班 70 小时未调休，蔡某向影院技术服务公司提出要求支付上述 70 小时的休息日加班费。影院技术服务公司虽认可蔡某存在上述加班事实，但认为，根据公司《人力资源管理手册》的规定，加班倒休周期为当年 1 月 1 日至 12 月 31 日，特殊情况可延长至次年 3 月 31 日，逾期未倒休，视为放弃相应权利，公司将不予支付加班费，且蔡某入职时已在《人力资源管理手册》上签字表示认可，故不同意向蔡某支付上述加班费。双方就此发生争议，蔡某于 2021 年 1 月向劳动人事争议仲裁委员会（以下简称“仲裁委”）提出仲裁申请，要求某影院技术服务公司支付 2019 年度休息日加班费 9 655 元。

【处理结果】

仲裁委裁决支持蔡某的仲裁请求。

【案例评析】

本案争议的焦点在于，某影院技术服务公司能否因规章制度的规定而免除其加班费支付义务。《劳动法》第四十四条第二款规定，休息日安排劳动者工作又不能安排补休的，用人单位应支付不低于工资的百分之二百的工资报酬。从该条规定来看，用人单位在安排劳动者休息日加班之后，应当及时安排劳动者补休，未安排补休的，则应支付相应的加班费，而非劳动者不“申请”补休则“过期作废”。此外，《劳动合同法》第二十六条第一款第二项规定，用人单位免除自己的法定责任、排除劳动者权利的，该劳动合同无效或部分无效。同理，用人单位利用规章制度的规定，免除自身法定责任，排除劳动者权利的，即使该制度已向劳动者公示或告知，亦因显失公平而对劳动者不具有约束力，故蔡某的仲裁请求应予支持。

【案例解读】

取得劳动报酬权是劳动者劳动权利的核心内容。加班费是劳动者延长工作时间的工资报酬，用人单位应当按照劳动合同约定和国家规定，向劳动者及时足额支付。用人单位在制定、修改或者决定有关劳动报酬、工作时间、休息休假等直接涉及劳动者切身利益的规章制度或者重大事项时，既要遵循合法性原则，也要符合合理性原则，避免因规章制度违反上述原则给自身带来用工风险。

第二节　薪资调查

如前所述，薪酬水平是企业吸引和挽留人才的主要决定因素，其他因素如工作环境、管理方式等，对吸引和挽留人才也有一定的影响，但最重要的因素还是企业的薪酬与外界的薪酬相比是否公平。企业了解劳动力市场薪酬水平的办法是进行薪资调查，设法获得竞争对手付给其在岗人员的薪资的信息。

薪资调查和职务评价既有区别又有联系。薪资调查是了解其他企业或者市场如何确定职位的相对价值，职务评价是在某个特定企业内部确定职位的相对价值，两者对职位相对价值的评价应该是一致的。

一、薪资调查的作用

首先，薪资调查可以帮助企业确定薪酬水平，增强竞争力。很多企业会定期调整职工的薪资，调整后的薪资标准是否与同行业其他企业的薪资标准相同，通过薪资调查才能确定。薪资调查可以提供给定岗位的最低、最高和平均薪资水平，使企业能很好地了解其他企业对从事各种工作的职工支付多少薪资，避免企业的薪资水平与外界脱节。例如，企业发现近期许多工作表现良好的职工纷纷离职，从薪资调查的结果看，竞争对手支付的薪资较高，企业可能需要重新制定这些职位的薪资。

其次，薪资调查可以帮助企业调整薪资结构，使其更加合理。企业可以利用薪资调查的结果检验职务分析的结果是否合理。例如，职务分析的结果是采购员与记账员两项工作的价值相同，但薪资调查的结果却显示，两者之间的薪资有较大差距。这时企业便需要重新审核职务评价过程，检查这两项工作的评价是否准确。职务评价的结果与薪资调查的结果有时未必完全吻合。当然，企业确定薪资水平时过于偏重市场，以劳动力市场的供求决定薪资水平，也会造成低职位人员的薪资高于高职位人员薪资的情况。

二、薪资调查的方式

薪资调查与一般的调查大致相同，主要是利用问卷及访谈的形式收集有关资料。企业可以自行进行调查，也可以委托其他机构进行调查，或者直接利用外部机构出版的调查报告。有些管理顾问公司会接受客户的委托，为客户做薪资调查，将调查结果编写成报告，卖给客户。政府某些就业机构、商业机构和行业协会定期进行薪资调查并对外公布调查结果，这些机构出版的研究报告对企业预测未来薪资趋势有一定参考价值。

企业自行调查时有电话调查、访谈调查和问卷调查等多种方式可以选择。除少数情况外，电话调查不一定合适。因为薪资调查需要了解较多的详细资料，被访者需要翻查档案才能回答，不一定能在电话中马上答复。最好是采用问卷和访谈相结合的调查方式。首先寄给受访企业一封附有问卷的专函，信中解释调查的目的，感谢对方的合作，保证资料保密，并详细解释填写问卷时需要注意的事项，使对方清楚如何填写及回答问卷。收回问卷之前要保证受访企业有足够的时间填写问卷。仔细阅读过问卷之后再用电话联络，约时间与对方面谈，请教一些不清楚或有疑问的地方。问卷内容的设计是薪资调查的关键。

薪资调查收集的信息主要是被调查企业付给在岗人员的薪资数量，其中包括：宣称的薪资范围（最低及最高薪资）、实际的薪资范围（当前支付的最低及最高薪资）、平均起薪点和平均薪资水平。此外，也包括薪资形式、津贴选择、福利等方面的资料。

三、薪资调查的过程

薪资调查的过程包括确定相关劳动力市场、选择调查对象和选择基准职务三个步骤。

（一）确定相关劳动力市场

确定相关劳动力市场是为了确定薪资调查区域，这对薪资调查非常重要，因为不同行业的薪资结构差别很大，很难互相比较。给劳动力市场划定一个明确的地理界线是不可能的。劳动力市场由某一区域内准备求职的人构成，他们是企业争夺的对象。通常用相同行业或居住地区与工作地点的距离界定劳动力市场，但有时劳动力市场可能因某些工作或技能发生改变。例如，制造业工人的工作性质和需要的技能与服务业的从业人员不同，但由于服务业的薪酬与工作环境比制造业的好，因而能够吸引制造业的工人转行到服务业工作。在考虑调查区域时，不但要考虑制造业，还要了解服务业的薪资情况。对于许多企业都在争夺的具备专门技能的人才，如管理人才和专业技术人才，不但要跨行业比较，在需要从海外聘请人才时，还需要考虑支付更高的薪资水平在国际上竞争。

（二）选择调查对象

在相关市场中的企业数目很少时，往往要对所有企业进行调查，但在相关市场中有大量企业时，则需要有选择地进行调查。一般来说，调查哪一类型的企业以及调查多少家企业并无硬性规定，完全取决于调查目的。调查对象通常在同行业的企业中选择，有时也会在竞争相同人才的其他行业的企业中选择。

（三）选择基准职务

薪资调查除了要考虑调查哪些公司外，还要考虑选择哪些职务进行调查。这是因为，要获得一个企业中全部职务的薪资资料是不太可能的，也没有必要。一般来说，应选择行业中具有代表性的关键职务或基准职务作为调查对象。基准职务是指一个行业中职务内容重要、容易确定而且相当稳定，有相当多的人从事的职务。

薪资调查中碰到的最大困难是确定职务的可对比性。相同名称的职务在内容上可能有很大分别。因此，在进行薪资调查时，企业需要为每一项基准职务编写一份职务说明，与调查问卷一起发出。只有性质与职责相同的职务，其薪资才可以加以比较。

第三节　职务定价

职务定价是指用货币来表示一项职务的价值。职务评价是确定职务的相对价值，职务定价则是确定职务的绝对价值。职务定价通常在职务的相对价值被确定出来之后进行。在确定职务的绝对价值时需要考虑的主要因素是企业的薪资结构、劳动力市场以及职务本身，这里重点阐述薪资结构。

一、薪资结构的建立

企业薪资结构的建立涉及薪资曲线、薪资等级和薪资幅度三个概念。

（一）薪资曲线

确定薪资等级和薪资幅度需要利用薪资曲线。薪资曲线表示每个职务目前的薪资率和职务点数之间的关系。图 8－1 是薪资曲线的一个示例，纵坐标表示平均薪资率，横坐标表示根据职务点数确定的薪资等级。薪资曲线的目的是表明根据职务评价方法确定的职务价值和目前薪资等级的平均薪资率之间的关系。

（二）薪资等级

薪资等级（薪级）是用来简化职务定价过程而对相似职务进行的分类。大企业有成百上千个职位，为了方便管理，有必要将类似职务归入一个薪资等级。通常的做法是按职务评价的点数分成若干等级，将某个点数范围内的职务组成一个薪资等级。例如，100 点及以下属于一个级别，101 点至 200 点属于另一个级别，201 点至 300 点属于又一个级别，以此类推。也可以利用薪资曲线进行分级，将所有职务标绘在一张散布图上（如图 8－2 所示），各点聚集和分散的情况不同，某些点是群集在一起的，可以将这一群点作为一个等级。有了分级，以后就不用再对几百种不同的职务进行评价和计算薪酬，而只需集中处理十几个薪资等级就可以了。

薪资等级的确定是一项重要的决策。薪资等级影响职工的晋升机会，如果级数过低，职工难以晋升，会使薪资制度缺乏激励性。级数过高会增加管理上的难度和费用。企业的规模越大，职位越多，薪资等级数目也应越多。一般来说，设置 10～15 个薪级已足够。

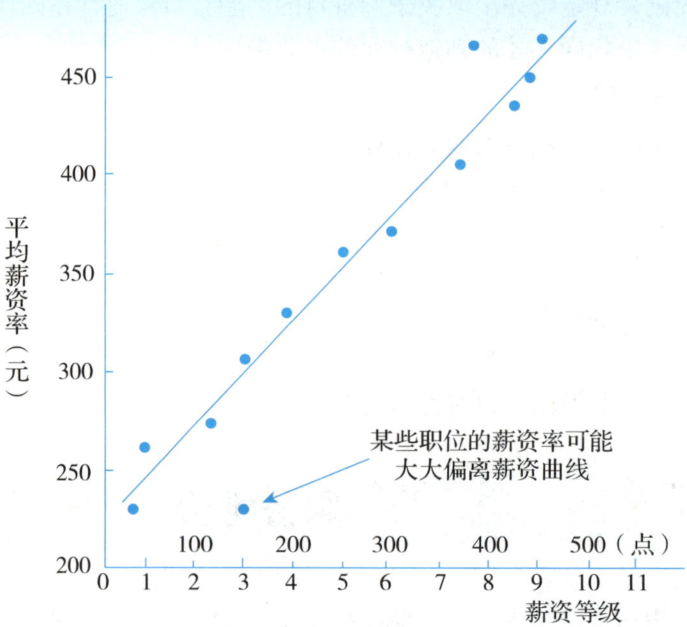

图 8-1　薪资曲线

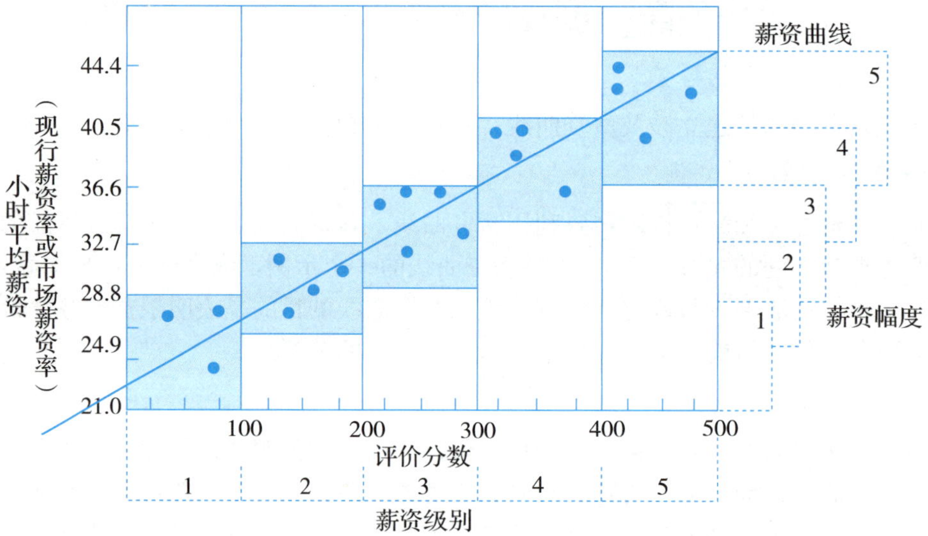

小结

评价分数	薪资等级	薪资幅度 最低	中值	最高
0~99	1	21.0	24.9	28.8
100~199	2	24.9	28.8	32.7
200~299	3	28.8	32.7	36.6
300~399	4	32.7	36.6	40.5
400~500	5	36.6	40.5	44.4

图 8-2　薪资散布图

（三）薪资幅度

薪资幅度（薪幅）是最高薪资率与最低薪资率的差额，即每一薪资等级支付的范围。薪资等级确定之后，需要决定每个薪资等级在薪资结构中的幅度。薪资幅度的确定有单一薪资率和弹性薪资率两个选择。单一薪资率是指所有担任相同职务的职工获得相同的薪资。这种方法简单易行，但缺乏弹性，不能奖励资历较长或工作表现较佳的职工。

弹性薪资率是在每个工资等级中设立最高薪资率与最低薪资率，这意味着从事相同职务的职工获得的薪资会有所差异。薪资曲线向上和向下延伸某个百分比（例如10%），便可以划出某个薪资等级支付的范围。每个薪资等级的幅度可以都相等（如图8－1所示），也可以增大高薪资等级的幅度（如图8－3所示）。采用弹性薪资率可以使从事同一职务的职工，按照资历或工作表现取得不同的薪酬。

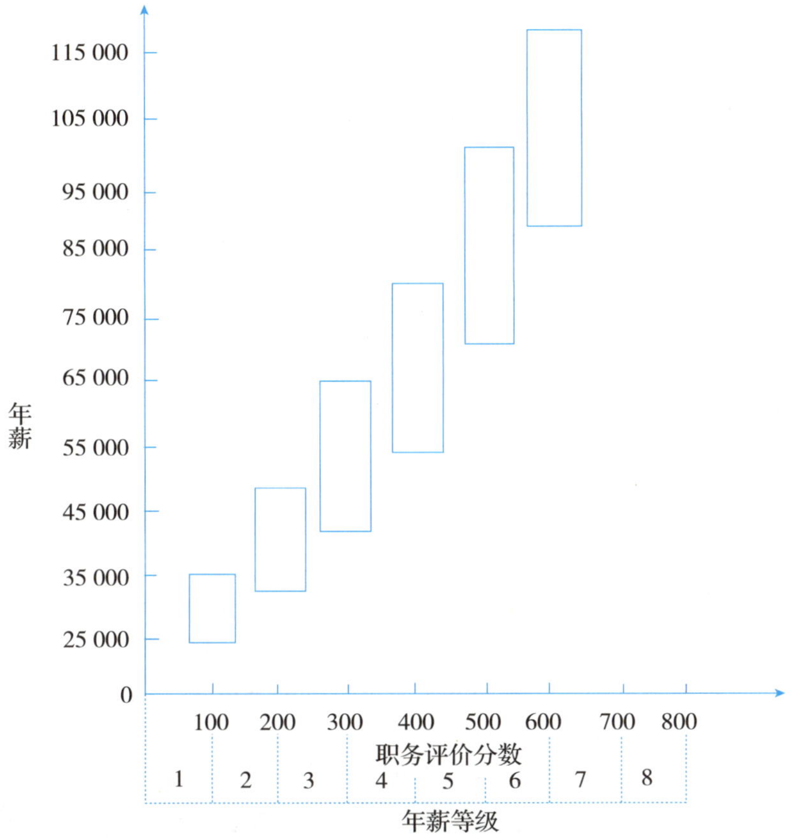

图8－3 薪资幅度不等的薪资结构

二、薪资结构的调整与运用

薪资结构确定之后要做的事情是调整薪资率。将企业现行的薪资结构与新建立的薪资结构放在同一张表上比较，便会发现对某些职务支付了过高的薪酬，而某些职务的薪酬过低。支付薪酬过低或过高都会带来问题。解决过低支付的办法通常是加薪。解决过高支付的办法有三种：一是提升职务，增加职工的工作量和责任，这样解决的前提是职工能够胜任较高薪资率的工作，并且该项工作正好有空缺，这是最理想的办法；二是减薪，这在理论上应该是可行的，也完全符合逻辑，但实际上减薪对职工积极性的打击会很大；三是冻结加薪，暂时冻结工资水平或减慢日后的加薪幅度，使偏高的薪资经过一个时期后恢复到合适的水平。

加薪有下述两个原则。

（一）按资历加薪

按资历加薪是指职工在企业工作满一年，其工资便会自动提升一级，资历越长，工资越高。按资历加薪假设职工的工作年限越长，经验越丰富，技能越熟练。但有时经验和技能不能只以工作年限长短来衡量。一个勤奋好学的职工在两三年中所掌握的经验和技能，可能会超过一个有五年工龄的职工。因此，单纯按资历加薪无法奖励和激励那些工作表现非常突出的职工。工作表现优秀的职工缺乏随资历慢慢增长而增加工资的耐性。

（二）按工作表现加薪

按工作表现加薪指职工在一段时间内有突出的工作表现，经上级推荐其薪资可提升一级。可以将资历和工作表现结合起来进行加薪，办法是在薪资结构中设立若干关卡，职工主要是以资历加薪，每满一年考核合格便可加薪一级，自动向上提升了几级之后便有一个关卡，这时便不能自动加薪，职工的工作表现必须符合要求才可以加薪，否则职工会停留在原来的薪资等级上，直到工作表现符合过关的要求后才有加薪的机会。

不论是按哪一种原则加薪，职工会慢慢提升到最高薪资等级。如果没有晋升机会，他的薪资会保持不变直至退休。这时，薪资结构便不对职工有激励作用了。

三、宽带薪资结构

传统的薪资结构的特点是薪资等级多、薪资幅度小，薪资通常与职位对应，一职一薪。职工沿薪资等级垂直加薪，即使表现优异，做出突出贡献，如果不能晋级，薪资依然不能增加。有些大公司的薪级多达五六十级。

宽带薪资结构是一种新型的薪资结构设计，是对传统的多等级垂直型薪资结构的改进。它是将企业原来的十几个、几十个薪级压缩成几个薪资带（通常为 3～10 个），并拉大每个薪资带的薪资幅度，相邻两个薪资带有部分重叠。例如，将企业的薪资划分为四个薪资带，第一个薪资带的薪资幅度为 1 800～6 000 元，第二个为 4 000～9 000 元，第三个为 6 500～12 500 元，第四个为 8 500～15 500 元。每个薪资带没有与之相对应的职位头衔。在这种薪资结构中，职工沿薪资带横向加薪，即使长期处于同一个薪资带，只要能不断改善绩效，也能获得高薪酬。这样，即使被安排在普通岗位上工作，职工也一样有机会获得较高的薪酬。

宽带薪资结构具有以下优点：

（1）经理人员在确定薪资上拥有更多自主权，使他们能够在更大范围内根据绩效调整职工的薪资。

（2）由于宽带薪资结构消除了职位间不必要的差别，职工在企业内部流动变得更加容易。这在晋升机会少的扁平化组织中尤为重要。

（3）宽带薪资结构消除了等级、职位和地位等影响信息交流的障碍，有助于增进交互式协同工作。

第四节 工资制度

按劳分配是薪资支付的基本原则。劳动有潜在的劳动、流动的劳动和凝固的劳动三种形式，按不同的劳动形式支付工资就形成了不同的工资制度。目前企业中流行的主要的工资制度有岗位工资制、能力工资制、绩效工资制和结构工资制等。下面着重讲解前三种。

一、岗位工资制

岗位工资制也称职位工资制（Position-based Pay），是根据职工的目前职位给予职工薪酬的一种工资制度。其假设和前提为：

（1）职工对组织的价值和贡献，主要体现为其职位价值。即职工对工作职责的承担和工作内容的完成，决定了职工对组织价值创造所做出的贡献。因此，可以依据职工所承担的职位职责的大小、工作内容的复杂程度、完成工作职责所需要具备的任职资格的高低等因素来进行职位价值评价，并以职位价值评价的结果来确定职工的基本工资。

（2）职工的工作范围和工作内容非常固定，从而能够明确界定其职位内涵，并能够对其职位价值进行较为准确的评价。

（3）组织关注职位，采用较为严格的金字塔型的层级结构。在金字塔型的组织层级结构中，组织层级越高，人员越少，但每个人对组织的价值和贡献越大。即管理层级每上升一级，员工的薪酬也就要提高一个大的幅度，而不管上一个级别的管理者在能力和素质上是否真正比下一级别的员工高。以职位为基础的薪酬体现出一种“官本位”的价值倾向。

二、能力工资制

能力工资制（Pay for Person）是根据职工所拥有的与职务相关的知识和能力水平给予职工薪酬的一种工资制度。它假设掌握更多技能的职工能为公司做出更大的贡献，为此他们应该获得更多的薪酬。能力工资制与岗位工资制的关键区别在于，职工的工资不是与职位而是与能力相联系。职工要想增加工资，必须证明自己已经掌握了高一级职位所要求的技术，并通过测试加以确认。

能力工资制由以下几个部分组成：

（1）识别职务所要完成的任务。

（2）确定完成任务所需要的能力。

（3）通过测试确定职工是否掌握了这些能力。

（4）根据每项能力对公司的价值为其定价。

（5）告诉职工他们能学会的能力以及学会后所能得到的薪酬。

与岗位工资制相比，能力工资制有以下优点：

（1）职工不提职也有增加收入的机会。如果实行岗位工资制，职工不升职就没有增加收入的机会。实行能力工资制使职工无须晋升也有机会增加收入。

（2）企业在处理工人缺勤和补充、调配人手的问题上更有灵活性。采用岗位工资制时，让职工在收入不同的岗位之间调岗非常困难，采用能力工资制则不会有这种情况发生，因为职工是依据能力而不是岗位获得薪酬。

（3）职工的工作更有保障，工作更有满足感。能力工资制鼓励职工学习，掌握多种技能，这样能够增加他们对企业的价值，增强他们的竞争地位，使他们的工作更有保障。

采用这种工资制度有如下缺点：

（1）能力并不等于现实的业绩，因此，它往往在鼓励员工通过提高能力增加薪酬的同时，也带来组织成本的大幅增加，而组织整体并没有获得相应的经济价值。

（2）它仅适合于以知识为主要竞争力的企业，对大多数传统企业并不十分适用。

（3）它适用的职位类别相对较少，更多地适用于研发类和技术类人员，对于管理类人员和一般操作人员，采用以职位为基础的薪酬体系则更为适宜。

三、绩效工资制

绩效工资制（Pay for Performance）是根据职工的工作表现或绩效结果给予职工薪酬的一种工资制度。绩效工资制最能体现收入与贡献挂钩的经济利益原则，谁干得多、干得好，谁就挣得多。越来越激烈的市场竞争，要求职工必须有高水平的工作表现，这是企业采用按工作表现付薪制度的主要动因。采用绩效工资的职工主要是企业高层经理和生产销售这些部门。例如，根据企业的业绩支付高层经理的薪酬，根据生产工人或销售人员的工作业绩支付奖金。

绩效工资制具有以下优越性：增加职工工作的满足感；促进生产率的提高；减少无故缺勤；降低职工的流动率；增进职工之间的合作。绩效工资制在实际操作过程中必须有一个能够确定不同工作的绩效水平的方法。从这个意义上讲，合理的绩效考核程序是采用绩效工资制的先决条件。

上述三种工资制度虽然依据的劳动形式不同，但都体现了按劳分配的原则。岗位工资制是按流动的劳动来分配，能力工资制是按潜在的劳动来分配，绩效工资制则是按凝固的劳动来分配。在结构工资制中，既有职位工资部分，也有资历工资、能力工资的成分，还有根据工作表现浮动的部分，它包括了流动的、潜在的和凝固的三种劳动形式，从理论上讲，它是全面体现按劳分配原则的一种工资制度。

拓展思考

党的二十大报告指出：分配制度是促进共同富裕的基础性制度。坚持按劳分配为主体、多种分配方式并存，构建初次分配、再分配、第三次分配协调配套的制度体系。努力提高居民收入在国民收入分配中的比重，提高劳动报酬在初次分配中的比重。坚持多劳多得，鼓励勤劳致富，促进机会公平，增加低收入者收入，扩大中等收入群体。

思考：企业如何在薪酬制度设计上更好地体现按劳分配为主体、多种分配方式并存？

本章提要

1. 薪酬是职工从企业得到的各种类型的酬劳，包括经济薪酬和非经济薪酬。经济薪酬包括直接经济薪酬和间接经济薪酬。直接经济薪酬是指职工以工资、薪水、奖金及佣金形式获得的全部货币性收入。薪资是企业按期付给职工的经济薪酬。津贴是因特殊情况而另给的薪酬。奖金是为激励职工努力工作所给予的薪酬。

2. 直接经济薪酬有时间和产出两个支付基础。在无法控制产量或产出、经常发生工作延误和质量特别重要的情况下，按时间计酬更为合适。在努力与产出之间关系明确、很少发生延误现象和质量的重要性不及产量的情况下，按产出计酬更为合适。

3. 薪酬对职工行为有重要影响。薪酬管理最重要的原则是公平。薪酬水平受众多因素影响：组织因素包括企业的薪酬政策和企业的支付能力；职务因素包括责任、工作环境、技能等；个人因素包括表现、资历、技能、经验、潜力等；环境因素包括劳动力市场的供求关系、生活水平、经济环境和国家法律等。

4. 薪资调查就是设法获得竞争对手付给在岗人员的薪资的信息。薪资调查的方式有自行调查和委托调查，方法有问卷及访谈。薪资调查的过程包括确定相关劳动力市场、选择调查对象和选择基准职务等。

5. 职务定价是指用货币来表示一项职务的价值。职务评价是确定职务的相对价值，职务定价则是确定职务的绝对价值。职务定价的主要内容是确定工资等级和工资幅度，建立企业的薪资结构。

6. 岗位工资制的分配依据是职工目前的职位，能力工资制的分配依据是职工所拥有的能力与知识水平，绩效工资制的分配依据是职工的工作表现。结构工资制是岗位工资制、能力工资制和绩效工资制的结合。

复习题

1. 什么是薪酬？什么是经济薪酬？什么是非经济薪酬？
2. 薪酬对职工的行为有什么影响？
3. 影响薪酬水平的因素有哪些？
4. 什么是薪资调查？它在企业薪资管理中起什么作用？
5. 如何进行薪资调查？
6. 什么是职务定价？什么是薪资曲线？什么是薪资等级和薪资幅度？
7. 什么是岗位工资制？它有什么特点？
8. 什么是能力工资制？它有什么特点？
9. 什么是绩效工资制？它有什么特点？

练　习

练习 8-1：薪资调查与定价练习

表 8-1 是对五家公司进行薪资调查获得的相关数据。

表 8-1　五家公司薪资调查数据（年薪中值）　单位：元

职务	康利	鸿运	大明	七星	通联
财务经理	115 000	97 000	105 000	109 000	98 000
秘书	50 400	29 600	34 000	47 000	29 000
数据处理主管	92 600	66 000	73 000	85 000	79 600
会计主管	91 000	68 600	77 200	75 800	73 600
计算机操作员	46 000	40 000	34 800	39 600	32 600
会计师	52 800	42 000	46 600	48 600	44 000
高级记账员	40 000	37 800	32 600	38 000	31 600
初级记账员	32 200	31 400	28 000	31 600	26 800

要求：

1. 计算这五家公司 8 项职务的年薪平均值，填入表 8-2 的（1）栏，同时将表 2-18 中各项职务的总计点分转录到表 8-2 的（2）栏的对应位置。

2. 根据表 8-2 的（1）和（2）栏，在图 8-4 中标出 8 项职务的坐标点，用随手画线法或线性回归法画出薪资曲线。

表 8-2　职务年薪

职务	市场年薪参照值	总计点分（来自表 2-18）	计算求得的年薪
	（1）	（2）	（3）
财务经理			
秘书			
数据处理主管			
会计主管			
计算机操作员			
会计师			
高级记账员			
初级记账员			

3. 根据薪资曲线或方程式计算 8 项职务的年薪值，并将计算结果填入表 8-2 的（3）栏。

4. 比较用散布图法计算得出的年薪与对照年薪，如果有较大差异，解释这些差异产生的原因。

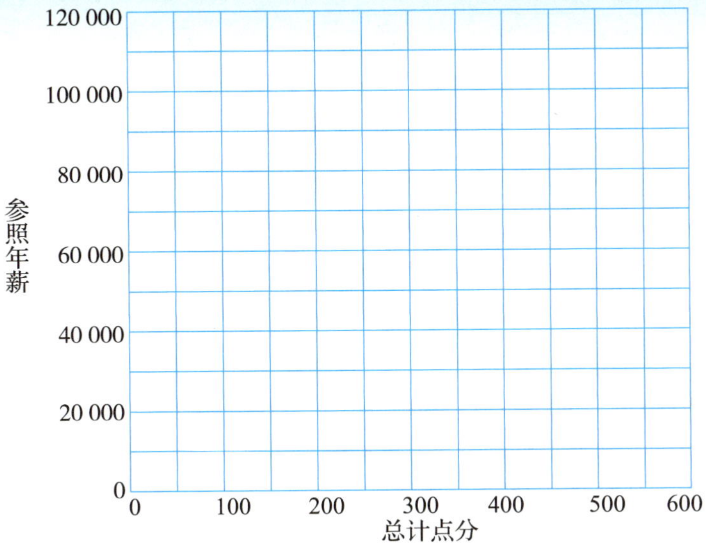

图 8-4　散布图

练习 8-2：企业薪资水平与行业水平比较练习

表 8-3 是薪资调查中甲、乙两家公司的工资水平与行业水平的比较。

表 8-3　甲、乙两家公司工资水平与行业水平的比较　　单位：元

岗位	行业水平	甲公司水平	乙公司水平	甲公司水平与行业水平的比较	乙公司水平与行业水平的比较
(1)	(2)	(3)	(4)	(5)	(6)
岗位 1	4 500～9 000	5 100	6 000～12 000		
岗位 2	3 300～5 100	3 600	3 900～7 500		
岗位 3	9 000～12 000	8 600	9 000～13 500		
岗位 4	2 100～3 000	2 400	1 950～4 500		
岗位 5	7 500～30 000	6 800	9 000～45 000		
岗位 6	4 000～8 000	4 100	4 800～9 600		
岗位 7	10 000～28 000	9 600	11 500～32 200		

要求：

比较薪资调查中甲、乙两家公司与行业水平的差距，将比较结果填入表 8-3 的 (5) 栏和 (6) 栏，并说明两家公司采取的是何种工资政策，薪资幅度的设计采用的是何种薪资率。

课外实践

1. 协助一家公司进行薪酬市场调查，并撰写分析报告。
2. 协助一家公司设计一份职工薪酬满意度调查表，并进行实地调查，撰写分析报告。
3. 协助一家公司制定工资标准和工资结构调整方案。

第九章

奖励与福利计划

知识与能力目标

通过本章的学习，你应该：

- 掌握生产工人的奖励计划
- 掌握销售人员的奖励计划
- 掌握专业人员的绩优薪资计划
- 了解经理人员的四种薪酬类型
- 理解集体奖励的四种计划
- 了解奖励计划失败的原因
- 了解福利的作用和类型
- 了解企业福利的设计原理

素养目标

1. 对薪酬奖励有深入认知，对社会主义按劳分配原则和奖勤罚懒、奖优罚劣、多劳多得思想有更深刻的认识。

2. 了解福利的作用，掌握法定福利的内容，增强社会责任感。

引导案例

雷尼尔效应

位于美国西雅图的华盛顿大学选择了一处地点，准备修建一座体育馆。消息传出，立刻引起了教授们的反对。校方于是顺从了教授们的意愿，取消了这项计划。

教授们为什么会反对校方修建体育馆呢？原因是校方选定的位置在校园内的华盛顿湖畔，体育馆一旦建成，恰好挡住了从教职工餐厅窗户可以欣赏到的美丽湖光。

为什么校方会如此尊重教授们的意见呢？原来，与美国教授平均工资水平相比，华盛顿大学教授的工资要低20%左右。教授们之所以愿意接受较低的工资，而不到其他大学去寻找更高报酬的教职，完全是因为留恋西雅图的湖光山色：西雅图位于太平洋沿岸，华盛顿湖等大大小小的湖泊星罗棋布，天气晴朗时可以看到美洲最高的雪山之一——雷尼尔山，还可以开车出去到一息尚存的火山——圣海伦斯火山……为了美好的景色而牺牲获得更高的收入机会，被华盛顿大学经济系的教授们戏称为“雷尼尔效应”。

职工的直接经济薪酬包括薪资和奖金。薪资数额是固定的，有保障作用但缺乏激励性。奖金是根据职工的表现另给的薪酬，具有较强的激励作用。为了调动职工的积极性，除了建立合理的薪资结构，确定基本薪资，企业还应该建立各种奖励计划。良好的奖励计划能够提高职工的生产效率，使企业获得更有竞争力的优势。奖励计划的类型繁多，既可以根据不同的人员类别分类，也可以根据奖励的对象是个人还是集体分类。

本章将分别讨论企业不同人员的奖励计划。此外，福利也是本章阐述的内容之一。

第一节　生产工人的奖励计划

生产工人的奖励通常以生产工人个人或班组作为计算奖金的单位，使职工的收入与工作表现直接挂钩，如果职工能够超额完成或表现超过预定标准，便可以获得奖金。奖励的依据可以是产量也可以是工时。以产量计算的奖励方式称为计件工资计划，以工时计算的奖励方式称为标准工时计划，两种方式都能鼓励职工提高工作效率。同时，还有班组奖励计划。

一、计件工资计划

计件工资计划是一种非常古老、使用非常广泛的奖励方式。计件工资计划常见的形式是简单计件工资计划，即按照工人完成产品的件数或数量乘以每件产品的工资率，计算出工人应得的收入。例如，切削一个大型齿轮的内孔可以获得 8 元，一个工人每天可以切削 10 个大型齿轮，那他就可以获得 80 元的收入。

在简单计件工资计划下，不论工人的产出是多少，收入都严格按同样的工资率和产量挂钩。有些形式的计件工资计划，其计件工资率是根据不同工作效率差别计算的。例如，当工人的产出在标准产出的 83%以下时，按低工资率计算其收入；当工人的产出在标准产出的 83%和 100%之间时，按中等工资率计算其收入；当工人的产出达到或超出标准产出时，按高工资率计算其收入。高、中、低三个工资率依次递减 10%。

推行计件工资计划的关键问题是确定产出标准和计件工资率，用统计分析和凭经验估计确定的产出标准通常是不准确的。要建立有效的计件工资制就需要有职务评价和工业工程设计，前者确定职位的小时工资率，后者确定产出标准。产出标准有两种表达形式，一种是单位产出的标准时间，另一种是单位时间的标准产出。在工厂里，前者称为工时定额，后者称为产量定额。

计件工资计划具有以下优点：

（1）便于计算，容易使人理解和接受。

（2）计量原则公平，由于收入直接同业绩挂钩，激励效果明显，工人完成的产品数量越多，收入也越多，可以激发工人的干劲，减少怠工。

计件工资计划的缺点如下：

（1）当工人的收入高于平均水平时，经理人员可能会随意提高产量标准或降低每件产品的工资率，造成工人与管理阶层之间缺乏相互信任。

（2）计件工资率的确定比较烦琐和困难，如果职务评价使小时工资率改变，每一项职务的计件工资率要重新计算，不仅烦琐，而且容易引起工人的猜忌和抵制。

（3）计件工资制的实施通常是和专业化的职务设计相联系的，工人每天干相同的工作，使得他们只关注产出量，只愿意接受最低限度的培训，不愿意把精力放在如何提高产品质量上，也不愿意进行工作轮换，不愿意参加多技能培训，因为这样做会降低生产效率，在这些岗位引进新技术和革新生产过程也会遇到阻力。

（4）工人在生产时可能会重产量，轻质量，设备也可能得不到应有的保养，容易出现粗制滥造的现象，在工人感觉收入与付出不对等时，这种情况尤为突出。

（5）工人没有最低工资保障，如果因为订单不足，或者缺乏原料，或者是机器发生故障，使工人不能工作，工人的工资收入会下降。

二、标准工时计划

以时间计算的奖励方式是鼓励工人努力提高效率，减少完成工作所需要的时间，节约人工和制造成本，工人便可从节约中获得奖励。标准工时计划是以节省工作时间的多少来计算工人应得的收入。在标准工时计划下，工人的生产超出标准时，便按超出的百分比给予不同比例的奖金。例如，某个工人从事机械维修工作，完成工作所需要的标准时间是4个小时，每小时的工资率是30元，合计120元。如果该名工人节省的时间折合为标准的25%，则他的工资率会按照比标准工资率高25%计算，即$30\times4\times1.25=150$（元）。

标准工时计划具有计件工资计划的多数优点，并且重新制定小时工资标准后不必重新计算计件工资率。标准工时计划与计件工资计划存在同一个问题，即工人不相信由专家制定的产量标准，并对标准的变动持怀疑态度。

三、班组奖励计划

个人奖励也有行不通的时候，有些工作，如装配生产线或操作某些大型设备，需要几个人同时操作才能进行，工人的工作是相互联系不可分割的，个别职工的工作表现会影响其他职工的工作表现，生产效率取决于班组成员的共同努力。在这种情况下，采用班组奖励计划比较合适。例如，如果班组的产量超过定额标准，那么每个成员都可以按工资比例获得奖金。

班组奖励计划的优点是可以鼓励班组内部成员之间的合作精神，也可以利用群体压力，防止及减少个别工人的偷懒现象。缺点是发放奖金的依据不是工人个人的工作表现，这样就使工人看不到个人努力与收入之间的关系，从而降低生产积极性。

第二节　销售人员的奖励计划

销售是一项非常具有挑战性的工作。由于从事销售工作能够结识到各行各业的人士，接触到方方面面的事物，可以开阔眼界、增长知识，加上可以自由支配时间，较少受上级的直接监督，而且比其他文职工作有更多的发展机会，因此备受年轻人的青睐。

一、销售人员的工作性质与薪酬

不同行业的销售人员的收入差距悬殊，需要高学历、大量专业知识、丰富经验和高超推销技巧的行业的销售人员的收入会较高。在同一行业内，销售人员的收入也可能差别很大，这取决于销售什么产品、销售多少、销售给谁、如何销售等诸多因素。

销售人员的薪酬形式与行业有很大关系。例如，在保险业，销售人员的收入几乎完全以佣金的形式支付；而在运输设备制造业，销售人员的收入习惯上以薪水的形式支付；对其他许多行业而言，则常采用薪水加佣金的混合形式支付销售人员的薪酬。

在销售人员的薪酬计划中广泛使用奖励是由于以下三个原因：

（1）传统。

（2）多数销售工作具有无法监督的性质。

（3）销售人员需要奖金激励的假设。

销售人员的工作具有产出容易确定、个人努力与产出关系明确的特点。销售量和个人努力相联系的特点促使企业将销售人员的薪酬与其绩效挂钩。

二、销售人员的收入

奖励和计算销售人员收入的计划很多，主要有薪水计划、佣金计划和混合计划三种。

（一）薪水计划

薪水计划是指销售人员收入的主要形式是薪水，销售人员无论销售水平如何均能得到固定的薪水。

薪水计划适合于接订单但不需要努力推销，或者推销的是名牌产品的情况。在其他情况下，如果销售人员的主要任务不是推销产品或者接订单，而是要花很多时间开发市场，寻找新客户及其他非销售活动，采用薪水计划也很合适。此外，对于一些无法直接衡量个人工作表现的活动，例如只做推广活动或贸易展销活动，或者主要从事培训、发货等事务性工作，或者销售量基于集体工作表现，也应采用薪水计划。公司在强调其售后服务时也会采用薪水计划。

薪水计划的优点主要有：第一，职工的收入稳定，有保障，对公司有较强的归属感；第二，在计算工资方面，公司有固定的工资成本预算；第三，便于改变销售人员的工作区域或工作定额，便于重新分派他们的工作，销售人员不会因分派的工作区域影响收入而抱怨，并且可以腾出时间兼顾其他非销售活动；第四，可以鼓励销售人员培养长期顾客。薪水计划的缺点是销售人员的个人业绩与收入无关，缺乏激励性。此外，有可能造成较高的直接销售成本。新入职的销售人员通常喜欢薪水计划。

（二）佣金计划

佣金计划是直接按销售额的一定比例确定销售人员的收入，特点是只根据业绩来确定收入。如果没有销售业绩，销售人员就没有任何收入；如果销售业绩特别高，销售人员则能获得巨额收入。佣金计划的收入计算依据是销售量的某个百分比，而这个百分比又是根据产品的价格、销售量、销售的难易程度确定的。

采用佣金计划时，销售人员的收入除与销售量有关外，还受许多其他因素的影响。例如，一般地说，推销消费品比推销工业产品的收入要高；向批发商和零售商推销产品比向直接消费者推销产品收入要高；推销技术含量高的产品比推销技术含量低的产品收入要高。佣金计划适合于需要高超推销技巧的行业，如人寿保险、高档化妆品等。市场广阔但又难以界定销售范围时，也可以采用佣金计划。有些公司采用佣金计划是因为特别看重销售量以及销售成本的控制。

佣金计划的优点主要是：首先，收入和工作表现直接挂钩，具有激励作用，也可以吸引高绩效的销售人员；其次，佣金的数额确定，容易计算；最后，由于单位销售成本与销售额有一定的比例，因此可以减少销售费用。这种制度的缺点是收入不稳定，容易受经济环境变动影响。在经济繁荣时期，销售人员的收入会很高，而在经济萧条时期，他们的收入则会很低。此外，会导致销售人员过分强调销售量，只推销高价产品或容易推销的产品，不愿意推销低价产品或难以推销的产品，忽视其他非销售活动和长期顾客的培养。在分派工作时也会出现问题，因为销售人员会担心分派到经济落后区域工作而影响收入。销售人员之间的收入，特别是上级与下级、老职工与新职工，差距会拉大，使人感觉分配不合理，从而降低销售人员对公司的归属感。

（三）混合计划

大多数公司对销售人员采用各种形式的混合计划。最简单、最常见的混合计划是薪水加佣金计划，即在销售人员的收入中，有一部分是薪水形式的固定收入，另一部分是按销售额提取的佣金。

薪水加佣金的混合计划兼具薪水计划和佣金计划的优点，销售人员有固定的收入，生活有保障，同时又可以获得佣金，兼具激励作用。

此外，有些企业采用更加复杂的其他形式的混合计划。有些企业采取佣金加预提账户计划，销售人员的基本收入形式是佣金，但在销售淡季可以预提未来的收入。有些企业采用佣金加奖金计划，销售人员以佣金为基本收入形式，但如果推销出滞销的商品，则可以得到一小笔奖金。除薪水、佣金和奖金之外，高绩效销售人员也经常得到大家电、小汽车或旅游等形式的特殊奖励。

第三节　专业人员的奖励计划

专业人员是指那些用其所掌握的专业知识解决企业问题的人员，包括工程师、律师、科学家、经济学家、会计师等。专业人员的工作所包含的内容、难易程度和重要性难以确定，因此，有些公司会为专业人员建立一个薪资制度，应用职务分析来决定薪资。当然，这要看公司有多少专业人员，如果专业人员的人数很少，没有必要为少数人设立一个专门的薪资制度。

一、决定专业人员薪酬的成熟曲线

专业人员的薪酬主要是根据受教育程度、专业技术水平和资历来确定的。最常用的方法是成熟曲线。成熟曲线表示专业人员自从取得专业资格后资历与薪资的关系。图 9－1 是用来评价科技人员的成熟曲线。成熟曲线在最初阶段的升幅很大，每年的增幅为 10％～15％。经过 15～20 年后，曲线的增幅大大减小，每年的增幅为 0～

5%，其后便会停留在一个固定的水平上。起初，专业人员积累的专业知识随着资历而急剧增长，但经过一段时间后，由于增长已到极限，或者是由于知识陈旧，增长便会放缓。一般认为，除非才能特别出众，否则，只要受教育程度和资历相同，专业人员的薪资应该大致相同。这就是说，薪资随资历的增加而提高。除资历外，工作表现也是决定专业人员薪资的参照物。在图 9－1 中，中间的曲线代表平均薪资水平，如果表现出色，则可按较高的曲线支取薪资；相反，如果表现较差，则按较低的曲线支取薪资。

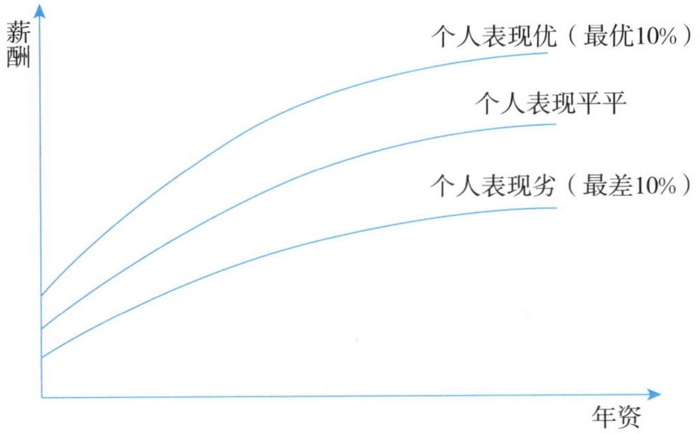

图 9－1　评价科技人员薪酬的成熟曲线

二、专业人员的奖励形式

对专业人员的奖励应注重科技创新和突破，奖励的形式包括奖金、分享利润和认购公司的股票等。相对来说，金钱的激励作用对专业人员并不像对其他人员那样明显，这是因为，专业人员的薪酬本来就比其他人优厚。此外，也是由于他们对出色的工作成果、对获得别人赞许的需求比其他人更强烈。当然，这并不是说专业人员就不需要物质刺激，而是说有许多非经济因素更能促使专业人员做好他们的工作，如提供良好的工作条件，提供继续教育的机会，安排富有挑战性的工作等。专业人员的奖励计划的实施周期一般在一年以上，这与设计、开发和营销新产品的周期是相吻合的。

三、绩优薪资计划

绩优薪资是根据职工的个人绩效而增发的奖励性薪水。它和奖金的不同之处在于，绩优薪资通常成为职工基本薪水的一部分，奖金仅是对职工某段时间表现的奖励。绩优薪资的对象可以是企业的任何人，但主要是专业人员和经理人员。

绩优薪资的基本思想是，只有薪资（及其他薪酬）直接和绩效挂钩才能激励职工提高绩效；人人有份的提薪（不考虑个人绩效）只能导致绩效降低。绩优薪资计划有传统的和一次结清的两种方式。

（一）传统的绩优薪资计划

传统的绩优薪资计划有两个特点：一是对职工绩优的认可通常采取按年份提高基本薪水的形式；二是绩优加薪的依据通常是个人绩效。

传统的绩优加薪是累计式的。例如，某个职工的年薪为 60 000 元，如果其绩优加薪为基本薪水的 5%，则他的底薪会增至 63 000 元。如果第二年又得到 5%的绩优加薪，则他的绩优加薪不是按 60 000 元的底薪计算，而是按 63 000 元的新底薪计算。职工绩优加薪的比例取决于职工的表现和现有薪水水平：表现越佳，加薪的比例越高；现有薪水水平越高，加薪的比例通常越低。表 9－1 是确定加薪比例的一个样本。在表 9－1 中，薪水水平分为最高（薪水水平排在前 25%，以此类推）、中上、中下、最低。如果现有薪水水平普遍偏高，在考虑加薪时最高 1/4 的加薪幅度要略小，最低 1/4 的加薪幅度应该最大。此外，还要考虑职工的表现，表现优秀者可以获得平均 10%的加薪，依次递减，表现一般及较差者不予加薪。

表 9－1　绩优薪资加薪百分比计算表

薪水水平	绩效考核等级				
	优秀	良好	称职	基本称职	不称职
最高 1/4	4%～9%	0	0	0	0
中上 1/4	7%～9%	4%～8%	0～6%	0	0
中下 1/4	9%～11%	7%～8%	6%～7%	0	0
最低 1/4	10%～12%	8%～9%	7%～8%	0	0
平均加薪率	10%	8%	6.5%	0	0

（二）一次结清的绩优薪资计划

一次结清是每年一次结清绩优薪资的加薪额。例如，某个职工的年薪为 60 000 元，绩优加薪比例是 5%，那就一次付给他 3 000 元。与传统的方式相比，一次结清的方式有以下优点：

（1）可以放缓薪资增长速度。

（2）有利于控制福利成本，因为福利水平通常与职工的薪资相联系。

（3）更有激励作用，分为 12 个月、每月付给 250 元的加薪显然没有一次付给 3 000 元的加薪激励作用显著。

（4）由于基本薪资不受绩优薪资的影响，经理人员在考虑绩优加薪数额时有更大的回旋空间。

（三）一次结清的改进方式

一次结清考虑了职工的个人绩效，但没有考虑企业的绩效。有一种改进方案是把绩优薪资与个人绩效和企业绩效同时挂钩，一次付清。表 9－2 是一次结清奖金的测定矩阵。企业的绩效可以扣除工资成本后的回报率或销售率来衡量，对于绩效优秀的职工，即使企业的绩效一般，仍然可以得到一次结清的绩优薪资；对于绩效较差的职工，即使企业绩效优秀，也得不到任何加薪。这种方法的优点是可以使职工关注获利能力、提高生产效率方面的组织目标；缺点是会降低奖励的激励价值，因为它削弱了职工个人绩效对薪酬的影响。

表 9-2　一次结清奖金的测定矩阵举例

个人绩效（权重=0.5）		企业绩效（权重=0.5）				
		优秀	良好	称职	基本称职	不称职
		1.00	0.80	0.60	0.40	0.00
优秀	1.00	1.00	0.90	0.80	0.70	0.50
良好	0.80	0.90	0.80	0.70	0.60	0.40
称职	0.60	0.80	0.70	0.60	0.50	0.30
基本称职	0.40	—	—	—	—	—
不称职	0.00	—	—	—	—	—

注：确定每个职工的奖金数额的办法是：（1）将职工截止到 6 月底的直接工时工资或薪水的年度总额，乘以其最高奖金率；（2）将（1）所得乘积再与表中相应的百分比相乘。例如，某个职工到 6 月底为止的年度薪水总额为 20 000 元，其最高奖金率为 7%，他的个人绩效和企业绩效都是良好，该职工的奖金应是 1 120（20 000×7%×0.80）元。

第四节　经理人员的奖励计划

经理人员的管理能力和敬业精神在很大程度上决定着企业的盛衰，因此，为经理人员提供丰厚的收入是十分重要的。吸引和留住最优秀的经理人员，并使他们为企业做出贡献的关键在于企业为他们制订适当的奖励计划。

一、经理人员的工作性质与薪酬

在决定经理人员的薪酬时，企业一般倾向于把高层经理人员的收入增长与企业的整体绩效联系在一起。对于中层经理人员的薪酬，企业倾向于将企业的整体绩效、市场占有率和内部因素结合在一起考虑。对于主管，他们的薪水通常根据市场占有率、内部薪资关系和个人绩效来决定。

经理人员的工作通常是以预期成果的形式，而不是以任务或工作如何完成的形式来描述的。经理人员的职位越高，工作的自主性越大、多样性越强。因此，根据市场定价确定经理人员的薪酬是可供企业选择的最佳途径。这是因为：

（1）经理人员的工作对企业来说极其重要，他们工作能力强且难以替换。

（2）经理人员在劳动力队伍中占很小的比例，对成本的影响很小。

（3）经理人员有广泛的外部联系，他们非常了解人才的市场定价。企业在采用市场定价时可以利用薪酬调查获得市场数据，也可以通过职务评价确定经理工作的相对价值。

二、经理人员的薪酬类型

经理人员的薪酬由基本薪水、短期奖励、长期奖励、福利和津贴等构成。

（一）基本薪水

基本薪水在经理人员的收入中并不占最大比例，但是很重要，因为其他薪酬形式，如奖金、红利、福利、津贴等，都要依据基本薪水水平而定。基本薪水越高，能得到的福利和津贴会越多。经理人员的职务差异大，一般难以描述，他们的绩效、经验和能力也较难衡量和评价，工作表现也会有较大差异。因此，在设计经理人员的薪资结构时会有一定困难。一般来说，经理人员的薪资幅度比较大，即起薪点和顶薪点之间的幅度较大。这主要是因为，经理人员再次晋升的机会不是很大，越接近高层越是这样，而且加薪主要是根据绩效而不是资历，薪资幅度大有利于反映管理工作的复杂程度和工作表现上的差异。多数公司对经理人员的薪资都保持弹性，加薪只明确准则而不做硬性规定。

（二）短期奖励

短期奖励是多以现金形式支付的年终分红。红利发放通常是根据企业每年的利润，以部分盈余作为红利发给经理人员。多数公司为中高层经理人员提供年终分红。与基本薪水不同，年终分红与绩效是挂钩的：绩效高，分红多；绩效低，分红少；绩效差，没有分红。

企业在推行短期奖励计划时需要考虑以下三个问题：一是哪些人有资格参与分红；二是红利基金的数额多大合适；三是如何确定个人的红利数额。

确定分红资格有以下三种方法：第一，认定关键职位（通常是经理职位），凡是任职关键职位的经理都有参加分红的资格。关键职位是指那些影响企业的利润，而且这种影响可以衡量的职位。可通过职务评价确认关键职位。第二，设置薪资水平阈值，凡是收入超过阈值的经理都有资格参加分红，例如，规定年薪在 20 万元以上的经理均有资格参与分红。第三，设置薪资等级阈值，凡是薪资达到某一等级的经理均有参加分红的资格，例如，规定薪资在 6 级以上者有资格参与分红。这个方法是薪资水平阈值法的变种。

红利基金数额的确定有两种方法：一是扣除法，即企业只在净盈利达到一定水平时才建立短期奖励基金；二是非扣除法，即企业提取固定比例的净盈利作为短期奖励基金。确定红利占盈利的比例没有固定的原则。有专家建议如下的方案：预留一定比例的利润（如 10%）作为资本投入，将余额的 20%作为红利基金。

确定个人红利数额的一般做法是先确定每个职位的分红标准，再根据实际绩效进行调整，实际所得红利最多可以是标准的两倍。要为每个经理人员建立绩效标准，并初步估算其所获红利数额，为此要估算短期奖励基金开支总额并和红利基金比较。

（三）长期奖励

长期奖励的主要目的是鼓励高层经理人员在决策时注重公司的长期发展，把经理人员的个人利益和公司长远的、整体的利益捆在一起。长期奖励通常只用于高层经理。长期奖励采用资本增值方式，并以股票代替现金支付。例如，享有公司股票认购权，或是以较低的价钱认购公司的股票，也可以是按绩效配股。

股票期权是长期奖励的主要形式。股票期权是指在一定时间内，以特定价格购买一定数量的企业股份的权利。高层经理人员希望利用这种期权，以现在的价格购买股票，并在将来获利。这里的假设是：股票价格以后会上升，而不是下跌或停滞。股票价格受企业获利能力和利润增长影响，虽然存在一些不可控制的因素，但高层经理人员在一定程度上还是可以影响企业的获利能力和利润增长，股票期权因此才具有激励作用。

除股票期权之外，长期奖励还有四种常见形式：现金、股票、股票增值权、影子股票。这些形式使用的普遍程度随经济发展状况与趋势、企业内部的财务压力、对长期奖励计划的态度、税法及其他因素的变化而变化。

长期奖励的优点是使经理人员持有企业的股票成为股东后，增加对企业的归属感，同时也能激励经理人员改善企业绩效，增加企业的盈利能力，将个人利益与企业的利益结合起来。此外，经理人员的薪酬较高，税负较重，以股票代替现金发放奖金，可以减轻经理人员现实的税项负担。长期奖励与年终分红计划一样，在企业获得成功时很受欢迎，但是当股票价格下跌或企业衰败时就不会有吸引力了。

（四）福利和津贴

企业经理人员的福利通常要比其他职工的福利好得多，因为这种福利和经理人员的高薪有关。常见的福利项目包括：退休金、医疗津贴、宽大的办公室、豪华的办公室装修、公司提供的汽车和司机、一切应酬开支、参加俱乐部的费用、公费旅游、子女教育津贴、无息或低息贷款等。

除经济报酬外，给予经理人员精神方面的报酬（如职位、称呼的形式和荣誉等）也很重要。

第五节　集体奖励计划

集体奖励计划是当企业增加利润或降低成本时给予全体职工的额外报酬。采用集体奖励计划时，职工的奖金并不取决于其个人工作表现，而取决于职工集体增加的产量、利润或节约的成本。集体奖励计划包括利润分享计划、收益分享计划、员工持股计划和风险工资计划。

一、利润分享计划

利润分享计划指以盈利的增减衡量企业绩效，超过目标利润的部分在企业全体职工之间进行分配的一种奖励形式。企业采用利润分享计划的主要目的是激发职工付出更大努力和更有合作精神。国外很多公司利用利润分享计划将职工的个人利益和公司的利益捆绑在一起。国外专家的研究表明，利润分享计划对招聘、激励和留住职工很有帮助。

利润分享计划有现期支付计划、延期支付计划和混合支付计划三种具体形式。

（一）现期支付计划

现期支付计划指以现金或股票的方式把实现的利润按事先规定的比例分给职工。奖金应当在职工做出努力表现后尽快支付，这时的激励效果最佳。如果职工要经过很长一段时间才能够得到奖金，除非这笔奖金的数目很大，否则激励效果会很差。此外，奖金应当与基薪分开，不要将奖金与基薪合在一起，因为这样做会使奖金制度化，使奖金成为既得利益，失去激励作用。

（二）延期支付计划

延期支付计划指将职工应得的奖金存入银行或信托机构，记在职工的个人账户上，在职工退休、离职时支付给本人（如果职工死亡，则交给其亲属）。这种制度有些类似养老金。奖金延期支付，可以使奖金累积很大数额，使职工以后的生活更有保障。但失去了奖金现付的好处，大大降低了奖金的激励作用。

（三）混合支付计划

混合支付计划指以现金即时支付一部分职工应得的奖金，余下的部分则转入职工的账户，留待将来支付。这种方式兼具现期支付和延期支付两种方式的特征。

利润分享计划的优点是不要求有精确复杂的会计成本，而且可以保证企业有支付奖金的能力。此外，还可以使职工对企业和企业利润目标产生更高程度的认同感，可以使职工更加关心企业的发展，努力工作，减少浪费，提高效率。利润分享计划的缺点是每个职工得到的利润份额要么都相同，要么与每个职工的基本工资成比例，不是根据职工的工作效率确定的，奖励与个人付出的努力之间没有明确的联系，职工难以了解自己在利润变化过程中应负的责任。如果由于经济不景气等职工无法控制的因素，使得企业利润水平没有超过预期目标，职工将无法得到奖励。同时，在以现期支付方式发放奖金时，有可能把奖金制度化、固定化，使奖金成为保健因素，失去激励作用。在以延期支付方式发放奖金时，职工获得的奖励与职工的努力之间的时间间隔比较长，绩效与激励之间的联系会减弱。

二、收益分享计划

收益分享计划指将企业在本期生产中节约的成本或者节约的人工成本与上期的相同指标进行比较，按事先确定的比例将节约额度在企业职工之间进行分配的激励形式。收益分享计划鼓励职工努力提高效率，减少工时和节省原材料，使职工从节约中获得奖金。收益分享计划有多种形式。

该计划的基本假设是：职工应直接分享由他们的成本削减建议带来的收益。收益分享计划的优点是可以吸引职工参与，有利于提高职工工作的满足感。此外，从事间接服务和个人业绩不易观察的职工也可以得到奖励。收益分享计划的缺点是：产品结构、产品价格和职工工资对工资成本节约有很大影响，有可能职工做出很大努力，而节约额并不太多，影响奖金数额；采用收益分享计划时，奖金分配是以职工个人的基本工资为基数按比例计算的，工资基数低的职工所得的奖金额会较少，可能会出现不公平的情况；企业支付奖金的能力可能没有保障。

收益分享计划的成功应用需要具备一定的条件。这些条件包括：企业规模较小；产品线及成本较为稳定；良好的管理制度；和谐的劳资关系；企业生产的季节性波动不明显；产品的市场需求旺盛；职工能够控制产品的生产成本。

收益分享计划与利润分享计划是不同的，其区别在于：首先，利润分享计划通常是在整个企业的范围内实施，收益分享计划通常在部门范围内实施。其次，利润分享计划的衡量指标是利润，收益分享计划的衡量指标除利润外，也可以是生产率水平的提高状况。最后，收益分享计划中个人努力与收益之间的联系更容易被个人感受到，激励效果更强，而利润分享计划中职工对利润的增加或者减少难以观察和控制，使个人努力与收入之间的联系减弱，激励效果会减弱。

三、员工持股计划

员工持股计划是企业提供普通股股票给员工的一种集体奖励计划，是一种新型股权形式。企业内部员工出资认购企业部分或全部股权，委托员工持股会（或金融机构）作为社团法人托管运作，集中管理。

员工持股计划的优点是加强了员工的合作精神和对企业的归属感。在有些国家，实施员工持股计划的企业还可以享受税收优惠。有关研究表明，员工持股计划能够增强员工的合作精神和对企业的归属感，原因是这类计划增加了提供物质刺激的机会，创造了新的合作精神，以及有利于班组完成工作任务。这个制度的缺点是一旦企业亏损，员工的利益将受到损害。

中国力量

分红超 500 亿元！以奋斗者为本，华为是认真的！

2021 年，华为“活”下来了。

据华为预计，2021 年全年实现销售收入约 6 340 亿元人民币，这一数据相比 2020 年下降 29%。虽然处于困难时期，华为仍将继续实施股票分红，2021 年度股票分红预计每股 1.58 元。

根据华为官网，华为投资控股有限公司是 100%由员工持有的民营企业。华为通过工会实行员工持股计划，截至 2020 年 12 月 31 日，员工持股计划参与人数为 121 269 人，参与人均为公司员工。

截至 2020 年 12 月 31 日，华为总股本约为 347.575 亿股。按每股 1.58 元分红计算，2021 年度，华为将拿出超 500 亿元给“奋斗者们”派红包。

“以客户为中心，以奋斗者为本”是华为最核心的企业文化。在利润分配上，华为一直强调“向劳动者倾斜”，华为认为，全体员工艰苦努力，不断创造成就，是公司价值创造的主体，理应得到更多的回报。

“我们奋斗的目的，主观上是为自己，客观上是为国家、为人民。但主、客观的统一确实是通过为客户服务来实现的。”任正非曾在华为内部会议上这样说。华为内部有一句话：华为是全世界最穷又最舍得花钱的高科技公司。其中“投资人才”是华为最舍得花钱的地方，每年在这方面花费 1 600 亿元以上，比投资产品研发还要多。

员工持股计划为华为吸引并留住大量人才，是华为迅速成长为全球领先企业的主要推动力之一。目前，华为约有 19.7 万员工，业务遍及 170 多个国家和地区，服务全球 30 多亿人。

【案例解读】

华为的员工持股制度涉及一个根本性的理论问题，那就是企业的价值是谁创造的？西方的经济理论，特别是微观经济学的主流理论，认为剩余价值的索取权归资本，企业是由股东们投资建立的，所以剩余价值应该归股东们，也就是说它不承认劳动在价值创造中的贡献，以及劳动分享利益的权利。

而华为的员工持股计划承认了劳动在价值创造中的作用，以及它应该享有的分配权，这实际上是一个对资本主义理论的根本挑战和改造。

四、风险工资计划

风险工资计划的特点是每个职工都领取风险工资，即将工资同企业经济目标的完成水平挂钩。例如，将职工底薪的5%作为风险工资，如果企业的经济目标完成了，职工就能拿到这5%的工资，否则，就拿不到这5%的工资。有专家认为，企业采用风险工资计划的主要目的是像对待合伙人那样付给职工工资。因此，专家呼吁，要让风险工资计划取得成功，风险工资的比例必须提高，风险工资计划必须成为覆盖范围更广的计划。该计划的目的是让职工变成企业的合伙人，并强调信任和尊重、广泛交流、参与的价值。

五、奖励计划为什么失败

在实际工作中，奖励计划有些取得了令人满意的效果，有些则完全失去作用。因此，探讨其中的原因，对发挥奖励计划的激励作用大有裨益。奖励计划失败有以下几种原因：

(1) 奖励标准不公平或不恰当。要使职工积极工作，就必须让他们知道努力工作会带来高收入，必须提供他们应得的报酬。

(2) 职工对管理者缺乏信任。职工担心因绩效长期超过标准，企业会改变或提高奖励标准；如果有人收入“过高”，管理者会修改奖励标准。职工对制定政策的管理者缺乏信任一直是实施奖励计划难以根除的顽症。

(3) 群体规范的限制和他人施加的压力。如果群体认为奖励计划是公平的，它会将分散的力量有效地组织起来提高生产效率。相反，如果群体认为奖励计划不公平，它会通过说服、排斥和惩罚等方式降低生产效率。

(4) 职工不理解奖励计划。奖励计划过于复杂，或者管理者没有以容易让人理解的方式与职工沟通，也会导致计划失败。

此外，标准太高或无法实现也是计划失败的主要原因之一。

奖励计划的成功实施需遵循如下原则：

(1) 奖励计划应将职工的收入与他们的绩效直接挂钩。

(2) 奖励计划应易于职工理解，易于他们计算自己应得的薪酬。

(3) 奖励标准应被职工认为是公平的，是明确具体的，经过努力是可以达到的。

(4) 确保标准得到执行，要把设置的标准看作是与职工订立的合约，认真遵守。工资率的下降应该是奖励计划长期实施的必然结果。

(5) 保障基本收入，要让职工知道即使绩效下降也会得到有保障的基本工资。

第六节　福利

福利是企业为职工提供的除薪资与奖金之外的物质待遇。福利属于间接经济薪酬，具有选择方案多和涉及大量法律规定这两个主要特点。

一、福利的作用

福利在企业薪酬体系中发挥什么作用？企业为什么愿意在福利项目上投入大量费

用？这是因为，福利对于企业吸引人才、留住人才具有重要作用。薪酬（包括直接经济薪酬和间接经济薪酬）是许多人应聘企业时的重要考虑因素。薪酬水平（包括福利水平）缺乏竞争力的企业不会对应聘人员产生吸引力。福利也有利于避免现有职工流失。大多数福利计划都鼓励职工长期为企业效力。例如，工作时间越长，退休后的福利待遇越高；任职时间越长，假期越多。一旦离职，职工因多年工作而享有的各种福利将不复存在。此外，为职工提供必要的福利也是企业应尽的社会责任，是企业关心爱护职工的具体体现。

一般来说，福利不具有激励作用，而是一种保健因素。如果提供的福利不足，职工会对企业不满；如果提供的福利充足，职工的不满情绪会得到缓解，但不会促使他们努力工作。福利不能激励职工有三方面的原因：首先，人们倾向于把福利视为理所当然。职工们认为福利是他们本来就应该得到的，并不是改善工作才能有的。其次，职工不了解也不关心福利的成本，他们不清楚各项福利的市场价。最后，职工认为工作表现与福利之间根本没有直接关系。因此，在设计福利计划时，应当明白福利并不能激发职工的工作积极性。

拓展思考

党的二十大报告指出：社会保障体系是人民生活的安全网和社会运行的稳定器。健全覆盖全民、统筹城乡、公平统一、安全规范、可持续的多层次社会保障体系。完善基本养老保险全国统筹制度，发展多层次、多支柱养老保险体系。实施渐进式延迟法定退休年龄。扩大社会保险覆盖面，健全基本养老、基本医疗保险筹资和待遇调整机制，推动基本医疗保险、失业保险、工伤保险省级统筹。促进多层次医疗保障有序衔接，完善大病保险和医疗救助制度，落实异地就医结算，建立长期护理保险制度，积极发展商业医疗保险。加快完善全国统一的社会保险公共服务平台。

思考：企业如何在福利制度设计上更好地体现二十大精神，保障员工工作的安全与稳定？

二、福利的类型

福利形式繁多，既有以货币形式支付的，也有以实物形式（体现为各种保障和服务）支付的；既有当前支付的，也有延期支付的。根据是否为法律要求，可以把福利分为法定福利与企业福利两部分。前者是政府通过立法要求企业必须提供的，后者是企业在政府立法要求之外主动提供的。

（一）法定福利

法定福利，又称强制性福利，是根据国家的法律法规和政策，企业必须为员工提供的各种福利。国家法定福利具有权威性、强制性、保障性、公平性的特征，只要企业建立并存在，就有义务和责任且必须按照国家统一规定的福利项目和支付标准支付，不受企业所有制性质、经济效益和支付能力的影响。目前我国的法定福利主要包括：

（1）社会保险。我国的社会保险项目包括基本养老保险、基本医疗保险、工伤保险、失业保险和生育保险。企业要按照员工工资的一定比例为员工缴纳社会保险费。

（2）法定假期。法定假期是企业员工依法享有的休息时间。按照有关劳动法规要求，员工有权享受公休假日、法定节假日和带薪休假。

（3）劳动安全与健康。劳动安全与健康是从法律角度来看企业对员工劳动过程中的安全与健康采取的一系列措施和应负担的责任，以确保员工劳动安全、身体健康。设置的安全与健康的福利内容包括劳动制度、技术训练、安全预测、安全决策等。

（二）企业福利

企业提供的福利包括企业的补充养老保险计划、补充医疗保险计划、企业为职工投保的各种商业保险等。

三、企业福利的设计

企业在设计福利时首先应该遵守国家法律，向职工提供国家法律要求提供的福利。此外，企业在设计福利时应该考虑的问题有：提供什么福利？向谁提供和提供多少福利？谁来承担福利成本？

（一）提供什么福利

这个问题是考虑福利的作用，即是否实行某项福利，实行之后的作用怎样。企业在决定向职工提供哪些福利时需要考虑以下因素：

（1）希望吸引哪种类型的职工。如果希望吸引流动性较小的职工，可以增加退休金在福利中的重要性。如果希望吸引年轻的女性职工，则要考虑托幼、产假等福利。

（2）竞争对手提供了哪些福利。在了解“市场行情”的基础上，考虑企业职工福利的竞争力。

（3）企业现有哪些福利。福利有一个特点，就是提供福利容易，取消福利困难。取消一项福利往往会造成职工的不满，影响他们的积极性。没有充足的理由，现有的福利不宜轻易取消。

（二）向谁提供和提供多少福利

为了降低福利成本，企业不必向所有职工提供一样的福利，可以根据具体情况区别对待。企业在区别对待时可供考虑的标准有：

（1）工龄。将福利与工龄挂钩，随工龄增加。也可以要求职工在企业服务一定年限后，才能开始享受某些福利。

（2）职工对企业的重要性或对企业的贡献。对企业贡献大，职工享受的福利待遇高。一般来说，贡献大的职工，企业给付的工资也高。因此，实际操作时只要将福利与工资挂钩就行了。但需注意，福利待遇与工资待遇一样，会引起待遇较低职工的不满，影响他们的工作积极性。在强调团队精神的企业里，不宜使福利待遇差别过大。

（3）是否在职。在职职工享受的有些福利，如带薪假期等，退休职工或离岗退养职工则不必享受。

（4）是否全职。全职职工享受的有些福利，兼职职工不需全部享受。

（三）谁来承担福利成本

福利成本的负担原则上有以下三种选择：

（1）完全由企业承担。福利费用直接由企业支付，不计入职工收入，职工可以享受不纳税的好处，管理也简单。这种安排的问题是容易出现福利开支浪费，造成成本上升。

（2）企业与职工共同承担。由企业和职工分担福利成本，好处是可以使职工更好地理解企业在福利方面的付出，会谨慎使用福利，节约开支。缺点是会造成职工个人福利成本上升。同时，职工可能出于节约开支的动机，购买较少的福利，存在日后不够使用的可能。

（3）完全由职工承担。福利费用完全由职工承担，企业帮助购买，至少提供了享受某些福利的可能性。这种安排会带来管理上的困难，并会增加职工福利待遇上的差别。使用的人少、费用较为昂贵的福利，不宜由企业负担，可以考虑这种选择。

上述三种选择各有利弊，需慎重考虑。

四、弹性福利

传统福利是固定的，弹性福利是灵活的。它有两种主要形式：第一种形式是企业为职工提供现金薪酬与福利保障之间的选择灵活性，职工可以选择接受较低的现金收入而获得更多的福利保障，也可以选择减少企业负担的福利而换取增加现金收入。第二种形式是企业为职工提供各种福利保障项目之间的选择灵活性。由企业决定福利项目并提供选择机会，由职工决定实际享受的福利项目。

企业向职工提供福利时可以固定划一，这种做法的好处是管理简单，管理成本较低，缺点是无法适应职工个人的不同需要。因此，许多企业允许职工根据个人需要选择福利项目。有一种做法是，把各种福利分列成单项，并根据费用大小计点。例如，医疗保险的成本较高，计 150 点；人寿保险的成本较低，计 15 点。每年由企业确定每个职工个人应该享受的福利水平，转换成点数分配给职工；职工个人再用这些分配的点数购买自己需要的福利，直至把所有的点数用完。这种做法很像一个人掏钱到自助餐厅用餐，所以人们形象地称其为“自助餐式福利”。

自助餐式福利允许职工根据自己的需要选择不同的福利组合，提供了最大限度的灵活性。但也存在以下缺点：

（1）管理难度增加，管理成本会上升。

（2）职工缺乏专业知识，作为消费者，其选择有时不尽合理。

（3）企业的福利开支会增加。由于是根据个人的需要选择福利，自己或家属容易生病的职工，会多选择医疗保险方面的福利。这样做的结果是享受福利待遇的人数和次数增加，福利开支自然会相应增加。

由于完全划一和完全灵活的福利选择各有利弊，有些企业采用折中的做法，将福利分为核心福利和自选福利两部分。核心福利是每个职工都可以享有的基本福利，不能自由选择；自选福利可以由职工选择。

五、企业福利的实施

企业福利的实施需要做好宣传解释、提供帮助和节约开支三项工作。

（一）向职工宣传企业的福利政策

企业的福利政策和计划应该告知所有职工，要向职工解释企业福利的基本内容、享受福利待遇的条件和费用承担。宣传的方式包括编制和派发《职工福利手册》、举办讲座和个别谈话等。

（二）审查和帮助职工获得福利

职工申请规定的福利待遇时，人力资源部门应首先审查申请者是否符合享受福利的条件。对不符合申请条件的职工，要向他们解释不能享受福利的原因，尽管这是一项颇为艰难的工作。不可简单地认为不符合条件的申请者是存心“骗人”。

（三）设法降低福利成本

企业福利的实施与管理要注意节约开支，降低福利成本。除前面提到的降低福利成本的措施之外，还有其他措施：和其他企业协调分担双职工的福利费用；和福利提供方谈判或协商，降低购买福利的成本，审查他们收费的合理性。

本章提要

1. 生产工人的奖励有计件工资计划、标准工时计划和班组奖励计划三种方式。由于工人不相信由专家制定的产量标准，并对标准的变动持怀疑态度，许多企业采用班组奖励计划。销售人员的奖励主要有薪水计划、佣金计划和混合计划。薪水计划有保障作用但缺乏激励性；佣金计划有激励作用但无保障作用；薪水加佣金的混合计划兼具薪水计划和佣金计划的特点，同时具有保障作用和激励作用。

2. 专业人员的薪酬主要根据受教育程度、专业技术水平和资历确定。金钱的激励作用对专业人员不像对其他人员那样明显。对专业人员的奖励应注重科技创新和突破，奖励的形式包括奖金、分享利润和认购公司的股票等。经理人员的薪酬由基本薪水、短期奖励、长期奖励、福利和津贴等方面构成。精神方面的薪酬也很重要。

3. 集体奖励计划是当企业增加利润或降低成本时给予职工集体的额外薪酬。采用集体奖励计划时，职工的奖金并不是取决于个人工作表现，而是取决于职工集体增加的产量、利润或节约的成本。集体奖励计划包括利润分享计划、收益分享计划、职工持股计划和风险工资计划。

4. 奖励标准不公平或不恰当、职工对管理者缺乏信任、群体规范的限制和他人施加的压力、职工不理解奖励计划是奖励计划失败的主要原因。遵循薪酬与绩效直接挂钩、容易理解和计算、奖励标准公平与明确、认真遵守“合约”和保障基本收入等原则，有利于奖励计划的成功。

5. 福利是企业为职工提供的除薪资与奖金之外的物质待遇。福利对于企业吸引人才、留住人才具有重要作用，但不具有激励作用。福利分为法定福利与企业福利。前者是政府通过立法要求企业必须提供的，后者是企业在政府立法要求之外主动提供的。在设计企业福利时应考虑提供什么福利、向谁提供和提供多少福利、谁来承担福利成本等问题。

复习题

1. 生产工人的奖励计划有哪些方式？

2. 销售人员的薪酬奖励计划有哪些方式？

3. 什么是绩优薪资？

4. 经理人员的薪酬有哪几种类型？

5. 什么是利润分享计划？什么是收益分享计划？两者有什么区别？

6. 什么是职工持股计划？什么是风险工资计划？

7. 奖励计划失败的原因有哪些？成功实施奖励计划应遵循哪些原则？

8. 什么是福利？福利在企业薪酬体系中发挥什么作用？

9. 企业在设计福利方案时应该考虑哪些问题？

练 习

练习 9－1：利润分享计划设计练习

某公司设计了一个公司全体职工参与分享利润的奖金计划。职工利润分享奖金的计算公式如下：

职工利润分享奖金＝个人分享比例系数×年终奖薪点值×职工薪点数×个人年度考核系数×部门年度考核系数×计奖月数

要求：

1. 假设该公司实现目标利润 1 000 万元，按照 20％的比例计提奖金，年终奖薪点值为 3.0。计算表 9－3 中各项职位的奖金额度，并将计算结果填入表中的（7）栏。

2. 说明该公司的利润分享计划属于哪一种形式。

表 9－3 某公司部分职位奖金额度计算表

职位	薪点数	薪点值	比例系数	个人年度考核系数	部门年度考核系数	计奖月数	奖金额度
	(1)	(2)	(3)	(4)	(5)	(6)	(7)
A1	1 350	3.0	1.22	0.90	0.90	12	
A2	820	3.0	1.22	0.95	0.93	12	
A3	580	3.0	1.22	1.10	1.10	12	
A4	381	3.0	1.00	1.02	1.10	12	
A5	251	3.0	1.00	1.05	1.10	12	

练习 9－2：自主式福利设计练习

某公司的政策规定，职工享受的福利额度取决于福利薪点值、职位薪点数、个人度考核系数和有效月数四项因素。计算福利额度的公式如下：

福利额度＝薪点数×个人考核系数×计奖月数×福利薪点值

要求：

1. 假定年终算得的福利薪点值是 1.8，计算表 9－4 中各项职位的福利额度，并将计算结果填入表中的（5）栏。

2. 说明设计自助式福利计划需要考虑哪些因素。

表 9-4　某公司部分职位福利享受额度计算表

职位	薪点数	个人考核系数	计奖月数	福利薪点值	福利额度
	(1)	(2)	(3)	(4)	(5)
B1	404	0.90	12	1.8	
B2	318	0.90	11	1.8	
B3	258	0.95	11	1.8	
B4	218	0.70	12	1.8	
B5	201	1.15	12	1.8	
B6	165	1.20	12	1.8	

课外实践

1. 调查一家公司推行计件工资制的情况，并撰写调查报告。
2. 调查一家公司推行销售人员佣金制的情况，并撰写调查报告。
3. 调查一家公司现行的福利制度，并撰写调查报告。

第十章

劳动关系管理

知识与能力目标

通过本章的学习，你应该：

- 了解劳动关系的主体和性质
- 理解改善劳动关系的原则与途径
- 掌握劳动合同的形式、期限和主要条款
- 了解劳动合同解除与终止的情形
- 理解劳动争议产生的原因
- 掌握劳动争议的处理程序
- 了解劳动关系三方协商机制
- 了解劳动保护的重要性和必要性

素养目标

对劳动关系管理有深入认知，对今后从事劳动关系管理的主要工作有整体认识，有较强的社会责任感，做知法懂法尊法守法的高素质人才。

引导案例

试用期内可随便解雇员工吗？

小方于 2019 年 1 月进入某企业工作，双方签订了为期三年的劳动合同。合同约定，小方在公司人力资源部门担任人事专员一职，其试用期为两个月。在公司工作了一个多月后，小方突然接到了一纸解除劳动合同的通知书，这着实让认真工作的小方感到意外。

于是，小方向公司领导询问解除合同的原因。领导称，原因是小方在试用期内的工作表现欠佳，但当小方进一步询问自己究竟哪些方面表现不佳时，领导却以“在试用期内解雇员工不需要理由”为由搪塞。

小方越想越不服气，于是一纸申诉书递至劳动争议仲裁委员会，提起了仲裁申请，要求公司支付违法解除劳动合同的经济补偿金。

在案件仲裁过程中，公司开始了解相关法律规定，遂不再坚持“试用期内解雇员工不需要理由”的观点，转而强调小方在试用期内工作表现欠佳是导致其被解雇的主要原因，但却始终无法举出有力的证据证明这一点。

而小方称，自己担任人事专员工作，主要负责员工薪资福利的计算以及完成其他人力资源经理交办事宜，所有工作任务全部能按时、按质、按量完成。公司在试用期内从未对小方的工作表现进行过考核，也未在其入职时告知过其所在岗位的职责和公司录用条件，据此，小方认为，公司无故解除劳动合同的行为是违法的。最终，仲裁庭支持了小方的申诉请求，裁决公司向其支付相当于一个月工资的经济补偿金。

劳动关系是生产关系中最基本、最重要的关系之一。依法建立规范、稳定、和谐的劳动关系，维护职工的合法权益，有利于人力资源潜在能力的发挥。因此，正确认识和维护合法的劳动关系，也是人力资源管理的一项重要职能。

在本章，我们讨论四个密切相关的问题。首先讨论劳动关系，包括劳动关系的主体和性质，改善劳动关系的原则和途径，以及国际劳动组织积极推行的三方协商机制。其次讨论劳动合同，包括劳动合同的订立、劳动合同的履行和变更、劳动合同的解除和终止，我们也会谈到集体合同的问题。再次讨论劳动争议，主要讨论劳动争议产生的原因和劳动争议的处理程序。最后讨论劳动保护，涉及安全生产与职业健康等问题。

第一节　劳动关系

劳动关系是企业与劳动者在实现劳动过程中形成的雇佣关系。它既是一种经济关系，也是一种社会关系。和谐的劳动关系不仅有利于企业的发展，也有利于社会的发展。

一、劳动关系的主体

从狭义上讲，劳动关系的主体是劳方和资方，前者指劳动者或其代表组织（工会），后者指企业所有者或其委派的经营管理者。从广义上讲，劳动关系的主体还包括政府，政府通过立法介入和影响劳动关系。随着社会的发展，政府对劳动关系的调整、监督和干预的作用在不断增强。因此，在现实经济生活中，劳动关系受国家劳动法律法规的规范，劳动关系双方通过由劳动法律法规规定和确认的权利和义务联系在一起，双方权利和义务的实现得到国家的强制性保障。劳动者必须加入某个企业，成为该企业的一员，并参加企业的生产劳动，遵守企业内部的劳动规章；企业必须按照劳动者的劳动数量或质量给付其薪酬，提供必要的工作条件，并不断改进劳动者的工作生活质量。

在资本主义发展初期，企业所有者直接参与企业经营管理，劳动关系表现为劳资关系。随着资本主义经济的发展，企业所有者与经营管理者分离，劳动关系演变为代表企业所有者的经营管理者与劳动者的关系。工人运动与工会的兴起，劳动关系中又增加了工会的角色。具体说来，劳动关系包括：

（1）企业所有者与全体职工（包括经营管理人员）的关系。

（2）经营管理者与普通职工的关系。

（3）经营管理者与工会的关系。

（4）工会与普通职工的关系。

二、劳动关系的性质

在劳动关系中，劳动者向企业让渡自己的劳动力，企业向劳动者支付劳动报酬。其中，薪酬是联结劳动者与企业的基本要素，企业以支付薪酬的方式雇用劳动者，劳动者以让渡劳动力的方式获取薪酬。因此，劳动关系在本质上是一种经济利益关系。

在劳动力市场上，劳动者与企业都是自主的独立主体，劳动力的市场交换关系是一种平等的经济关系。但是，由于资本具有稀缺性和独占性，在劳动力市场上占有绝对优势，而劳动者让渡劳动力是为了谋生，在劳动过程中又处于被支配、被管理的地位，使得劳动从属于资本。因此，劳动关系具有从属性，是具有从属性的雇佣关系。

劳动关系是在劳动过程中实现的，工作场所是劳动关系实现的空间范围，工作时间是劳动关系实现的时间范围，劳动标准和劳动管理规章是劳动关系实现的具体内容。劳动关系的内容表现为劳动者和企业的权利与义务，主要涉及劳动时间、劳动报酬、安全卫生、劳动纪律、福利保险、教育培训和劳动环境。

根据《劳动法》的规定，劳动者享有平等就业和选择职业的权利、取得劳动报酬的权利、休息休假的权利、获得劳动安全卫生保护的权利、接受职业技能培训的权利、享受社会保险和福利的权利、提请劳动争议处理的权利以及法律规定的其他劳动权利。同时，劳动者也有完成劳动任务、提高职业技能、执行劳动安全卫生规程、遵守劳动纪律和职业道德的义务。

企业的权利包括：依法录用、调动和辞退职工；决定企业的机构设置；任免企业的管理人员；制定工资、奖励和福利方案；依法奖惩职工。相对于权利，企业在劳动关系中需要承担更多的义务：依法录用、分配、安排职工的工作；保障工会和职代会行使其职权；按职工劳动质量、数量支付劳动报酬；加强对职工的思想、文化和业务教育、培训；改善劳动条件，做好劳动保护和劳动环境。

国家通过立法规范企业与劳动者双方在企业劳动关系的建立、维持和解除过程中的各种行为，保证双方当事人在企业劳动过程中各种权益的实现和各种义务的履行，保障企业劳动关系正常运行。

三、改善劳动关系的原则

改善劳动关系应遵循兼顾各方利益、协商为主、以法律为准绳和预防为主的原则。

（一）兼顾各方利益

建立与维护和谐的劳动关系，首先应该遵循兼顾各方利益的原则。强调企业的利益而忽视职工的利益，会挫伤职工的积极性；强调职工的利益而忽视企业的利益，会削弱企业的竞争力。这两种倾向都不符合企业与职工的根本利益。

（二）协商为主

在发生劳动争议时，应该遵循以协商为主的原则。采取关闭工厂、开除工人或罢工、上街游行等极端行动，不仅会激化矛盾，还会给双方带来更大损失。通过谈判协商解决劳动争议，双方都留有余地，也能保持和谐的关系。即使协商不成，也可以申请仲裁，不是万不得已，不要轻易打官司。

（三）以法律为准绳

建立与维护和谐的劳动关系，应以国家的法律法规为依据，做到依法办事。企业与职工订立劳动合同，企业制定规章制度，都应该符合法律法规的要求，遇到问题应该咨询法律专家。以法律为准绳协调劳动关系，有利于公平合理地解决争议。

（四）预防为主

企业应重视及时预防和化解争议的发生。可以在企业内部建立职工申述制度并建立相关的机构，使职工有机会申述不满和要求，使争议解决在萌芽状态。也可以通过集体谈判和职工参与等机制，及时协商解决可能会发生争议的问题。

四、改善劳动关系的途径

改善劳动关系有完善法律法规、发挥工会的作用、培训经理人员、提高职工的工作生活质量和职工参与管理等途径。

（一）完善法律法规

企业发生劳动争议在许多情况下是因为相关法律法规不健全，当企业各方发生利益矛盾需要解决时，常常无法可依。完善相关的法律法规，有利于明确企业各方的权利与义务，在法律基础上调整劳动关系。

（二）发挥工会的作用

工会是劳动者的组织，是劳动者集体利益和权利的代表。代表和维护劳动者的合法劳动权益是工会的基本职能。劳动权益是劳动关系的核心。在调整劳动关系的过程中，发挥工会的作用，可以兼顾企业与劳动者的利益，避免矛盾激化。

（三）培训经理人员

劳动争议发生与劳动关系紧张，常常和企业经理人员的管理作风粗暴、工作方式简单、法律意识淡薄有关。通过培训，可以改进企业经理人员的管理风格和工作方式，增强他们的法律意识，使他们掌握处理劳动关系问题的原则和技巧，进而改善劳动关系。

（四）提高职工的工作生活质量

提高职工的工作生活质量可以提高职工的参与感和工作满意感，提高职工的主人公精神和责任感，提高职工的自我控制能力，减少精神压力，进而使劳动关系得到改善和缓和。因此，提高职工的工作生活质量是改善劳动关系的根本措施。

（五）职工参与管理

职工代表大会是企业民主管理的一种形式。让职工参与企业的重要决策，尤其是涉及广大职工切身利益的决策，可以使企业的经营管理层在做出重要决策时充分考虑职工的利益，从而可以避免或减少可能造成劳动关系紧张的事情发生。

五、劳动关系三方协商机制

劳动关系三方协商机制是国际劳动组织积极推行的一项制度。在国际经济一体化的今天，三方协商作为一个原则，已被绝大多数实行市场经济的国家接受并予以具体实施。

建立劳动关系三方协商机制需要考虑谁参与协商、通过什么组织方式来协商、协商什么，以及协商原则等问题。

（一）劳动关系三方协商机制的主体与形式

一般来说，参与三方协商的主体是政府、工会和企业。劳动行政部门代表政府在三方协商中起组织、引导、协调的作用，它通过与工会和企业组织的经常性接触与沟通，宣传政府方面的政策意向，争取双方的认同，并达成一致的意见，以实现对劳动关系的宏观调控。工会是劳动关系中不可缺少的重要一方，它代表职工参与劳动关系三方协商，要如实反映职工的意见和要求，使有关劳动政策的制定能够真正体现职工的利益，维护好职工的合法权益。代表企业参与劳动关系三方协商的是企业组织，它在三方协商机制中扮演着不可忽视的角色，它的基本任务是通过协商和广泛的活动，维护企业和企业经营者的利益。

三方协商的组织方式比较灵活，可以是比较固定的三方专门机构或委员会，也可以是三方会议，还可以通过三方签署的文件形式来体现。可以根据实际情况选择适合的组织方式。

（二）劳动关系三方协商机制的内容与原则

三方协商的内容非常广泛，几乎所有为三方所关注的问题都包括其中，但三方协商的重点应当是与劳动关系有关的问题。一般来说，三方协商的主要内容包括：劳动就业、劳动报酬（职工工资增长的幅度、工资指导线、劳动力市场工资指导价位、最低工资标准、加班工资标准、工资支付规定等）、社会保险、职业培训、劳动争议、劳动安全卫生（劳动安全卫生的目标、措施、制度等）、工作时间和休息休假、集体合同和劳动合同（签订集体合同和劳动合同的原则、内容、程序等）。

政府、工会和企业组织在劳动关系三方协商中，应遵守以下原则：

（1）合法，三方协商的内容、程序和达成的协议不得违反国家法律规定。

（2）平等，三方是平等的主体，不应有任何歧视行为和将自己的意见强加于人。

（3）合作，通过协商对争议问题达成共识和一致立场，实现三赢。

（4）利益兼顾，协商要兼顾国家、企业和职工利益，正确处理职工眼前利益和长远利益的关系。

（5）维护稳定，在协商过程中任何一方都不应采取过激行为。

我国劳动关系出现许多新问题，如群体性突发事件增多、企业拖欠克扣劳动者工资、不为职工按时足额缴纳社保金、任意延长工作时间、非法收取劳动者押金等，而现行的劳动保障法律、法规、规章难以覆盖复杂多变的劳动关系。以三方协商的形式解决劳动关系中存在的各种问题，有利于兼顾国家、企业、职工三方利益。

第二节　劳动合同

劳动合同是劳动者与企业确立劳动关系、明确双方的权利和义务的协议。它是保障劳动者与企业双方合法权益的保证，是处理劳动争议的依据，也是规范和调整双方劳动关系的手段。

一、劳动合同的订立

订立劳动合同应当遵循合法、公平、平等自愿、协商一致和诚实信用的原则。

劳动合同有书面合同和口头合同两种主要形式。合同主要用于确定权利义务，在发生争议时起证据的作用。书面合同较之口头合同更易于举证。《劳动合同法》规定，建立劳动关系，应当订立书面劳动合同。

一般而言，劳动合同的内容应由劳动合同当事人自己约定。根据《劳动合同法》的规定，劳动合同应当具备以下条款：

（1）用人单位的名称、住所和法定代表人或者主要负责人。

（2）劳动者的姓名、住址和居民身份证或者其他有效身份证件号码。

（3）劳动合同期限。

（4）工作内容和工作地点。

（5）工作时间和休息休假。

（6）劳动报酬。

（7）社会保险。

（8）劳动保护、劳动条件和职业危害防护。

（9）法律、法规规定应当纳入劳动合同的其他事项。

除上述必备条款外，企业与劳动者可以约定试用期、培训、保守秘密、补充保险和福利待遇等其他事项。

劳动合同按期限分为固定期限劳动合同、无固定期限劳动合同和以完成一定工作任务为期限的劳动合同。《劳动合同法》对订立无固定期限合同的情形作出了明确说明。其中，“连续订立二次固定期限劳动合同”的次数应自该法实施后起算；“连续工作满十年”则不受此限，应按照劳动者实际在该企业连续工作的年限计算。此外，无固定期限劳动合同并不等于“铁饭碗”。与固定期限劳动合同相比，在解除条件上，无固定期限劳动合同除了不能以合同到期为由解除外，并无其他区别，企业同样可以依双方约定或法律规定而解除劳动合同，在经济补偿金的支付标准上，两者也没有区别。

二、劳动合同的履行和变更

劳动合同的履行是劳动合同的双方当事人依照劳动合同规定，完成自己所承担的义务的行为。在劳动合同的履行过程中，劳动合同当事人双方必须以自己的行为履行应承担的义务，且必须履行合同规定的全部义务。当事人双方应当相互理解，为对方履行劳动合同创造条件。

劳动合同变更是劳动合同当事人对已经依法成立、尚未履行完毕的合同条款进行修改或增减。在劳动合同的履行过程中，如果订立合同时依据的情况发生变化，双方当事人经协商一致，可以变更合同约定的内容。变更劳动合同，应当采用书面形式。

三、劳动合同的解除和终止

劳动合同的解除是劳动合同当事人依法提前终止已经依法成立的合同的效力。劳动合同的解除，可以由企业和劳动者通过协商决定，也可以由劳动者或企业单方面作出决定。具体来说，劳动合同解除有下述几种情况。

（一）企业与劳动者通过协商解除劳动合同

企业与劳动者协商一致，可以解除劳动合同。通过协商解除劳动合同时，双方必须是在自愿平等的基础上，经协商达成解除劳动合同的一致意见，而且达成的协议不违法，不损害第三方的利益。

（二）劳动者单方面解除劳动合同

劳动者单方面解除劳动合同有以下三种情况：

第一种情况是劳动者由于主观或客观原因不愿意继续在企业工作，可以采取提前三十日（试用期提前三日）告知的方式与企业解除劳动合同，无须征得企业的同意。超过三十日（试用期超过三日），劳动者即可向企业提出办理解除劳动合同的手续。由于解除合同给企业造成损失的，劳动者应当承担赔偿责任。

第二种情况是企业违约，劳动者已经履行了劳动义务，企业未履行义务，如未按照劳动合同约定提供劳动保护或者劳动条件，或未及时足额支付劳动报酬，或未依法为劳动者缴纳社会保险费等，劳动者可以解除劳动合同，不需事先告知企业。

第三种情况是企业侵犯劳动者的人身权，如以暴力、威胁或者非法限制人身自由的手段强迫劳动者劳动，或者企业违章指挥、强令冒险作业危及劳动者人身安全等，劳动者可以立即解除劳动合同，不需事先告知企业。

（三）企业单方面解除劳动合同

企业单方面解除劳动合同有以下三种情况：

第一种情况是劳动者有过错，以致损害了企业利益或社会利益，如严重违反企业的规章制度，或严重失职，营私舞弊，给企业造成重大损害，或被依法追究刑事责任等，企业可单方面作出决定，通知劳动者解除与其订立的劳动合同，无须提前告知。

第二种情况是劳动者无过错，由于情况变化导致劳动合同无法履行，如劳动者患病或者非因工负伤，在规定的医疗期满后不能从事原工作，也不能从事由企业另行安排的工作，或劳动者不能胜任工作，经过培训或者调整工作岗位，仍不能胜任工作等，企业在以书面形式提前三十日告知后可以解除劳动合同。

第三种情况是劳动者无过错，由于企业经营状况发生变化，出现劳动力过剩，需辞退部分人员以改善经营状况，如依照《企业破产法》规定进行重整，或生产经营发生严重困难，或企业转产、重大技术革新，或经营方式调整，经变更劳动合同后，仍需裁减人员等，企业提前三十日向工会或者全体职工说明情况并听取意见后，裁减人员方案经向劳动行政部门报告，可以裁减人员。

在劳动者无过错的情况下，为了保护劳动者，我国的劳动立法对解除劳动者劳动合同的条件作出了限制。《劳动合同法》对企业不得与劳动者解除劳动合同的情形有明确规定。

劳动合同的终止是劳动合同所确立的劳动关系由于一定的法律事实的出现而终结，劳动合同的法律效力依法消失。根据《劳动合同法》的规定，劳动合同终止的情形有：劳动合同期满；劳动者开始依法享受基本养老保险待遇；劳动者死亡，或者被人民法院宣告死亡或者宣告失踪；用人单位被依法宣告破产；用人单位被吊销营业执照、责令关闭、撤销或者用人单位决定提前解散；法律、行政法规规定的其他情形。

四、集体合同

劳动者代表或工会与企业商谈劳动条件与就业条件的行为称为集体协商（或集体谈判），集体合同是协商结果的书面协议。《劳动合同法》对集体合同有专门规定，企业职工一方与企业通过平等协商，可以就劳动报酬、工作时间、休息休假、劳动安全卫生、保险福利等事项订立集体合同；企业职工一方与企业可以订立劳动安全卫生、女职工权益保护、工资调整机制等专项集体合同。

五、工资集体协商

工资集体协商是指职工代表与企业代表依法就企业内部工资分配制度、形式、收入水平进行平等协商，并在协商一致的基础上签订工资协议。订立集体合同的，工资协议作为集体合同的附件，与集体合同具有同等效力。工资协议对企业和职工具有同等约束力，任何一方不得擅自变更或解除工资协议。

工资集体协商一般包括：工资协议的期限，工资分配制度、标准和分配形式，职工年度平均工资水平及调整幅度，奖金、津贴、补贴等分配办法，工资支付办法，变更、解除工资协议的程序，工资协议的终止条件，以及工资协议的违约责任等。协商确定职工年度工资水平应符合国家有关工资分配的宏观调控政策，并综合参考地区、行业、企业的人工成本水平，地区、行业的职工平均工资水平，当地政府发布的工资指导线、劳动力市场工资指导价位，当地城镇居民消费价格指数，以及上年度企业职工工资总额和职工平均工资水平等。

工资集体协商职工一方由工会代表，未建工会的企业的职工代表需由职工民主推举且半数以上同意。企业代表由法人或法人指定的人员担任。协商双方享有平等的建议权、否决权和陈述权，任何一方不得采取过激、威胁、收买、欺骗等行为。职工代表的合法权益受法律保护，企业不得对其采取歧视性行为，不得违法解除或变更其劳动合同。

工资集体协商一般情况下一年进行一次。

第三节　劳动争议

劳动争议是劳动关系发生矛盾的表现。企业与劳动者的利益相互冲突，决定了劳动争议不可避免地会出现。劳动争议如果得不到妥善解决，不仅会影响企业的生产经营活动，还可能会影响社会稳定。大规模的劳动争议有可能导致社会瘫痪。

一、什么是劳动争议

在劳动关系中，企业和职工依法享有一定权利和承担一定义务，双方对具体权利和义务发生的分歧称为劳动争议（或劳动纠纷）。

根据《中华人民共和国劳动争议调解仲裁法》第 2 条的规定，劳动争议的范围包括：因确认劳动关系发生的争议；因订立、履行、变更、解除和终止劳动合同发生的争议；因除名、辞退和辞职、离职发生的争议；因工作时间、休息休假、社会保险、福利、培训以及劳动保护发生的争议；因劳动报酬、工伤医疗费、经济补偿或者赔偿金等发生的争议；法律、法规规定的其他劳动争议。

在实践中，劳动争议主要集中在以下方面：录用争议；调动争议；合同争议；报酬争议；劳动保护争议；劳动保险争议；处罚争议。

劳动争议有个体劳动争议和集体劳动争议。前者是劳动者个人与企业之间的劳动争议，后者是劳动者集体（三人以上）因共同理由与企业之间的劳动争议。发生集体劳动争议时，劳动者一方通常由工会作为代表，如果没有工会，则推举代表。

二、劳动争议产生的原因

从表面来看，导致劳动争议的起因有企业裁员、工资、工作环境、雇用条件、解雇、企业破产、长期停工等。但从本质上看，劳动争议发生的根本原因在于劳动关系双方之间的经济利益的冲突。企业家投资经营企业的目的是获得最大利润，劳动者付出劳动是为了挣得高收入，劳动关系双方基于对经济利益的追求结合在一起，同时在劳动关系的维系过程中也难免因经济利益的分配发生矛盾，甚至冲突。与工资、奖金、福利和社会保险有关的争议，直接与经济利益相关，因开除、除名、辞退、自动离职等发生的争议，实际上也与经济利益密切相关。

此外，为了维护生产经营活动的秩序，企业会制定、颁布与执行必要的劳动纪律和规章制度。劳动者在劳动过程中应接受企业的管理，遵守企业的劳动纪律和规章制度。由于在经济利益、价值观念和目标上存在差异，企业与劳动者对管理方式与规章制度可能有完全不同的理解和判断，进而产生矛盾和冲突。从宏观环境来看，处在新旧体制交替的过渡时期的社会，也容易发生劳动争议。

三、劳动争议的处理

解决劳动争议，应当根据事实，遵循合法、公正、及时、着重调解的原则，依法保护当事人的合法权益。

劳动争议的处理程序包括调解、仲裁和诉讼。处理劳动争议的机构有劳动争议调解组织、劳动争议仲裁委员会和人民法院。

（一）调解

发生劳动争议，劳动者可以与用人单位协商，也可以请工会或者第三方共同与用人单位协商，达成和解协议。

发生劳动争议，当事人不愿协商、协商不成或者达成和解协议后不履行的，可以向调解组织申请调解。

劳动争议调解组织有：(1) 企业劳动争议调解委员会；(2) 依法设立的基层人民调解组织；(3) 在乡镇、街道设立的具有劳动争议调解职能的组织。

企业劳动争议调解委员会由职工代表和企业代表组成。职工代表由工会成员担任或者由全体职工推举产生，企业代表由企业负责人指定。企业劳动争议调解委员会主任由工会成员或者双方推举的人员担任。

在查明事实、分清是非的基础上，由劳动争议调解组织进行斡旋，促成双方相互谅解，达成和解协议，结束争端。

当事人申请劳动争议调解可以书面申请，也可以口头申请。口头申请的，调解组织应当当场记录申请人基本情况、申请调解的争议事项、理由和时间。调解劳动争议，应当充分听取双方当事人对事实和理由的陈述，耐心疏导，帮助其达成协议。

经调解达成协议的，应当制作调解协议书。调解协议书由双方当事人签名或者盖章，经调解员签名并加盖调解组织印章后生效，对双方当事人具有约束力，当事人应当履行。

经过劳动争议调解组织的调解，无论能否达成一致，都是调解终结。调解期限为15日，到期未能调解的，视为调解不成。

（二）仲裁

劳动争议当事人不愿调解、调解不成，或者达成调整协议后不履行的，当事人可以向劳动争议仲裁委员会申请仲裁。

劳动争议仲裁委员会是国家授权、依法独立处理劳动争议的机构，劳动争议仲裁委员会由劳动行政部门代表、工会代表和企业方面代表组成。劳动争议仲裁委员会组成人员应当是单数。劳动争议仲裁委员会作出的生效的仲裁决定书和调解书具有法律强制力。

劳动争议仲裁包括受理、调查、调解和仲裁等程序。当事人向仲裁机构提出申请，要求依法裁决劳动争议。劳动争议申请仲裁的时效期间为一年。仲裁时效期间从当事人知道或者应当知道其权利被侵害之日起计算。仲裁机构在审查后作出受理或不予受理的决定。提出申诉应符合下列条件：申诉人必须与案件有直接利害关系；必须有明确的被诉人；有具体的申诉请求和事实根据；申诉案件必须发生在劳动争议仲裁机构的管辖区域内。仲裁庭在作出裁决前，应当先行调解，促成当事人相互谅解，达成协议。调解必须遵循自愿、合法的原则。经调解未达成协议时，仲裁机构应进行仲裁。仲裁裁决应在收到仲裁申请的45日内作出。案情复杂需要延期的，经劳动争议仲裁委员会主任批准，可以延期并书面通知当事人，但是延长期限不得超过15日。劳动争议仲裁采取一次裁决终结制度，对仲裁裁决无异议的，当事人必须履行。

（三）诉讼

劳动争议当事人一方或双方对仲裁裁决不服的，除《中华人民共和国劳动争议调解仲裁法》另有规定外，可以自收到裁决书之日起15日内向人民法院起诉。人民法院最终的生效判决是该次劳动争议案件诉讼程序的终结，也是该次劳动争议的最终解决。

法治护航

用人单位涂改劳动合同无法作出合理解释，法院采信劳动者主张

【基本案情】

黄某与某科技网络公司于2020年9月签订劳动合同，担任数据中心部门算法工程师，合同期限三年。2021年9月26日，某科技网络公司以客观情况发生重大变化为由，提出解除劳动合同，通知黄某30日内办理离职手续。黄某于2021年9月27日办理了离职手续，随后双方产生纠纷诉至法院。

黄某主张某科技网络公司系违法解除劳动合同，要求支付违法解除劳动合同赔偿金。某科技网络公司认为黄某自2021年9月28日至30日连续旷工三天，违反了公司员工手册规定，故与黄某解除劳动合同，不应支付违法解除劳动合同赔偿金。

法院认为，某科技网络公司先以电子邮件形式向黄某发出解除劳动关系通知书，黄某已办理离职交接后，再以黄某旷工为由，向黄某邮寄解除劳动关系通知，属于严重的不诚信行为。且某科技网络公司未能举证证明发送解除劳动合同电子邮件中主张的解除理由，应承担不利后果，故某科技网络公司解除与黄某的劳动合同缺乏事实和法律依据，属于违法解除。在认定黄某工资标准时，双方产生分歧。黄某提交的劳动合同显示月工资为20 000元，每年发14薪。某科技网络公司提交的劳动合同显示“试用期满后，员工提供正常劳动的月劳动报酬为税前人民币贰万元”字样，但该条内容后未显示“14薪”字样。经法院核实，该条内容后有明显刮除痕迹，纸张明显比同页其他纸张薄，而某科技网络公司未作出合理解释。法院结合某科技网络公司的一系列不诚信行为，对劳动合同中约定的“14薪”，予以采信。

【案例解读】

在现代市场经济中，诚实信用不仅仅是道德底线，已经上升为基本法律原则。本案中，某科技网络公司先以客观情况发生重大变化为由向黄某提出解除劳动合同，当其意识到该解除行为属违法解除而需要向劳动者支付经济补偿时，在黄某已经办理完离职手续后，又编造事实，以黄某连续旷工三天，违反公司员工手册规定为由，再次向黄某邮寄解除劳动关系通知，该行为实属严重的不诚信行为。

此外，某科技网络公司擅自涂改劳动合同，企图少支付劳动者应得的工资数额，弄虚作假损害劳动者利益，应予以严惩。用人单位和劳动者在行使权利和履行义务时，都应当以“诚实信用原则”为基本要求，实现建立和谐劳动关系、弘扬良好社会风气的目标。

第四节 劳动保护

劳动是人类生存和发展的基本需要。劳动在创造物质和精神财富的同时，也会给劳动者的健康带来一定的影响。在传统或高技术生产领域都存在不同程度的职业危害因素。在当代生产力发展水平条件下，完全避免职业危害因素的侵袭是难以做到的，但可以控制职业危害因素，减少其危害程度，防止劳动者发生严重职业伤亡和损害。在职业安全与健康方面，企业应给予劳动者必要的保护，使劳动者减少或免于受到伤害。

劳动保护是指企业依靠技术进步和科学管理，采取技术和组织措施，消除劳动过程中危及人身安全和健康的不良条件与行为，防止伤亡事故和职业病，保障劳动者在劳动过程中的安全和健康。

国家为保护劳动者在生产活动中的安全和健康，在改善劳动条件、防止工伤事故、预防职业病、实行劳逸结合、加强女工保护等方面采取了各种组织措施和技术措施，包括工作时间的限制和休息时间、休假制度的规定，各项劳动安全与卫生的措施，对女职工的劳动保护，对未成年工的劳动保护。

一、安全生产

安全生产是要保护职工不受与生产相关事故的伤害。要达到这一目的，最好的办法是采取必要措施预防事故的发生，为此需要了解事故发生的原因。

（一）引发事故的原因

劳动过程产生事故的基本原因有以下三类：

（1）偶然事件，例如围墙倒塌，有人正好经过，导致事故。这类原因引发的事故具有极大的偶然性，难以控制。

（2）不安全的环境，包括设备防护不当，设备本身存在缺陷，危险的机器或设备操作程序，不安全的储存，照明不当，通风不当，等等。据调查，最严重的事故通常发生在金属与木工机器和电锯附件，或发生在齿轮、滑轮和飞轮等传送机器周围，或是由于楼梯、梯子、过道和脚手架坍塌。不安全的环境也包括心理环境，例如，生活压力大的职工事故多。

（3）不安全的行为。仅仅通过减少不安全的环境来消除事故是不可能的。许多事故是人为因素造成的，如不穿戴安全服和个人防护设备，乱扔原材料，在不安全的速度下操作，不遵守安全操作程序，以及分神、开玩笑、搞恶作剧等。

（二）预防事故的基本方法

预防事故的基本方法是消除或最大限度地减少不安全的环境因素和不安全的行为因素。具体措施如下：

（1）减少不安全的环境。对工作环境进行检查，尽可能消除潜在危险因素；如果不能消除，应采取保护措施，如配发护目镜等。张贴安全警示标语也起作用。

（2）对职工进行安全教育，使他们掌握正确的操作方法和程序，了解不安全生产可能带来的后果，培养他们的安全意识。这种教育特别适合新职工。

（3）管理层重视。要向职工表明，高层管理者和所有基层主管对安全生产的态度是认真严肃的，高层管理者要亲自过问日常安全活动，基层主管要在安全生产上起表率作用。经验表明，主管不重视安全生产，他的下属也不会重视。企业应制定安全政策，以强调企业会尽一切努力消除或减少事故和伤害，强调预防事故和伤害的重要性。

（4）严格执行安全规章。

（5）在选拔时甄别有事故倾向的求职者，也可以减少事故。某些个人特征与事故率有关，例如，视觉能力强的司机的伤害事故低于视觉能力弱的司机。

（6）定期进行安全检查。

二、职业健康

职业健康管理也称劳动卫生管理，目的是防止和消除工作场所中对职工的健康有恶劣影响的理化因素，增进和维护职工的健康，预防和治愈职工的职业疾病。

根据《中华人民共和国职业病防治法》，职业病是指企业、事业单位和个体经济组织等用人单位的劳动者在职业活动中，因接触粉尘、放射性物质和其他有毒、有害物质而引起的疾病。职业病包括职业性尘肺病及其他呼吸系统疾病、职业性皮肤病、职业性眼病、职业性耳鼻喉口腔疾病、职业性化学中毒、物理因素所致职业病、职业性放射性疾病、职业性传染病、职业性肿瘤以及其他职业病共计 10 类、132 种。

中国企业的劳动卫生管理主要是针对工作场所的温度、湿度、照明、采光、噪声、粉尘、有毒有害气体等进行的。根据国家卫生标准，企业的工作场所应保持正常的温度、湿度和空气新鲜；应有良好的照明；要控制工业噪声；对产生尘、毒危害的作业应逐步采用先进技术，推广无毒无害生产工艺，对危害性较大的工作场所要采取必要的隔离措施。

本章提要

1. 劳动关系是企业与劳动者在实现劳动过程中形成的雇佣关系。劳动关系的主体是劳动者或其代表组织、企业所有者或其委派的经营管理者和政府。劳动关系包括：企业所有者与全体劳动者的关系；经营管理者与普通职工的关系；经营管理者与工会的关系；工会与普通职工的关系。

2. 劳动关系本质上是一种经济利益关系。劳动关系的内容表现为劳动者和企业的权利与义务，主要涉及劳动时间、劳动报酬、安全卫生、劳动纪律、福利保险、教育培训和劳动环境。改善企业劳动关系应遵循兼顾各方利益、协商为主、以法律为准绳和预防为主的原则。

3. 劳动合同是劳动者与企业确立劳动关系、明确双方的权利和义务的协议。劳动合同管理涉及劳动合同的订立、履行、变更、解除和终止。劳动者代表或工会与企业商谈劳动条件与就业条件的行为称为集体协商，集体合同是协商结果的书面协议。工资集体协商是仅就工资分配制度、形式、收入水平进行平等协商，并在协商一致的基础上签订工资协议。

4. 劳动争议是劳动关系双方当事人对具体权利和义务发生的分歧。劳动争议有个体劳动争议和集体劳动争议。解决劳动争议，应当根据事实，遵循合法、公正、及时、着重调解的原则，依法维护劳动争议当事人的合法权益。

5. 劳动保护是指企业依靠技术进步和科学管理，采取技术和组织措施，消除劳动过程中危及人身安全和健康的不良条件与行为，防止伤亡事故和职业病，保障劳动者在劳动过程中的安全和健康。劳动保护包括安全生产和职业健康。

复习题

1. 什么是劳动关系？劳动关系的主体是谁？
2. 改善劳动关系应遵循哪些原则？
3. 改善劳动关系有哪些途径？
4. 什么是劳动合同？如何订立劳动合同？
5. 如何履行和变更劳动合同？如何解除和终止劳动合同？
6. 什么是劳动争议？处理劳动争议包括哪些程序？
7. 什么是劳动关系三方协商机制？

8. 什么是劳动保护？企业应该从哪些方面进行劳动保护？

练　习

练习 10－1：批评处罚职工练习

将班上同学分成几个小组。组里的一位成员扮演李斯（主管），另一位成员扮演刘凯（工人）。每个角色扮演者应该阅读下面各自角色的背景资料，不要阅读另一个角色的资料。当角色扮演者各自读完了自己的角色资料，就开始扮演角色。这可能要花 10～15 分钟来完成。

背景

刘凯在一家玩具制造公司的质量检查线上已经工作了两年。刘凯的工作是检查已经完工的玩具是否有缺陷，当然是在这些玩具流向传输带运往装箱和运输部门时。刘凯的主管李斯刚上任，李斯是从另外一家公司聘过来的，来这里仅两个月。一上任，李斯就将整个质量检测部门的人员召集起来，要求大家毫不含糊地遵守公司的规章制度，然后给每人复印了一份公司的规章制度和程序手册。

刘凯的绩效评估之前一直都非常好，没有任何不良记录。今天，刘凯离开了传输带一会儿，没有向李斯请假。公司制度明确规定，装配线员工在没有请假并得到主管允许的情况下，不能离开工作岗位。刘凯现在回到了传输带。

刘凯的角色

你打算离开传输带几分钟，到托儿所去看你女儿。你是一位单亲父亲，你女儿在过去的几天里生病了。尽管你离开工作岗位没有向主管请假并获得同意，但是你认为这不是问题，因为很多人有时都在没有获得同意的情况下离开装配线几分钟。你喜欢你的工作，作为单亲父亲，你依靠每周的工资来支付账单。你是一个性情中人，如果你受到盘问和处罚，你会非常难过，并会争辩。

李斯的角色

作为新来的主管，你决心做好工作。你关心的问题之一是职工离开工作岗位而不请假和获得同意。前任主管明显不这样看问题，放任自流地让职工违反规章制度。你打算重新整顿质量检测部门。当刘凯离开传输带，你看了一下手表，当时是 10:20，刘凯回来时是 10:50。

对你来说，离开工作岗位没有获得主管同意是很严肃的问题，因为它加重了其他人的工作负担，它意味着有缺陷的产品可能不能被发现。而且，公司制度大家都知道，容忍的话会破坏制度的权威。你想对刘凯采取处罚措施。现在是 10:55，你在离传输带 30 步远的办公室，你觉得私下里给刘凯处罚是必要的。

要求：

大家一起讨论如何进行批评处罚。

课外实践

1. 协助一家公司办理订立、续订、变更、解除、终止劳动合同的手续。
2. 协助一家公司准备集体合同协商的相关资料。
3. 调查一家公司在劳动保护方面采取的组织和技术措施，并撰写调查报告。

参考书目

[1] 陈剑. 人力资源管理. 北京：清华大学出版社，2017.

[2] 董克用. 人力资源管理概论. 5版. 北京：中国人民大学出版社，2019.

[3] 彭剑锋. 人力资源管理概论. 3版. 上海：复旦大学出版社，2018.

[4] 曾双喜. 超级面试官. 北京：人民邮电出版社，2020.

[5] 任康磊. 招聘 面试 入职 离职管理实操. 北京：人民邮电出版社，2019.

[6] 约翰·布里顿，杰弗里·高德. 人力资源管理：理论与实践（第3版）. 北京：经济管理出版社，2005.

[7] 常凯. 劳动关系学. 北京：中国劳动社会保障出版社，2005.

[8] 劳埃德·拜厄斯，莱斯利·鲁. 人力资源管理（第7版）. 北京：人民邮电出版社，2004.

[9] 劳伦斯·克雷曼. 人力资源管理：获取竞争优势的工具（第4版）. 北京：机械工业出版社，2009.

[10] 约翰·伊万切维奇. 人力资源管理（第9版）. 北京：机械工业出版社，2005.

[11] 雷蒙德·诺伊，约翰·崔伦贝克，巴里·格哈特，等. 人力资源管理：赢得竞争优势（第9版）. 北京：中国人民大学出版社，2018.

[12] 戴维·尤里奇. 人力资源转型. 北京：电子工业出版社，2015.

[13] 加里·德斯勒. 人力资源管理（第14版）. 北京：中国人民大学出版社，2017.

[14] 余凯成，陈维政，张丽华. 组织行为学·人力资源管理案例与练习. 大连：大连理工大学出版社，1999.

[15] 韦恩·蒙迪. 人力资源管理（第10版）. 北京：人民邮电出版社，2011.

[16] 麦克纳，比奇. 人力资源管理. 北京：中信出版社，1997.

[17] 张德. 人力资源开发与管理. 5版. 北京：清华大学出版社，2016.